法哲学

法哲學

平野仁彥、龜本洋、服部高宏 著
劉武政 譯

五南圖書出版公司 印行

寫在前面

本書是法哲學的概論書。我們寫本書的意圖，是用淺顯易懂的方式，說明當代法哲學的發展中，如何處理有關法律的根本問題。

如果採用正統的、以劃分問題領域的方式加以區分的話，法哲學基本上是由法律的一般理論、法價值論，以及法律學方法論等三個部分構成。但是爲了要突顯當代法哲學的爭論焦點，我們在本書中規劃了「法律體系」、「法律正義在追求什麼」、「法律和正義的基本問題」，以及「法律思維」等各章。然後爲了揭示出，法律的發展現況和法哲學之間的關聯，我們在一開始放上「現代的法律和正義」。同時爲了能夠展望，當代法哲學的延伸課題和新近動向，我們在最後一章加上「法哲學的現代發展」。透過上述編排方式，我們希望讀者能對以下的這些問題，取得一個概略的理解：也就是說，假如必須以原理的、理論的方式，才能研究法律的根本問題的話，那這些根本問題究竟是什麼樣的問題呢？與此相關的法哲學討論，又呈現出什麼樣子的景況呢？

不過法哲學的重要性，並不僅止於傳達出，有關問題討論之發展現況的資訊。反而更重要的，可認爲是透過清楚地說明法律的整體圖像，以及明白指出關於法律的基本想法，從而對法律實務，或法律實踐，提供一個更好的基礎，有助於實務的更進一步發展。爲了這個目的，本書尤其注意到下面兩件事。首先第一件事是，指出從臨床層面到基礎層面中的，各式各樣的討論後，一方面小心留意到法律實務、法律實踐和法哲學之間的關聯，另一方面又同時提供出一個端緒，以利讀者能更容易地去檢視法律體系整體結構，或者去探討有關法律根本理念等。本書另外還要做的一件事情是，描繪出從 20 世紀後期起，逐步發展成爲當今思想主流的自由主義思想，並指出這個思想和法律理論之間的關聯。在說明了包含批判自由主義法律理論的論證後，本書進一步想要使讀者瞭解，當今人們爭辯的究竟是什麼？今後又會朝著什麼方向發展？等的問題。在哲學地探討現代法律的路上，如果本書能夠提供讀者有用的路標的話，縱使爲數不多，我們也將會感到相當欣慰。

本書的出版過程中，要特別感謝有斐閣的奧村邦男先生、山下訓正先生和一村大輔先生。我們在決定了粗略的章節後，採取了由各個作者分別撰寫，然後再集合原稿加以檢討的方式。由於執筆者自身的問題，使本書一直無法順利進行，且在最後的調整上也曠日費時，導致最終花了相當多時間才完成本書。托編輯者們的福，因爲他們有耐心地守護著，並且給予了適當的建議，本書才得以出刊。尤其是一村先生，在最後的階段，熱心地帶領著我們，去處理相當耗費心力的整合工作。作者們在此一同表示由衷的謝意。

2002 年 2 月
執筆者一同

作者介紹

平野仁彥

負責第 1 章第 1 節、第 4 章、第 6 章第 2 節

1954 年 10 月生

1978 年　京都大學法學部畢業

1983 年　曾研修京都大學大學院法學研究科博士後期課程

現在　立命館大學法學部教授

主要著作、論文

《法思想史〔第 2 版〕》（共著，有斐閣，1997 年）

〈権利の主張とその実現── アメリカ法との対比で〉《現代法学の思想と方法　岩波講座　現代の法　第 15 巻》（岩波書店，1997 年）

給讀者的話

法律在形成社會秩序上，扮演著舉足輕重的角色。但是就思考法律應朝著什麼樣的方向去發展運用時，不難見到多樣不同的說法。為了瞭解這一件事情本身，我因而踏入了法哲學的世界。並以法價值論為中心，從事著研究。我認為一旦脫離了政治或法律運用的實際狀態的話，是不可能討論法律的。儘管如此，我也認為法律制度有其獨自的意義，並且這是不能還原為政治或法律運用等的實際狀態的。當今天人們不斷地強調，司法有其重要性的時候，我認為要緊的是，回到原點去重新思考法律的正義是什麼。

龜本洋

負責第 3 章、第 5 章、第 6 章第 1 節

1957 年 12 月生

1981 年　京都大學法學部畢業

1986 年　曾研修京都大學大學院法學研究科博士後期課程

現在　明治大學法學部教授

主要著作、論文

《法思想史〔第 2 版〕》（共著，有斐閣，1997 年）

〈現代法学の展開と法律学の変容〉《現代法学の思想と方法　岩波講座　現代の法　第 15 巻》（岩波書店，1997 年）

給讀者的話

迄今為止我的研究，主要是以學問上的方法論，或法學方法論為中心。這當中包含的問題有著，探討法哲學是什麼樣的學問的這個問題。但直到現在，我仍未能尋獲答案。法哲學和倫理學或政治學等，它們之間在研究對象上大幅重疊。但問題是，如果就真是這樣子的話，那麼法哲學的存在意義究竟為何呢？還是說，它根本不具有存在意義呢？在寫這本書的時候，我禁不住強烈地意識到這些問題。

服部高宏

負責第 1 章第 2 節、第 2 章、第 6 章第 3 節

1961 年 7 月生

1984 年　京都大學法學部畢業

1988 年　曾研修京都大學大學院法學研究科博士後期課程

現在　京都大學大學院法學研究科教授

主要論文

〈法と政治の力学と憲法裁判——ドイツ連邦憲法裁判所批判を手がかりに〉井上達夫、嶋津格、松浦好治編《法の臨界　第 1 巻　法的思考の再定位》（東京大学出版　，1999 年）

〈法システムと《思い遣りの倫理》——看護倫理をめぐる論議を手がかりに〉三島淑臣、稲垣良典、初宿正典編《人間の尊厳と現代法理論——ホセ・ヨンバルト教授古稀祝賀論文集》（成文堂，2000 年）

給讀者的話

我雖然也處理了許多有關於法律的現代課題，像是醫療、福祉、資訊等，但主要還是根據德國的法律理論，以探討法律和政治間的關係。在研究的過程中，當思緒陷入困境，以致找不到出路的時候，屢屢會想起德國社會學家盧曼說的，「對於所有人都異口同聲的事情，重要的是試著去勇敢說出相反的意見。」假定最終又回到了常識的軌道上，至少曾經懷疑過常識，並且用不同的角度去眺望它。這一點在學習法哲學的時候是非常重要的。

CONTENTS

目 次

專欄一覽表

第 1 章

現代的法律和正義

法律的基本作用，在於形成安定正當的秩序。但是，因社會變遷導致法律制度發生變革的這個過程當中，或者是在社會變遷之下仍要從事法律實踐的這個過程裡，所謂安定正當的秩序指的是什麼呢？這反而成為問題。首先在這一章中，我們要提出說明的是，法律在變遷中的現代社會裡，會面對到什麼樣的主要課題。並且從法哲學的固有性、現代性的這些面向出發，我們將試著釐清法律的根本問題。我們同時還要說明，法哲學在研究這些根本問題時，所要追求的目標。此外，本章還將討論「作為公平的正義」理論。因為這個理論揭示出現代法律的哲學基礎，從而廣受人們注目。透過這些討論，我們希望能提供讀者一個頭緒，以有助於進一步探究現代法律體系和法律正義等的基本問題。

1 法律的發展現況和法哲學

變遷社會和法律

假若要舉出現代社會之發展趨勢上的特徵的話，其中的一個關鍵詞，那就是全球化。全球環境問題、網路普及、科技進步與其利用、跨國企業活動的擴展等，這些活動不僅遍及全世界，且它們帶來的變化，正以前所未見的速度跨步向前邁進。

所謂全球化，正意謂著地球化。不僅各類活動不斷地擴及全球地表，這當中有些活動，還明顯地超越向來所謂之國際化的範疇。譬如說，透過跨國界的網際網路，大量的資訊於剎那間交錯傳遞。因此，爲了對應網路所產生的問題，較諸以往更加要求國際合作。但有關全球化的問題，並不僅止於此。若僅就穿越國界的這一意義來看的時候，全球化的問題的確是國際問題。然而更直接了當地說，全球化所帶來的問題，是關於地球的問題。我們可以說，地球本身已逐漸變成爲一個整體的公共圈，而這是歷史上所未曾有的。因是之故，凡問題涉及世界各國所共通者，也能呈現爲全球公共圈的問題。在這個意義上，正展現出全球化，對社會變遷造就出耳目一新的趨勢。

對於法律制度，全球化也帶來了不容小覷的影響。出現在日本近年的法律制度改革當中，有著好些個能被視爲，直接對應到全球化的項目。例如說，關於地球暖化的對策、防範網路犯罪、擴大保護智慧財產權、限制使用新穎醫療技術等等。另外，像是司法制度改革、環境保護、對於女性和少數族群的人權保障、資訊化社會對策、勞動法制改革、推進地方分權、放寬經濟管制等。雖然說我們的確該把這些變革看作爲，因應國民意識的變化和回應社會結構的變遷等。但是也不能無視全球化，在這些變革當中所具有的影響。

標準化和差異化

若我們要從一個較爲抽象的層次，去掌握全球化對法律秩序所造成之影響的話，則可以從促進標準化和差異化，或者是從促進體系化和個別化的面向來看。

這也就是說一方面，爲了對應發生在地球公共圈內形形色色的問題，於是人們需求法律處理上的統一化。換句話說，這就是法律標準或法律規格的國際標準化。不只如此，全球化的浪潮也席捲並改變了地域的習慣或共通觀念，從而更容易見到，人們對自由和平等的呼籲。這就是所謂的，要求共通標準和擴大自由平等。

但是在另一方面，同時顯露出來的是，向著標準化的反方向前進的這個傾向。也就是重視差異化的傾向。其典型例子可舉出像是，推進地方分權、承認實現自我身分認同的新權利等。這個傾向要求的是，尊重特殊性、個別性、獨自性，並盡可能地以細膩的、有彈性的方式對應。否定齊一的且統一的管理方式，重視程序化，並要求透過自我決定的方式處理，或者是交付相關當事人，讓他們以民主制度下之自我決定的方式處理。這些都可以看作是，顯現差異化所主張或要求的。

全球化所引發的這兩個傾向，看似相互矛盾，且各朝相反的方向前進。然而，如果我們將焦點移轉到國家的架構上時，也可看到類似情況。一方面是，爲了實現國際和平，國家將部分主權，交付給國際機關，以達成更進一步的國際合作。他方面則是比方說，在防災對策或高齡化社會等問題層面上，積極地利用地方自治，也就是削弱中央集權體制，以推進地方分權。如同這些現象所示，隨著這兩種傾向的發展，導致了權力機構的重組。這已經不只是一個不爭的事實，而且還不斷持續擴大。同樣的傾向，也可在有關人權保障中看到。國際人權條約要求，不論在國別、民族、種族、性別或宗教等上的不同，都必須把所有人都視爲是個人，並尊重他的地位。但是另一方面，伴隨著文化相對性的主張而同時出現的是，要求把普遍人權保障看成爲是干涉內政，並且視個人爲在社會中，具有著特殊地位的存在。以這個主張爲根據，發展出駁斥普遍人權的這樣一種論點。

我們可以把標準化和差異化看成是，對於法律的基本發展方向，提出相悖的兩個要求。且它們在全球化的趨勢當中，相互激烈地競爭著。假如我們能以這個方式，掌握標準化和差異化的問題的話，應當能認爲雖不中亦不遠矣。

根本問題

那麼，就有關法律的此種現況當中，法哲學究竟扮演著什麼樣的角色呢？法律的哲學研究又是什麼樣的東西呢？

在這裡，我們將舉出兩個例子說明，以好弄清楚這些問題。

第一個例子是，關於女性的自我決定權的問題。在日本，自我決定權係以日本憲法第 13 條爲根據，從而這個權利是自由權當中的一項。自我決定權對個人的自律而言是不可或缺的，並且在國家法律上有著重大的地位。特別是牽涉到生產或者是成家等，也就是涉及選擇自由的問題時，自我決定權有著重要的角色。在此我們舉個例子說明。假定有位臨盆待產的孕婦，在她的懷孕過程中，其實是相當順利的。然而經胎兒診斷後她得知，有相當高的可能性生出先天性重度殘障嬰兒。在經過一番苦思焦慮後，她最終決定選擇墮胎。那麼法律是否可以承認，她選擇墮胎的這個決定？也就是說，在法律上是否能夠承認說，她有行使自我決定的權利呢？

在這個問題中包含著多樣的根本問題。或許有人會表示，由於墮胎當中就蘊藏著道德問題，從而個人不被允許能就此問題自行做出決定。不過也許另有他人會問到，我們能否因為當中包含了道德問題，從而就限制墮胎呢？如果可以限制的話，則承認自我決定作為一個權利，其意義究竟何在呢？追根究底，權利究竟是什麼呢？如果法律秩序承認自我決定為權利的話，這個秩序的整體結構是什麼樣子的呢？反過來說，如果法律秩序認為因公共之必要，從而限制自我決定的話，這個秩序的整體結構又是什麼樣子的呢？此外，針對墮胎這個問題來說，因為要面對墮胎罪和其他的一般性限制，如果這時又認為，墮胎是自我決定權的話，法律體系當中，豈不是存在著相互矛盾的要求嗎？在這樣的情況下，有權做出裁決的人，應當如何是好呢？這個人可以完全依照自己的道德判斷，從中任意選出一個決定嗎？類似上述問題般，涉及到女性的選擇的問題時，如果我們必須去下一個具有理由的判斷的話，就必須弄清楚這一連串的疑問。

我們還可以舉出另外一個例子。在這個例子中牽涉到的是，侵權行為制度改革的問題。儘管侵權行為訴訟年年增加，但現行制度下，會因為是否可認定「過失」（換言之，若認定侵權人有過失的話，可以命令侵權人賠償），以及是否適用保險（譬如說，若可適用汽車事故第三人責任險的話，則得以救濟），在結果上會出現相當大的差異。因是之故，關於此問題的一個有力說提議，應當設立綜合救濟制度。也就是，只要是因爲事故導致損害的話，不論原因爲何，均一視同仁地給予補償。並且這個制度如果能夠取代侵權行爲制度的話，不只提升經濟效率，還符合福利國家的理念。那麼，我們應該如何判斷這個提案呢？

若論及法律制度應當採取什麼型態的問題時，我們也能在這個問題當中，見到數個重要的問題。比方說，侵權行爲法的目的究竟是什麼呢？如果綜合救濟制度所重視的損害救濟，就是侵權行爲法的主要目的的話，爲了達成這個目的，我們就有理由修正現行制度的不合宜處。但是，在民事賠償制度的要旨中，還同時包含了抑制侵權行爲、制裁侵權行爲人等的面向。那麼，在思考侵權行爲法的目的時，我們要如何看待這些面向呢？縱使符合福利國家的平等理念，但我們要如何思考，在綜合救濟制度本身中所包含的，像是限縮自由權的問題，或者是無視人際之間的關係性的問題呢？此外，作爲一種制度來看的時候，即使說救濟制度比起審判還更有效率，但經濟的效率性是否就是法律應當追求的理念呢？

法哲學

如同上述，不論是就承認權利與否來說，或是就制度改革來說，如果問題涉及到法律基本樣態的根本問題的話，它們都會以多樣的形式，彼此相互關聯。爲了要能夠下一個適當的判斷，我們是無從迴避這些彼此相關的問題。一旦人們問到的是，原理的或理論的問題的時候，對於我們在檢視這些問題時，能夠給予幫助的學問，不是其他，正是法哲學（另稱作法理學，其意義幾乎相同）。

在學術分類上來看時，法哲學相對於憲法、民法和刑法等實定法學，它從以往就和法史學、法社會學和比較法學等相並列，共同歸類在基礎法學領域當中。此外在基礎法學中，有些研究具有歷史學性格，有些則是具有比較學術性格，還有一些則有著經驗科學的性格。相比之下，法哲學則是有著哲學性分析之性格的研究。從這一點來看，它在基礎法學中也有其獨特的地位。

因研究對象的不同，或者是因研究取向的不同，我們還可以將法哲學區分爲，或是說在它的內部區分出，法理論和狹義的法哲學。法理論包含了像是法律體系論、權利論、法律制度基礎論、法律解釋方法論等。這些均直接涉及法律實務，或相關於實定法學的基礎。從而可以看成是對現存的法律體系，從事內在理論的研究。相較之下，狹義的法哲學包含了像是國家論、正義論、民主制度論等。從而可以認爲它的特徵是，涵蓋了外在於法律體系的觀點，並運用相關學術領域研究的成果，在這個基礎上廣泛地從事根本性的、原理性的研究。

但是，不論我們研究的對象或取向爲何，法哲學的基本課題是不會因此改變。這個課題也就是，法律的哲學性研究。

法律是顯著地包含了價值要素的規範體系。藉由規範的制定和適用，以盡可能理性地去調整利害，或是去調解價值上的對立，並試著對這些利害或對立形成秩序。法律因此也只能認爲是，人類的實踐性嘗試。法哲學的課題就必然是，清楚說明法律的規範性、體系性、理性性和實踐性。

整體圖像和理念

法哲學要探討的對象，是法律的根本問題，並且如同前述的例子中見到的，法律的根本問題會因問題不同，而以多樣形貌呈現出來。但最終來說，我們可以把這些根本問題歸結爲，法律的整體圖像的問題，以及法律理念的問題。

換句話說，其中的一個問題，是有關於法律體系的結構、法律決策的特質、法律和道德之間的區別和關聯、法律權利和法律義務之間的關係等。也就是說，要如何做才能夠掌握到法律秩序整體圖像的問題。另外一個問題是，有關於法律權利的內容、如何把自由和平等等的正義理念具體化爲法律的方法、法律的角色、法律秩序的理念等。也就是說，透過法律的基本理念，以思考法律應當是什麼的問題。法律的規範性和體系性，乃是相關於前面的那一個問題。法律的理性和實踐性，則是相關於後面的這一個問題。

儘管提問的形式不同，但在法哲學的探討中，這些問題並非不相關。這是因爲，假如我們不能掌握到，法律是作爲什麼樣子而存在的話，就不可能思索法律應當成爲什麼樣子。反過來說，假若我們不考慮，有關於法律的各種規範上要求的話，或不考慮透過法律能實現什麼的話，自然就有困難去描繪出法律體系的整體圖像。

法哲學的固有性

迄今爲止，有關於法律整體圖像和法律理念的這兩項根本問題，人們多區分爲法哲學的三個主要問題領域。

第一是法律的一般理論。包含了像是法律體系的結構、法律規範和其他社會規範之間的區別、法律強制的特質、權利的概念等。這個領域要處理的是，有關於如何掌握法律整體圖像的各類問題。它主要涉及到，如何認識法律或者是理解法律。因爲它是要釐清法律的一般性質，所以在這個意義上，被稱作爲法律的一般理論。

第二是法價值論，也稱作爲法理念論。從法律的價值，亦即從正義的意義內容出發，以思索法律應當是什麼。在關聯到自由、平等、和平、人權等等之下，理論地探討和闡明應當有的法律制度，或者是理論地探討和闡明法律秩序應當有的樣態。相對於法律的一般理論來說，法價值論也可稱作法律的規範理論。

第三是法律學方法論。這個領域要探討的問題是，法律學的特質和法律實務的型態。主要來說，其中心是在闡明法律學中教導之，並也是在法律實務上實踐之法律思維的特質和基礎。法律學方法論雖然是以法律學爲主題，但因爲它包含基本的制度結構，以及理想的司法實踐等等，換言之，由於橫跨一般理論以及規範理論雙方，所以被視爲是，第一個問題領域和第二個問題領域的運用領域。

根據上述說明，我們能夠把法律整體圖像和法律理念，主要看作是法律的根本問題。

人們自以往就不斷地以多樣方式，去討論上述的這些問題。我們可以舉出若干例子加以說明。譬如說，關於法律秩序的整體圖像，以及它的基本特性，有人看作是「社會契約」的結果，也有人抱持著「主權者命令」的觀點。關於法律和道德之間的區別，有人認爲道德主要涉及內在的事項，故提議「法律的外在性」，以作爲有別於道德的標誌。

關於法律的理念，有些人把實現理想法律的可能性，寄託在如 nomos/ physis、lex/ ius 等字眼的不同之上，然後指出由政治權力所創立的實定法，以及指出來自於神或者是普遍的「自然法」後，透過這兩種觀念的對比，以論述什麼才是好的法律，或者什麼才是法律秩序應當有的樣式。直到今日爲止，人們仍舊不斷地以多樣的方式，進行著類似上述般的討論。

法哲學的現代性

假如我們可以把人們在過去對法律的根本問題所曾進行過的討論，看作是法哲學的舊風格的話，當代對於法律的根本問題的討論，就能夠看作是對同樣問題呈現出來的新風貌。

如同先前的說明中所顯示的，在現代的這個時代裡，存在著現代社會的特殊狀況。然後在全球化的進程中，法律秩序的現況在基本上，又包含了標準化和差異化這兩個相反方向的要求。爲了回應此狀況，法律制度改革也出現多重趨勢。

舉例而言，科技發達與其利用，以及工業化的發展，這些都在涉及生命倫理和環境倫理問題的情況下，引發了有關法律和道德的新問題。另外，法律體系的重新整編，導致人們對於法律秩序的圖像，進行一場範圍遍及全球的重構。除此之外，各種法律制度，像是司法制度、侵權行爲法、親屬法、刑事法等，不只向來存在於各自當中的問題點陸續浮現表面，人們對相關問題的討論，還回溯到這些法律制度的基礎或目的上，以從根本去檢討這些制度的旨趣。為了獲得符合新時代所需之徹底改革，許多的討論正一波接著一波地推進著。無論如何，當問題愈重大的時候，法哲學的檢視就愈不可或缺。在這樣的一個時刻，我們必須去做到的是，深入理解法律整體圖像和其理念。

有關於自由主義事業

如果提到法哲學的當代發展的話，我們還可以舉出另一個焦點。也就是，自由主義事業的功過變成為討論的對象。

我們在這裡提及的自由主義事業，指的是以立憲民主制的架構為基礎，並以各個人的自由與平等為中心的這樣一種秩序原理的想法。我們可以從羅爾斯的思想中，找到這個理論的基礎。在羅爾斯的《正義論》以及《政治自由主義》等著作中，他提示出像是「社會基本結構」論、「差異原則」論、「憲政核心要素」論等的秩序構想。這些對於今日法哲學上的討論，從許多的方向帶來了強大影響。

如果我們說全球化是推動自由主義法律秩序的力量的話，那麼羅爾斯的想法就是，使人們重新思考這個秩序理論的契機。包含了羅爾斯的想法在內，也包含了不管是贊成或反對羅爾斯的想法的所有討論在內，我們可以認為這些討論都是，最充分地揭示了法哲學的現代性。

耐人尋味的是，不只是康德的「自由」與「自律」的想法，或是亞里斯多德的「卓越性」以及「目的」的觀念，還是黑格爾的「市民社會」批判論等，這些極為強有力的思想基礎，通通都又出現在上述有關於羅爾斯的討論當中。我們因此可說，法哲學討論的舊風格，在此展現出它的新風貌。透過重新檢討自由主義事業，人們又再一次在新的狀況中，檢驗法哲學的根本問題。

2　作爲公平的正義

有關正義的討論狀況

在此，一方面顧及前面提到過的，法律以及法哲學的現況，另外同時又將焦點轉向，尤其是與法律的理念密切相關的主題，也就是有關於正義討論之近年來的發展動向。在這麼做的時候，本書先詳盡地說明，特別是有關前述之羅爾斯的正義論。因爲他的正義論，不僅使得今日有關正義的討論更充滿生氣，也提供了正義討論的理論基礎。此外，在這裡先確認羅爾斯見解的大要，也會有助於理解本書後述之法哲學的發展。

至1970年代初期爲止，在社會哲學、倫理學、經濟學等領域，即橫跨整個社會科學和人文科學中，有關於價值之討論，呈現出一幅迥然不同於今日的景象。譬如說分析正或善等的倫理概念，或是追求如何證成價值判斷的結構等。換言之，當時人們的關心焦點，集中在有關後設倫理學的問題上。另一方面，提及實質的價值判斷的時候，由於價值相對主義有著重大影響力，故人們在根本上仍持續地懷疑，是否有可能以學問之名進行客觀的價值判斷。

在此種懷疑論調的背景下，僅限於經驗性的東西和邏輯性的東西，才有可能問到眞僞。因此，即便先不論在當時人們間根深蒂固的想法是，把實質價值看作爲個人偏好，從而不可能在學術研究的名義下，進行有關實質價值的討論。在這個風潮下，關於正義之社會價值的討論，基本上也停滯不前。

羅爾斯正義論的衝擊

然而，當 1971 年羅爾斯發表了正義論後，從那個時候起，有關正義的實質討論急遽蓬勃發展。影響所及，不僅哲學和倫理學，更遍及經濟學、法律學、政治學等各領域。在日本，羅爾斯與其後繼研究一時赫赫揚揚，並且還對各專業領域帶來強大影響。

法哲學也當然未置身於其外。直到 1970 年代中期爲止，因受到邏輯實證主義和批判理性主義等的影響，日本的法哲學界始終未能克服並超越價值判斷的非理性命題，以及這個命題所歸結之價值相對主義。相反地，羅爾斯提倡的正義論，則以社會契約論的構思爲基礎。他驅使多樣的理論工具，呈現出一個有建設性的圖像。在這個圖像當中，自由且平等的道德人在共識的基礎上，選取規定自身社會基本結構的規則。

雖然針對羅爾斯的主張內容，各式各樣的反對論調紛湧而至。但無可否認的是，羅爾斯爲實質價值建立了一個能理性討論的平台。多樣的學術領域也透過它的理論，踏入這個平台內。這一點對法哲學來說也是相同的。正因此發展，法哲學也得以進一步強化，與其他鄰接學術領域之間的聯繫。

功利主義批判

羅爾斯致力於克服功利主義。功利主義是邊沁和密爾所倡導的，其目標在於運用科學的方法，而非依據神的意志或自然法，去推進社會改革。在此意義上，這是非常現代的、合理的道德理論。在思考方法上，功利主義所採行的具體方法是，以各個人享受到的利益爲出發點，主張規則或制度若能最大化利益之總和的話，則這個規則或制度就是正確的。

在本章中我們將僅止於淺析功利主義，至於其詳細內容，另於後說明（→ 142 頁）。無論如何，儘管有著多樣的問題點，直到今日功利主義仍舊有強大的影響力。關於其理由可舉如下：其一是，功利主義以個人利益爲出發點，並在態度上一貫地堅持，每一個人都不能以超過一個個人來計算。在某個意義來說，功利主義有著個人主義和民主主義的面向。第二理由是，當論及行爲、規則或制度等是否正確的時候，功利主義主張要從結果判斷，行爲、規則或制度等對人們究竟帶來多少利益。功利主義的這個想法，使其免除了義務論道德理論的非合理性。因爲在義務論中，形式上一致於道德法則是絕對必須的。第三理由是，儘管方法上有其困難，但運用計算效益的理性方法，提升了功利主義的客觀上的可信度。

功利主義的問題點

就如同論者經常指責般，功利主義當中有著重大的缺陷。因爲它僅只重視如何最大化生產出的整體利益，卻對如何分配這個利益等閒視之。換言之，對於功利主義來說，只需把全體的派做大即行了，而且只要不妨礙增進整體利益，不管分配是多麼的偏頗，也不成爲問題。功利主義之所以有著這個缺陷，是因爲它單純總計各個人所分享到的利益（總量主義）。若是行爲、規則或制度能最大化這個利益總和的話，則這個行爲、規則或制度就是正確的（最大化主義）。功利主義的這個所謂之整體導向的面向，造就出如下的傾向：爲了增進整體利益，即使犧牲個人或少數人也在所不惜（關於功利主義的問題點，另參閱 145～150 頁）。

爲糾正功利主義的這個缺失，有必要建構一個正義的理論。在這個理論當中，將不允許以增進社會整體利益爲理由，而剝奪個人的自由。另外，我們還必須關注到，如何分配各種稀有財的這個面向。意識到功利主義的問題點，並使得有關正義討論的主軸，大幅轉向此方向者，正是此處舉出之羅爾斯的「作爲公平的正義」論。

背景的正義和其證成程序

一般而言，不僅是法律或制度，像是個人的行爲或品行等，許多的東西都可以使用「正義」這個字討論。但是，在正義論當中，羅爾斯作爲主題的，是更加限定的事項。也就是說，他問的是，作爲社會基本結構原則的正義。換言之，分配基本權利、義務，以及分配經由社會合作產生出來的各種財的方法，還有規定分配方法所必要之、作爲背景制度架構的正義原則。

在羅爾斯提示的方法論中，其證成程序共有二。其中之一是「原初狀態」。在這個假設的狀態中，各方當事人若是參與了選擇正義原則的程序，並檢討了各式各樣正義原則的選項的話，他們最終必將全體一致，選擇羅爾斯提出的正義的兩項原則。羅爾斯描寫出的此一腳本，是一種社會契約論式證成程序。另外一個證成程序，是一種基於融貫論眞理觀念的證成程序（又稱爲「反思平衡」程序）。這個證成程序會顯示出，當我們把羅爾斯爲了證成而用到的各種理論裝置，以及從這些理論裝置推導出的正義原則等，看作爲一個整體時，會符合我們經過反思後的道德判斷。

此二證成程序中的無論哪一個，都構成了羅爾斯正義論中不可或缺的構成要素。不過，在此先特別說明前者，也就是關於正義原則的社會契約論式證成程序。羅爾斯首先把作爲「自由而平等的道德人」的個人，依據正義原則行事而實現出公正社會合作的社會，稱爲「良序社會」。另一方面，他將良序社會重新建構成，推導正義原則的程序。其結果產生出來的此種正義原則推導程序，即是「原初狀態」或「原初狀態中的各方當事人」的假設模型。

原初狀態和公正程序

在原初狀態此一假設狀況下，各方當事人是處於一個名爲「正義的環境」中。所謂正義的環境指的是這樣一種狀況：有必要調停偶爾發生的紛爭，並人們所必需的財是稀少的，且比起個人獨自生活，透過社會合作將使良好生活更加成爲可能。各方當事人就是在這樣的狀況當中，參與選擇正義原則的程序。但同時，由於爲了要使推導出正義原則的程序整體成爲公正的，因此在賦予各方當事人有著什麼樣的性格，或者他們能得到什麼樣的資訊，甚至於程序本身等上，都要加諸許多的限制。

首先，各方當事人選擇的正義原則，是關於什麼是正確的，或什麼是錯誤的。爲了能發揮作爲此種道德判斷標準的功能，正義原則必須具備終局性、普遍性、一般性、公知性、實效性。其次，各方當事人本身能獲得到的，僅只是關於人的性質的一般知識，以及無論過著什麼樣的生活，他們都想要的，關於合理的「基本財」（primary goods，另外依情況會譯爲「基本善」）的知識，也就是說，權利和自由、機會和權力、收入和財富，以及自尊的知識。再加上，人們想要以最小的成本，獲得盡可能多的東西，就這個意義來看，他們是理性的。另一方面，人們對於別人的命運不表關心，就這個意義來看，他們是利己的個人。

無知之幕

原初狀態中利己且理性的各方當事人，在確保程序公正的這些制約下，檢討正義原則的各種可能選項。他們並基於共識，以決定形成自身社會基本結構的規則。此時尤其受到注目的，是所謂的「無知之幕」，亦即關於當事人能獲得的資訊的假定。換言之，各方當事人雖然知道關於人的一般事實，像是知道社會上不僅有身體健康的人，也有疾病纏身的人，不僅有富裕的人，也有貧窮的人等等，但卻完全沒有關於自己本身屬性的資訊，亦即不知道自己究竟是健康的或病弱的，富裕的或貧窮的，有工作的或失業的，以及對自己來說，什麼樣的生活方式才是良善的等等。

因爲無法排除，自己可能具有特定屬性的蓋然性，像是貧困或病弱等，從而利己且理性的各方當事人，在選擇作爲自己的社會的基本結構時，將不會選那些以特定屬性爲由，歧視特定個人的制度原則。爲什麼會這個樣子呢？這是因爲他們所依據的思考策略是，「在不確定的狀況下，應該考慮最糟糕的結果是什麼，然後根據這個考慮做出選擇」（小中取大策略）。換言之，就如同日本諺語「石橋也要敲著過」，所顯示出慎重行事的思考方式。所以在選擇正義原則時，可以認爲他們是理性的。

自尊

在羅爾斯的「作爲公平的正義」論當中，要注意到的是，在選擇正義原則之際，於各式各樣的基本財當中，自尊的觀念被賦予重要的地位。無論是誰，都相信自身的生命值得被達成，並且也都相信，自己具有達成此生命所需的能力。從而在選擇社會結構的基本原則時，人們期望選擇出的是，一個不摧毀自尊基礎的社會。

羅爾斯的「作爲公平的正義」論中，之所以給予自尊這樣一種基底的位置，可認爲是當他在規劃正義構想時，在他的構想的根底裡存在著的是，尊重各個人自行選擇想要過的良善生活的構想，並盡可能使個人的多樣性和獨自性，得以發展和發揚，從而必須充實能達成這個目的的社會條件。

正義的兩項原則

接下來，讓我們看一下羅爾斯所說的正義原則。對於正義的一般構想，羅爾斯提出的見解是，「所有的社會價值（自由和機會、所得和財富、自尊的基礎），除非其中一部分或全部的不平等分配，是符合所有人的利益的，否則應平等地分配。」基於這樣子的想法，並透過前面看到過的證成程序，羅爾斯推導出由下列兩項原則所組成之正義原則。

〔第一原則〕每個人都具平等的權利，享有最廣泛的各項基本自由，且他的自由相容於所有人享有之同樣的自由。

〔第二原則〕社會及經濟的不平等必須滿足下列兩項條件。

(1)在符合正義之儲蓄原則下，最大化境遇最差者的期待收益（差異原則）。

(2)在公平的機會平等的條件下，所有職位及地位必須對所有人開放（公平的機會平等原則）。

在第一原則中考慮到的是，列載於人權清單上各項基本自由。像是政治自由、言論自由和集會自由、思想自由和良心自由、人身自由、不受非法逮捕和不受非法搜索扣押之自由等。第一原則要求，這些基本自由須平等地保障所有人。並且這個原則以詞典式順序，優先於第二原則（第一優先規則）。毋庸贅言的是，縱使能產出更大的社會經濟效益，也不允許以此爲理由，侵害第一原則要保障的基本自由。

當然，儘管是基本自由，但並不意味就是絕對的。基本自由仍舊會受到種種的限制。不過，羅爾斯也表示，僅限於與其他基本自由相衝突時，才可以限制第一原則所保障之、基本自由的核心部分。從而這個第一原則就明確否定功利主義認爲的，爲了社會整體利益，可犧牲個人或少數人的想法。

差異原則

羅爾斯強烈要求，平等地保障所有人享有基本自由。但另一方面，他同時也明確承認，在滿足一定的條件下，可容許社會經濟的不平等。第二原則正是對此一例外做出規定。根據羅爾斯表示，若能合理期待，財富或所得的不平等分配將有利於所有人，同時所有人都能夠接近有責任的權限或地位的話，並僅限於滿足上述所有條件下，可允許社會經濟的不平等。

特別的是，藉由導入稱作爲「差異原則」的原則，也就是第二原則之 (1)，從而社會上境遇最差人們的收益能最大化的話，是可以允許這樣一種社會經濟的不平等。換言之，爲了最大化這些境遇下的人們的期待收益，是能夠證成積極的資源分配。要言之，對國家的積極矯正措施來說，差異原則賦予其一個正當的地位。

他方面，另一個重要問題是，就達成並維持社會生活的最起碼條件而言，各世代對於未來的世代，究竟要留下多少資源才算適當的呢？關於此點，羅爾斯拒斥，以效益的最大化爲目標之功利主義式想法。他指出，就實現與維持合於正義社會的目的來說，爲了要公平分擔所需之負擔，要緊的是不同世代之間的相互瞭解。從這一觀點，他力主符合正義之儲蓄原則的必要性。另外，他把這個儲蓄原則理解爲，對差異原則做出的限制（第二原則之 (1)）。

另外，藉由導入差異原則，在羅爾斯的正義論中，考慮到了個人間天生能力的差距。也就是說，在差異原則中，個人天賦才能的分配狀況，非視爲各該人所獨占之物，而是視爲社會的共同資產。針對天賦才能帶來的收益而言，也因此表現爲，社會全體成員共同分享這個收益的一個共識。如此，人無論怎麼做也改變不了的初期條件，也就是個人的資產與能力，成爲公共的正義原則所關心的對象。羅爾斯提倡的正義原則，因此就帶有強烈的平等志向。

雖說如此，羅爾斯的正義原則所追求的平等，既不意味著結果的平等，也非企圖去保障最低限度的生活。不如說，爲了充實使所有人都能夠自立，從而參與社會合作的條件，正義的兩項原則要保障的是，促使包含人力資本在內之、各項基本財皆能預先遍及人群之間。

廣義來看，羅爾斯的見解可說歸類在福利國家論的族譜下。但若是把福利國家的任務，看成爲實現結果的平等，並從而提供社會生活最起碼條件之事後保障的話，則實難將羅爾斯編入此種意義下的福利國家論中（羅爾斯最近尤其強調這一點。就此請參考→ Column(39)〔321頁〕）。

公平的機會平等原則

因爲上述這個緣故，在正義的第二原則的內部，羅爾斯給予了 (2) 公平的機會平等原則，優先於差異原則的地位（第二優先規則）。之所以如此，乃因爲在判定是否要矯正社會經濟的不平等時，要重視的並非是否最大化結果上效益總量，而係是否給予了機會較少的人更多的機會。

公平的機會平等原則規定出，人們在互惠的社會合作中活動時，所需之公共規則體系究竟應當是什麼樣子。根據羅爾斯的說明，這即是適用「純粹的程序正義」觀念後，所得到的東西。換言之，所謂的純粹的程序正義，係就正確的結果來說，並不存在獨立標準的時候，若適當地遵守了程序的話，無論最終內容爲何，都可說這個結果是正確的。也就是，存在著正確的或公正的程序。

在作爲公平的正義論中，羅爾斯視爲主題的是，社會的基本結構。而這個社會基本結構，正可以被理解爲，基於公正的社會合作條件而成立的東西，也就是基於正義而成立的東西。話雖如此，這個社會基本結構絕非把各式各樣的財，從其生產過程中切割出來，然後根據早已確定之配給正義標準從事分配。那什麼樣的分配方式才是適當的呢？這個問題仍要以，規定了社會合作應當是什麼樣子的正義，以及參與這個合作的每一個人的需求爲根據，並基此做出決定。在這個意義上來說，在社會的基本結構中必須實現的正義，就必須是確保在這裡提到的純粹程序正義的這樣一種東西。

自由主義的周圍

如同前面看到的，羅爾斯的正義論打開了價值相對主義造成的閉塞景況。他建構一個有建設性的圖像，顯示人們作爲自由而平等的道德人，如何經由社會契約去構思出公正的社會制度。前此之時，占有支配地位的功利主義，儘管是從個人出發，但仍僅是把個人看爲享受效益的主體，且爲了社會整體的利益，而有著易於犧牲個人或少數人的危險。羅爾斯的目標則是，建構出能取代功利主義的正義原則。相較於功利主義，他認眞地對待各個人的多樣性與獨特性。並且他追求的社會制度是，不允許爲了增進整體社會經濟利益，而犧牲個人的自由與權利的要求。

雖然說羅爾斯是以自由社會爲根本，且這個社會要盡可能地、平等地保障每一個人的基本自由，但在論及如何安排社會基本結構中的權利義務，以及論及用什麼方式決定，該如何分配社會合作行動中的利益與負擔時，他試圖儘量減少出身與才能等，也就是個人天生的資質的影響，並且也儘量減少偶然事件或身體殘障等，也就是社會的或自然的偶然情事的影響。這麼做的結果，他最終達到的是，典型上以差異原則爲代表，歸類爲福利國家自由主義的正義構想。

有關於由羅爾斯開拓出的，規範正義論的新的視野，將在後面做出更加詳盡的說明。並且如同在那裡會看到的，歷經 70 年代以「功利主義對自然權論」、「福利國家自由主義對自由意志主義（libertarianism，另譯作自由尊重主義、自由至上主義）」等，如此般的對立圖式爲基軸的論辯。到了 80 年代轉變爲「自由主義對社群主義」。再到 90 年代以後，自由主義又受到女性主義、多元文化主義、後現代思想等批判。一貫的發展是，人們一而再地點出，自由主義的智識座標本身具有的問題性。

在這些論辯當中，可以看到羅爾斯的見解，也呈現出相當大的轉變。尤其是，他在態度上漸次地放棄了，基於康德的道德人觀念以哲學式地證成正義原則。並在立場上轉向，若在各種關於正義的全面性構想間存在著交疊共識的話，這樣子就已經是充分的了。也就是轉採取所謂的，「政治自由主義」的立場。關於這一點，有人譴責他是從哲學中撤退。另一方面，我們也可以將他在立場上的轉變理解爲，在存在著多樣正義見解的現代社會中，羅爾斯爲了要實現他一開始就重視的安定性，因而有必要採取之理論上的前進。

正義論的這樣一種新進展，對於持續地去問到，社會秩序應當是什麼樣子的法哲學來說，也會成爲非常重要的問題。

第 2 章

法律體系

在本章中要處理的，是法哲學的主要問題領域當中，相關於「法律的一般理論」的各項問題。換句話說，在這裡要討論的，乃是針對「法律是什麼」這個問題而有的各項主題。具體而言，可舉出如法律的概念、法律和強制的關係、法律的規範性和妥當性、近代法與現代法的特質、法律體系的功能和結構、法律規範的結構、權利與義務、法律上的爭議處理、法律強制的正當性和界限等等。這些主題究竟各自問些什麼問題呢？本書將依據視法律為一個體系的這個看法加以說明。

1 法律是什麼

有關於法律的整體圖像

法律是什麼呢？這個問題會因不同的人在各自的日常生活當中，與法律有著不同的關聯，以及對於法律抱持著不同的現實上的關心，而出現不同的答案。不只如此，在現代社會中，不僅對於法律所發揮出的作用無法一言以蔽之，事實上就連法律的型態也是不計其數。消費活動、企業活動、職業生涯、刑事案件、社會保障、都會生活和國際糾紛等等，法律在社會生活的各個層面當中，都扮演著重要的角色。如要逐一考慮所有問題後，再去掌握法律的整體圖像的話，勢必將困難重重。

康德曾經表示過，「法律學家至今仍在追求法律的概念」。這顯示出確定法律的概念是困難的。若就法律是什麼的這個問題而論時，過去出現過的某個有力說曾主張，因爲人們只能任意地約定法律這個字的意義，所以那些追求法律本質的嘗試，全然是徒勞無功。尤其當我們面對今日形形色色的法律現象與型態的時候，會再一次感受到，人們之所以抱持此種消極的觀點，也是無可厚非的。

但是另一方面，在舉出法律之所以成爲法律而應有的特質時，儘管不同的論者彼此在意見上會相互歧異，但不能忽視的是，他們所提出的問題點，卻有著一定程度的共通性和類似性。這一連串有著共通性的爭點，可以舉出像是法律和強制是如何相關呢？法律和道德有關係嗎？法律和正義或其他價值間，又存在著什麼樣的關係呢？法律是事實，還是規範呢？法律爲什麼是有效力的，因此能夠拘束我們呢？

若整理這些已經限縮到某一程度的爭點，同時明確地認識到，當我們在追問法律的概念是什麼的時候，自身所抱持之實踐性的問題意識的話，仍有可能在一定程度上刻劃出法律的整體圖像。即使文字的定義中的確存在著約定的面向，但也不意味著這些定義能夠被恣意選定。我們仍有可能以文字的實際使用法爲基礎，透過人們在某程度上所能得到的共識的方法，去捕捉到法律的整體圖像。

不僅如此，正因人們不斷地追問，法律到底在現代社會中扮演著什麼樣的角色，所以思索法律究竟是什麼的問題，勢必將較諸以往更加重要。爲了使法律能夠以適當的方式，繼續扮演其合適的角色，我們有必要省思法律應當是什麼樣子的，並且還要不斷地確認，我們所回答的答案是否就是恰當的等等的問題。這也意味著，試圖理解法律整體圖像的嘗試將愈形困難，但這個嘗試也必定比起過去更加有意義。以下我們將先從確認法律的基本特質開始討論。

視法律為強制秩序之看法的系譜

若回顧歐洲法律歷史的話，直到中世紀爲止，人們長期以來一直認爲，法律是以自然法爲根據。而自然法之所以是妥當的，是因爲它以上帝的意志或人的理性等等作爲基礎。相對於此，今日法律型態的原型，即所謂的近代法，係中世紀以後，伴隨著絕對主義王權國家的成立而出現。這個法律型態，因此是一個相對新的法律型態。這也意味著，原本意義中的法律，已經不再是以自然法作爲它的根據。在這個新的看法當中，所謂的法律指的是，基於人的意志而訂定出來法律。換言之，就是實定法。

儘管說是程度問題，但這個新的看法，確實促使當時尚未完全分化的法律和道德更進一步地分離。並且因為法律和道德的更形分離，也使得另一個看法廣為流傳：也就是，並不是因為存在著超越法律的自然法或道德，所以法律才是妥當的；是因為法律被決定為法律，從而它是妥當的。然而就在法律失去了作為超越自身之基礎的東西之際，為了要維持其妥當性與實效性，取而代之的做法是，強化法律與主權者的權威，或強化法律與物理強制力之間的連結。也因為這個緣故，近代以後廣為人們知悉的是，法律是強制命令的這樣一種理解方式的想法。

後面這個見解的典型代表人物有，奠定了英國分析法學基礎的邊沁和約翰．奧斯丁等人。邊沁立足於功利主義式的看法，主張立法者的任務，是藉由刑罰的威嚇以防範有害行為。從而他認為要透過立法者的命令，去課予刑罰。另外，奧斯丁則一貫地堅持著徹底的法實證主義的姿態。他主張法學的任務不在分析「當為的法律」，而是分析「現存的法律」。根據他的定義，實定法為「主權者或者主權集團，直接或間接創設的一般命令」（主權者命令說）。另一方面，在當時的德國也可看到類似的發展。因《為權利而鬥爭》一書而享譽盛名的魯道夫．馮．耶林表示，法律是「國家權力透過外部強制手段，以保證其實現之規範的總體」。他並說「缺少法律強制的法律規則是自相矛盾的，是不燃燒的火，不發亮的光」。

Column(1) 分析法學

又稱為分析法理學，指的是英國法律學者奧斯丁為創始人的法學理論。在不同的分析法學流派間，能看到大致上的共同點是，嚴格區分法律和道德，把法學的基本任務看作是對法律進行體系的、邏輯的分析等。分析法學也形成法律實證主義中一股有力的潮流。

若說到奧斯丁自身的研究，由於過於細緻且又不起眼，從而在他有生之年，人們既不完全瞭解，也幾乎不曾注意到他的研究成果。但因他而奠定基礎的分析法學，後來爲 H. L. A. 哈特和約瑟夫・拉茲等知名研究者承繼。不僅和以亨利・梅因爲創始人的歷史法學相抗衡，還一路發展成爲英國法學主要潮流之現代分析法理學。

視法律為強制秩序看法的問題點

把法律看作是強制秩序的這個看法，不僅受到人們對法律所抱持之，法律係連結至刑罰或強制執行等的印象所支撐著，這個看法還深深地根植在人群之間。但是在這個看法中，卻包含了好幾個問題點。首先第一點，由於過於片面地強調法律強制的、命令的性質，反而忽略法律所擁有的，支配強制權力和防範權力恣意行使的作用。如同漢斯・凱爾森指出，法律是規定發動強制權力條件的規範，而不是行使實力這個意義中的強制本身。除此之外，尙毋庸刻意點明，諸如法律不僅是行爲規範，也同時是裁決規範（→ 58 頁）等，更無須提到像是在刑法中，還存在著罪刑法定主義等這些事情，人們應當就能明白，所謂法律是強制秩序的這個看法，其實是有問題的。

第二點，人們相互視對方爲主體，並以法律爲準據從事行爲，這才是法律在日常中的慣有型態。但是強調法律和強制相連結的看法，卻易於忽略這個慣有型態的存在。法律的重要角色之一，乃是作爲規則，以提供人們一個行爲時的根據架構。但法律規範不只是規律行爲，在法律規範中還有爲數更多的，積極地給予人們各式各樣的權限的規範。人們承認這些規範，把它們看作是自己應當遵循的東西。他們依據這些規範互動，藉此實現自身的利益和價值。大部分的私法上法律行爲，像是締結契約或商業活動等，都是這種看法的典型事例。雖然說法律最終還是得要透過以行使實力爲核心的強制權力才能獲得擔保。但同時有著相等重要意義的面向是，透過人們自發地遵守法律的意識，法律才得以被實施，也才得以被運用。

因此第三點，視法律爲強制的看法，只把人們看作是法律強制的客體，並容易忽略掉，作爲主體的人們是如何自主地運用和推動法律。此外，如果能夠強調出，法律主要是透過人們的自主行爲，才得以運作的這個面向的話，同時也將意味著，法律不是國家權力的強制，而是基於人們的共識，才得以形成的和被運用的東西（與這一點相關的是，將法律理解爲理性討論的論壇。參見→ 206 頁）。

Column(2) 法律強制的多樣性

若說到法律強制的話，在人們腦海中會輕易浮現出來的是，伴隨著刑罰或強制執行而來的威嚇，或者是實行刑罰或強制執行等。但應當注意到的是，若我們從強制的強度及型態等兩方面來看時，在現代的法律體系中，還採用了其他多種類的強制。例如說到課予不利益的話，我們可以舉出對輕微犯罪行爲的不起訴處分（也就是僅做出訓誡）、罰鍰或取消證照等的行政罰；因爲侵權行爲或不履行契約而導致的強制，可舉出像是損害賠償、法律行爲的撤銷或無效；對於手續費等課徵滯納金等等。也就是說，所謂強制即涵蓋了刑事上的、民事上的與行政上的各式各樣的強制。

此外若把 sanction 這個字籠統地翻譯成「制裁」的話，將很難掌握到箇中的微妙之處。因爲 sanction 這個字，原先就不限定是刑罰或損害賠償等。亦即不限定是課予不利益的負面制裁。這個字尙包含了，比方說租稅上的優惠措施等。也就是，爲誘導行爲而賦予利益的正面制裁。譬如說在日本，「補助金行政」這個詞雖常被揶揄爲，國家或地方自治團體藉由給付補助金或代辦款，以管理或誘導民間團體的活動。然而實際上這樣子的手法，卻常常能發揮強大效果。在管理型法（→ Column(5)〔49 頁〕）不斷擴大的現代法律體系中，此種乍看之下相形軟弱，也就是透過給予報酬以誘導利益的手法，實則再三被頻繁地運用。甚至在有些時候，比起刑罰等，也就是課予不利益的方式，此種手法事實上帶來更強而有力的強制。

從而若要舉出強制這個要素，以作爲法律的特質的話，有必要橫跨制裁之正、負的兩個面向，並考慮到強度這一點，才好思考今日的制裁所具有多樣的、多類型的型態。

法律規範

於此之際必須注意的是，如果我們把法律從強制秩序中分離出來的話，那麼支撐著法律能夠自立地存在著的結構的東西，乃是法律規範。所謂法律規範指的是，法律社群成員承認這個規範爲自身行爲的標準，或把它當作證成自身行爲的理由，或視它爲針對他人行爲提出要求、期待和譴責的理由等，這樣一種公用的社會規範。具備此種性格的法律規範，就和其他各種類的法律制度、法曹集團和法律思維方式等相並列，同樣構成了法律體系的核心要素。並且，法律規範還支助了法律體系，使其能一方面相對於國家權力，他方面相對於道德、宗教、習俗等其他社會規範，維持自身的自立性。

自當毋庸說明的是，法律規範是「規範」當中的一種。所謂規範指的就是，從事行爲、判斷或評價等之際的標準。就內容看，規範可以區分爲二種：一則採取了一般判斷的型態，比方說「對所有的人皆不應當說謊」；另一則採取了個別判斷的型態，就譬如像「X 應當交付那間房屋」。但無論是哪一種型態，規範都具備了「應當」（ought, Sollen），也就是當爲的樣式。就這一點來說，規範是不同於具備了「是」（be, Sein），也就是存在的樣式。同於其他種類的規範，法律規範也是具有此性格的一種社會規範。

在古代或中世紀時，法律規範和道德規範或宗教規範等之間，呈現出的是一個未分化的狀態。不過，伴隨著近代化的腳步，社會生活和統治機構日趨複雜，再加上法律制定及其運用的國家化，法律規範逐漸從道德或宗教等社會規範中獨立分化出來。與此發展同步的是，終極來說，法律規範以國家掌控之物理強制力爲背景，透過命令人們或禁止人們去從事一定行爲，強化了管制人的行爲的這個特性。

因爲上述這個緣故，把法律看作是等同於強制命令本身，就被擴張成爲理解法律的主流觀點。但是正如前面所提到過的，在法治主義等自由主義指導原則據有支配地位的今日，把法律等同爲強制秩序的看法，將會是不恰當的。這是因爲對於國家政治權力的命令與強制而言，法律規範是相對自立的。並且在法律形塑出的獨自空間中，法律規範構成了極爲重要的因素。

規範性

於此之際，爲了要確保法律的自立性，重要的是，法律規範所特有的「規範性」。所謂規範性指的是，規範所具有拘束力，並爲了使本人從事一定的行爲、判斷或評價等，對各該人課予義務的力量。然而，雖說具有拘束力或課予義務的力量，卻不意味著這個力量就是物理強制力。規範性指稱的是，儘管受到物理強制力的支持，卻不能將其還原爲物理強制力，這樣一種指示性的要求。

法律規範課予人義務的樣態，是不同於道德規範或宗教規範課予人義務的樣態。道德規範或宗教規範等，是透過人發自內心承認這些規範。換言之，在良心上產生動機，從而課予人在行爲的時候，遵從規範的義務。相對於此，法律規範的場合，不要求在良心層次上的承認。法律規範完全限定在法律的脈絡下，並只對各該規範所要適用的人，規定出應該如何行爲、如何做出判斷、如何進行評價等。因此人在內心深處，並沒有奉守個別的法律規範，或者是奉守法律秩序整體的必要。他完全是爲了處理法律問題，從而準據這些法律規範，以好從事行爲、做出判斷或評價等。並且只要如此的話，法律的規範性就算是充分的了。

Column(3) 法律和道德的關係

德國的國法學學者格奧爾格．耶里內克曾表示，「法律是最低限度的道德」。他主張法律在客觀上是道德規範的一部分，在主觀上則只要求最低限度的道德情感。

的確，在許多的情況下，法律義務和道德義務是一致的。譬如說殺人罪或傷害罪等自然犯的規定。尤其在安定社會中，甚至可以說法律和實定道德或者社會道德間，在內容上大幅交錯。但因爲法律和道德是從不同的關心點出發，法律會訂下周詳的規定（譬如說，關於經濟犯罪所做的規定，就是一個典型），從而至少在近代法中，法律原則上是極力避免涉入，應當稱作是個人道德之，歸屬於主觀化個人良心的自律領域。因此就涵蓋範圍來看，法律與道德可以認爲是大相逕庭的。

對於此看法，德國的法律學家克里斯蒂安．托馬修斯和哲學家康德等人，則標舉出「法律的外面性、道德的內面性」的區分標誌。法律是要評價和規律人的外在行爲。相對地，道德則是要評價和規律人的內在情感。古斯塔夫．拉德布魯赫則認爲，若理解這個區分爲法律和道德在主要關心方向上是有所不同的話，則這個區分是與自由主義社會原理相融貫的，且即便是今日，基本上仍可以在許多方面承認這個區分。只不過我們若考慮到道德中尚有社會道德這一層面的話，則會認爲這個區分是過於狹隘地看待道德，並因此可說是有待商榷的。

適用規範和法律思維

法律規範中的大部分，都規定成有如下述般的型態：在具體事例中系爭之人、物或行爲等，若屬於某法律規範所規定之一般範疇的話，原則上對於這些人、物或行爲等，要一律地適用該法律規範。大多數的法律規範典型上採用的是，「如果 A 的話，則 B」的形式。換言之，對於一定的要件事實，指出應當歸屬的一定的法律效果。也就是說，採用所謂「條件式」的這個形式的規定方式。此種類型的法律規範，就稱作爲法律規則（或稱作法律準則、法規則）。制定法的多數條文，都是這個意義下的法律規則（與法律規則相區別之法律原則→ 60、240 頁）。

把事先訂定好的一般法律規則，適用到過去發生的具體事實上，從而公正地處理事件，這樣一種特殊的思考技術，稱作爲法律思維（法律思考）。法律思維採取的思考方式是，準據於事先訂定好的一般性規則。就這一點來看，法律思維與未來導向之政策思維相比，或者是與達成利害關係人間的妥協爲目標之利益協調思維相比的話，基本上在性格上是不同的。上面提到過的法律思維支撐起近代法律體系的自立性，而此一自立性又形成當代法律體系的基礎。同時，肩負運用這個法律思維任務的是，以法律作為職業的法曹團體，和具有法律素養的專業人士等等。

規範體系的結構

法律規範的另外一個重要特性是，當各個法律規範合為一個整體時，將形構出具有一定體系的結構。不過法律規範體系的結構，究竟是如何構成的呢？關於這個問題，人們有著多樣彼此歧異的理解。

凱爾森從規範邏輯的觀點考察法律規範，他提倡法位階論。也就是把法律秩序看作是，以憲法為頂點所形成的一個位階結構體系。他以階層的方式結構化法律體系，在最下位階的是法律行為和法院判決等，其上則是給予判決和法律行為妥當性的各種法律，再之上則是作為這些法律之妥當性根據的憲法。但最終來說，凱爾森則是假想出一個給予憲法妥當性根據之假設性的「基本規範」。

另一方面，哈特則透過法律社群參與者的內在觀點，把法律理解為由二個階層所構成的規範複合體。換言之，包含著為了規律行為，並進而得以課予人們義務的初級規則，以及涉及各種規範的變更、認定的，和涉及承認規範秩序整體的次級規則。法律則是被理解為，由此二種類的規範所構成的東西。

法律的妥當性和實效性

凱爾森的立場是，只有法律規範才能成為法律規範妥當性的基礎。他從而嚴格地拒斥，把法律以外的道德性、政治性價値判斷，當作這個妥當性的基礎。他並且把假想出來的假設性的基本規範，定位爲最終擔保法律秩序妥當性的規範。換言之，凱爾森是企圖在全然法律規範的層次中，去說明法律秩序的結構及妥當性。

相對於此，哈特儘管同於凱爾森，也是從法律秩序內部去尋求法律的判定標準，但他最終透過法律社群成員的承認，也就是透過這樣一種心理上的事實，去找到法律秩序妥當性的根源。他們之間的差異反映出來的，其實是一個古典的議題：到底要從什麼地方求得法律妥當性的根據。也就是說，法律爲何是妥當的呢？又爲什麼具有課予人們義務的力量呢？這個力量的根據究竟在什麼地方呢？等問題。

在此必須注意到的是，法律的妥當性和實效性之間的差別。法律的「實效性」指的是，法律實際上爲社會成員所遵守，或被徹底執行。亦即存在在事實的層面上。相對於此，法律的「妥當性」（也可稱作爲法律的「效力」，但基本上同於法律的妥當性）指的是，不管事實是什麼樣子，法律課予人去從事特定行爲的義務。換言之，存在在規範的層面上。

因此，縱使說某個規範實際上被遵守著，或是說人們實際上被義務所約束著，這不代表說規範上就應當如此。或相反地，縱使說某個規範實際上並不被遵守，或並未被徹底執行的話，也不代表說規範上就不應當如此。事實和規範間，以及存在和當爲間，明顯地存在著層次上的差異。接下來，我們將以此差異爲前提，進一步明示各種學說如何說明法律妥當性爲何，以及在這些學說中，個別法律規範的妥當性的根據又何在。

法學妥當論

首先第一種看法是，法律妥當性的問題全然無關於，法律實際上是否被遵守之事實的問題。在這個看法中，法律妥當性指的是，法律規範在其性質上所具有的規範性。這個見解被稱爲法學妥當論。它主張下位階法律規範的妥當性，是以較上位階法律規範爲基礎，並且透過把各個法律規範，編屬到以憲法爲頂點的階層式法律體系中的方式，給予了各個位階法律規範妥當性。換言之，當訂定某個法律規範時，如果作爲這個法律規範的基礎之較上位階法律規範是妥當的話，則這個法律規範就得到了妥當性的根據（規範說）。先前看到的凱爾森的法律位階說，正是這個見解的典型。

由於近代法律體系已完備，從而藉由法學妥當論通常能說明絕大多數的法律現象。然而如同凱爾森的見解本身，內含難以解決的缺失般，法學妥當論也同樣地會面臨到相同的難點。換言之，一旦人們問到說，爲什麼法律體系整體是妥當的呢？或爲什麼位在這個體系頂點的憲法是妥當的呢？若據此見解要去回答的話，將會難以給出一個充分的答案。此外就正如下面提到的（→ 118、125 頁），人們向來批評法學妥當論的一點是，它容易與主張「惡法亦法」的法律實證主義相結合，以至於它在處理惡法問題時，總遭逢著難題。

Column(4) 惡法問題

假如道德上顯著邪惡的法律，卻具備著法律的形式的話，就此範圍來看，它仍是眞正的法律嗎？它具有課予人們義務的拘束力嗎？還是反過來說，這樣的法律已經被剝奪作爲法律的資格，從而失去妥當性了呢？像是這樣子的問題，就是所謂的惡法問題。

在日本，人們曾針對治安立法等爭論過惡法的問題。不過最爲人所熟知者，莫過於發生在二戰結束後不久的西德，有關於如何處理納粹立法的問題。納粹立法課予當時體制下的人們，去從事不人道行爲的義務。問題是當納粹體制崩潰後，究竟要如何參照法律去審判，那些遵從納粹立法之「合法」的行爲呢？

面對這個問題，法律學家拉德布魯赫力主：(1) 若法律牴觸正義，且達到不能忍受的程度的話，這個法律就是「具有制定法形狀之不法」，從而它必須向正義讓步，並因此欠缺作爲法律的妥當性；(2) 若某一個法律有意地否定了正義的核心，也就是平等理念的話，則這個法律失去作爲法律的資格。

到當時爲止，拉德布魯赫一向站在法律實證主義的立場。然而，他改變了自身向來的立場。他的這個改變，不只鼓舞了當時西德的「自然法復興」，直至今日仍舊發揮著巨大的影響。當東西德統一後的德國再一次面臨，如何在統一後的法律秩序下，裁決舊東德政權時期不人道行爲的問題的時候，當時德國的法院在處理這個問題上，很少不去提及「拉德布魯赫公式」。

事實妥當論

第二種立場主張，法律的妥當性等同法律的實效性。這個立場又稱爲事實妥當論。事實妥當論的看法是，當相關到各種經驗事實時，法律規範的妥當性就會從這個事實當中顯現出來。事實妥當論又可具體區分爲以下兩種看法，第一種看法是，若社會成員普遍地遵守規範所規定的行爲的話，則從這個事實中發現到法律規範的妥當性，此見解又稱爲社會學妥當論。第二種看法則稱爲心理學妥當論，根據這個看法，若人們在心理上承認法律爲有拘束性的東西的話，根據這個事實，就可以把法律視爲有妥當性的。被歸類爲斯堪地那維亞唯實主義法學派的法律學者們，像是 A. 海耶斯特勒姆和 K. 烏利沃克魯納等，大多提倡後面的這一種看法。

但即便人們事實上遵守並徹底執行規範，或者說人們在心理上承認規範具有約束性，這些事實也不即刻變成根據，並基於此而認爲規範所要規律之人，即負有法律義務。因此有必要進一步找出課予義務的根據。若以社會學妥當論來看，首先可舉出作爲此根據的說明是，「社會成員遵守規範的習慣，產生出一種規範性」。這個想法可稱爲習慣說，它主張的是「事實的規範力」。不過，雖然此說點明關於法律的某一面向的眞理，但它的問題是，過於低估了法律的規範性具有之對抗事實並給予指令的這個重要特性。

另一種見解則表示，能舉出作爲此義務之根據的是，創設並貫徹法律之人所具有的實力。此一見解稱爲實力說。在這個見解中蘊含了先前提到過的，邊沁和奧斯丁等人的主權者命令說，從而它容易與強制命令相結合。的確，實力說捕捉到了法律的某個面向：那就是，規範性要受強制命令支持。然而即便制定法律之人的實力，成爲法律要規範人們之所以服從法律的原因，這個實力也不因此就變成證成人們有服從義務的理由。此外，縱使我們可以描繪出一種國家法的圖像，在其中行政當局總能有效率地取締頻繁發生的違法行爲，但姑且不論這種情況眞實與否，就如同前面說過的，若要藉由強制秩序理解法律的話，這個看法本身將是有待商榷的。因爲這樣的理解方式，偏離了日常生活中法律的存在型態。

另一方面，若站在心理學妥當論的立場的話，則法律規範妥當性的根據，或正確來說，應當是證據，將能以下述的經驗上心理學事實看待：也就是，多數的社會成員接受一定的法律規範，且在某個意義上的承認或同意，支持著這個法律規範。稱為承認說的這個看法，將法律妥當性的根源視為存在於人們對於法律的承認或同意。承認說被看作是，歸屬為重視「事實規範力」見解中的一種。此說也受到許多學者支持（如 E. R. 比爾林或 R. 勞恩等）。

但必須注意到的是，此處所謂的承認或同意，並不僅止於把心理上的事實，毫無遮掩地暴露在外的這個層次。我們可以認為在大多數的情況下，這裡所謂的承認或同意，指的是在某個意義下的合理的承認或同意。反過來說，假如是受到強制或壓迫，從而不得已做出的同意，就不會被認為是正當的。即使說這個同意是源自於人們的默認，大部分的情況也要求這是基於人們的自發性，或基於人們真誠考量的結果。就此意義而言，心理學妥當論在某方面，也能連接到下述之理念妥當論或哲學妥當論。

哲學妥當論以及法律和道德的關係

在此要舉出的第三種見解則表示，法律的規範性不能單純地理解為，由上位階規範所賦予的某種東西，在它的基礎中還同時存在著，法律所欲服務之法律以外的價值或理念。因此，法律的妥當性就被看作等同於前述意義中的法律的規範性。這個看法又稱為哲學妥當論。它是從法律以外的某些價值或理念中，求取妥當性的根據，而這些價值或理念，又是法律想要實現者。若問到個別法律規範的妥當性根據何在的話，根據哲學妥當論的見解，這個根據存在於，這個法律規範本身想要追求的價值或理念當中，或者是在包含這個法律規範在內之法律體系整體想要追求的價值或理念當中（理念說）。若我們整理上述各式各樣的說明，可得到如同表 2-1。

表 2-1　法律的妥當概念和妥當根據

法律的妥當概念		法律的妥當根據
法學妥當論		規範說——妥當的上位階法律規範
事實妥當論	社會學妥當論	習慣說——人們普遍地遵守規範的事實
		實力說——制定與徹底執行法律之人的實力
	心理學妥當論	承認說——社會成員對於法律的普遍承認
哲學妥當論		理念說——法律想要實現的道德價值

如同上面說到的，如果法律的妥當性根據，在某個意義上終究不得不依賴哲學妥當論的話，那麼依據某些價值或理念這件事，和前面提到過的，也就是近代法體系自立於道德，或自立於自然法等各種規範之間，要怎麼做才有可能給予一個融貫性的說明呢？

若考慮到近代法是一種實定法律體系，且這樣的近代法有其自立性的話，基本上在掌握現今的法律體系的存在型態時，就應該把法學妥當論中的妥當概念和妥當根據的理解，當作爲基礎。但儘管如此，如果以爲這即是意味著「無論什麼樣的東西，都可以成爲法律」（凱爾森）的話，人們必當不會接受這個看法的。那麼，我們應該如何思考這個問題呢？

一個想法是，一方面依舊維持法律和道德間的分離，但另一方面又承認，法律體系受到以道德爲首之法律以外各種價值的事實上的影響。哈特等人提倡這個想法，他們把實定法律體系的規範自立性當成前提。從這一點來看時，就理解現今的法律體系來說，這個想法是恰當的。不過，這個想法也不是完全沒有問題的。因爲在這個想法中，法律以外的價值全然被看作爲事實問題。價值也因此被定位爲，排除在規範控制的對象之外。

相對於此的另外一個想法是，法律在分化自立爲實定法律體系的過程當中，會內化重要的道德價值。若「法律」違反此道德價值的話，則不具有作爲法律的資格。主張此種見解的代表人物是朗·富勒。他提出稱爲「合法性」（legality）的一組程序上的要求，並把這些要求看作是法律體系在存續上和運作時，所必須具備之內在的構成與運用的原則。他同時稱這些爲「法律的內在道德」。富勒提示出的八個合法性的根本要求是，(1) 法律的一般性；(2) 公布；(3) 禁止濫用溯及性法律；(4) 法律的明晰性；(5) 法律的無矛盾性；(6) 法律的服從可能性；(7) 法律的相對恆常性；(8) 公權力行爲和法律間的一致。若法律不能滿足其中任何一項要求的話，則無法取得作爲法律的資格，同時也缺少了作爲法律的妥當性。

富勒舉出作爲「法律的內在道德」的各種價值，是有關於形式正義（也就是等者等之，不等者不等之）和法律安定性的東西。他把這些要求看作爲，在法律體系內部必須實現的要求。富勒有足夠理由採取這個看法，然而在某些情況下，縱使滿足了這些要求，仍稱不上是充分的。譬如說，僅以富勒提倡的「法律的內在道德」，仍不禁讓人懷疑，是否眞能夠剝奪掉納粹立法之作爲法律的資格。因此，若把惡法問題也納入法律和道德之關係的討論中的話，也有必要承認說，除了形式正義和法律安定性外，連存在於法律之外的實質價值，都會影響到法律體系的型態。

但如果把法律以外的價值僅看作爲事實上的影響，這個看法又不是恰當的。如同後述（→ 53 頁），法律體系在規範上是封閉的，但同時在認知上又是開放的。從而法律體系外部的各種要素，諸如道德價值和政治見解等，若採取了符合法律體系內部結構的形式的話，就此限度來說，它們是可以輸入法律體系的內部。如果透過這個獨特的管道，把這個想法下的法律體系，連結到它的外部的話，就可以控制包含道德價值在內，存在於法律體系外部的各種要素的影響。從這個意義來看，法律雖然自立於道德之外，但是藉由運用法律獨自的觀點，仍舊可以內化道德規範。並就此限度而言，還是可以認爲法律和道德之間具有關聯。

近代法的成立和其各項原則

其次，爲了更清楚地顯示今日法律體系的結構和功能，有必要指出作爲今日法律體系之原型的近代法，它是如何成立的，以及它是如何發展成爲今日這個樣子的。以下我們將沿著這個發展軌跡，進一步做出說明。

所謂的近代法指的是，在政治上，以近代市民社會的成立爲背景，爲了維持近代資本主義的經濟體系，且這個近代資本主義的經濟體系，又是市民社會的經濟基礎，從而擔負起修繕並保護位在這個經濟體系核心中，市場機制的基本架構之功能的法律體系。在近代市民社會中，爲了避免國家恣意地發動它所獨占的物理性強制裝置，故透過法律，以規範國家權力的行使（這也就是法治主義）。另一方面，人際間水平的社會經濟關係，也透過自由且獨立的個人，藉由交易或交換物品、服務等的方式，從而得以形成與維持。

所謂市場指的是，個人在相互對等的立場上，從事議價或交換物品、服務等買賣的場所。作爲一個自由的經濟主體，個人和企業等以價格和品質爲後盾，去參與市場中的競爭。近代法就是使得自由主體之間的競爭能夠成立，並從外部去保護這個競爭的規範體系。也就是說，爲了要能夠在不受到任何來自於外部干預的狀況下，或者是爲了要能夠在不受到權力控制的狀況下，僅透過各方當事人間的競爭就決定物品或服務的價格，則必須有一個能夠修繕或維持公正交易規則存續的東西。擔當起這個任務的，正是近代法。

約從 18 世紀到 19 世紀間，因爲西歐各國法典化的緣故，近代法展現出驚人的發展。不過，若說到近代法出現所帶來的意義的話，則是打破中世紀共同體下，身分制的約束和紐帶。例如說像是破除對於土地的封建式控制，或是鬆綁職業團體對個人活動的束縛等。從而個人能夠透過自由活動，去形成社會經濟秩序。透過上述說明我們應當可以瞭解到，近代法的主要意旨並不是透過強制以壓抑行爲，而是提供人們一個能促進活動的基盤。

爲了於人們從事物品買賣等交易時，能夠使得法律發揮準備好公正規則的功能，近代法以下述三項原則作爲其基本原則：針對參與市場的主體而有的「人格對等性」原則，關於其客體而有的「所有權絕對性」原則，以及作爲媒介手段的「契約自由」原則。此外還可以再加上，若無故意或過失，則允許各個主體能自由活動，也就是所謂的「過失責任原則」。

這些原則使得自由且獨立的所有權人，能夠基於相互合意而締結契約。進而這些原則，成爲市場整體在圓滑運作上不可或缺的條件。換句話說，透過契約以促進市民自由交易的活動，就正是近代法的各項原則所追求的目標。

也因此，存在於近代法核心的是，對於作爲自由平等交易主體的個人，規範他們相互間水平關係的私法體系。另一方面，若說到市民和國家之間的垂直關係的話，國家在中世紀時，對於社會所扮演之監督性的與警察國家的角色，至此已全數被剝奪殆盡。國家若能處理那些阻礙社會經濟秩序順暢運作的例外事件的話，就被認爲是已經足夠的了。這個理由是因爲，假如要使市場機制能夠圓滑運作，有必要排除包含公權力在內之一切權威的介入。

從而在此種情況中誕生出來的，即是所謂夜警國家的這個觀念。在這個觀念下，規範國家和市民之間關係的法律體系被理解爲，以保障市民之「不受國家侵犯的自由」的人權規定爲中心。同時這個法律體系還被認爲在觀念上，是與私法體系截然不同的。這也就是所謂的公法和私法的二元論。

近代法的侷限和現代法的特質

近代法體系的目標，乃在於提供有效率的市場競爭的架構。但從 20 世紀初開始，由於市場機制未能如預期般運作，或者說由於市場機制的運作方式和它的結果等，顯著地違反正義，使得近代法在面對這些事態之下，不得不進行自我修正。

第一個問題是，由於經濟力量集中在大企業等特定的經濟主體上，以致阻礙了市場機制的有效運作。市場機制本來應當是企業透過自由競爭爭取顧客，並以此決定商品的適當供需關係和均衡價格，從而促進市場機制的順暢運作。然而獨占性企業的出現，不只妨礙了此種自由競爭，也妨礙了市場機制的正常運作。近代法體系不只未充分設想到會發生此種事態，也未預備好該如何處理的對策。

第二個問題是，近代法在其基本原則中，預設了「人格對等性」。但是實際上，這個預設並非那麼妥當。近代法體系的前提是，只要在法律政治的層次上，形式地平等對待所有個人的話，這麼做就已經是足夠的。因此，近代法體系從一開始就未預見到，實際上存在著不得不屈就社會經濟弱勢地位的人們。譬如說，相對於雇主的勞工，以及相對於企業的消費者等。

一旦出現了必須解決上述之近代法體系所具有的侷限的情況時，即便認爲是國家的任務，仍限縮在保障市場機制的基本架構上，人們也會開始轉而要求國家積極介入市場，以形成和維持社會經濟秩序。所謂從消極國家或自由放任國家，轉向積極國家或福利國家，指的就是這件事。並且，若從法律體系的層面來觀察這個現象的話，這意味著具備新的特質之法律體系，也就是現代法，就此誕生。

現代法擔負著有如下述般的功能。首先第一是，排除妨礙經濟自由競爭的因素，保障市場機制的適當的與正當的運作。這個功能也就是，要去補足近代法在經濟層面上的侷限。近代法的前提是，只要能確保不受國家侵犯的自由的話，就可能達成經濟上的自由競爭。但是，這終究只是一個幻想。因此國家就開始負有任務，必須透過法律積極地介入經濟秩序，以修補並充實各項實質性條件，從而使自由競爭成爲可能。

第二點是，導正因爲市場經濟自由競爭所引發的不正義，從而實現

「社會公正」。在此意義來說，現代法的功能，即為矯正近代法本身所內含的缺陷。近代法標榜著自由且平等的個人的這個理念，實則無睹受困於社會經濟不平等之弱勢的存在。因此，現代法關注的焦點，則是從作為自由且獨立之交易主體的抽象人格，轉換到具體實際存在的人。並且對於社會經濟弱勢的生活，或者他們的實質的自由與平等，都付出真摯的關心。

現代法的領域

關於特屬於現代法的法律領域，我們可舉出像是反壟斷法等的「經濟法」，以及具體呈現為勞動法、社會福利法等的「社會法」。假如要說明它們各自所負擔的功能的話，從效率的觀點檢視經濟法的時候，可以把它理解為，主要是輔助以確保市場機制的正常運作；從實現社會公正的觀點檢討社會法的時候，則可以把它理解為，主要在於保護社會經濟上的弱勢。

雖說如此，如果把經濟法解釋為包含了產業政策立法，或甚至於包含了消費者保護法等的話，則也能說經濟法具有矯正市場機制缺陷的作用。另一方面，譬如說像是勞動立法般的社會法，它的目標在於平衡勞資關係間的力量。因此在某個意義上來看，是可以把這樣子的社會法理解為，有助於市場機制的圓滑運作。因此就實際而言，有必要承認在許多的情況下，某一個別法律制度其實同時負有雙重的功能。因為這個緣故，人們在掌握個別法律制度的性格時，自然有時也會意見分歧。

儘管如同上述，我們可以以不同的理解方式掌握現代法。也就是，一方面是基於市場原理，以提升經濟效率的法律管制，另一方面則是爲了對抗市場原理，以實現社會公正的法律管制。但反過來說，若我們過度地相對化這兩者間的差異，也可能會是不恰當的。這是因爲，縱或某個單一的法律管制的確有著雙重面向，但把效率和公正，設想爲法律管制所預定要追求的不同價值，仍是重要的。

現代法的多樣面向

如同上述，過去人們會認爲，假如近代國家能夠保障市場機制所需之基本架構的話，這個國家便已充分達成任務。相對照之下，今日的積極國家或福利國家，則視法律爲工具，並積極地把管制的範圍擴大到社會經濟秩序上。不僅如此，國家還挺身而出，以確保市場機制運作圓滑，以及矯正市場競爭所造成之顯著不正義。爲了回應人們的這些要求，法律體系除了要發揮起傳統上的功能，即事後地且各別地解決爭議，還如同後面將詳細檢討者般，法律體系亦擔負起新的功能。也就是說，作爲一種能夠擔當起，廣泛地管理和分配各種資源、財貨或服務等的手段的功能（後述「分配資源功能」→ 72 頁）。

從 20 世紀初期起，社會保障立法、勞動關係立法、經濟與社會政策立法，以及重新分配所得的租稅法制等，這些立法的重要性就日漸增大。今日，若以每年新制定的或新修正的法令來看，此類型的法令在數量上，早已超越民法和刑法等傳統類型的法律。我們也可以在各個先進國家中，目睹到此種新類型的管制性立法，也就是管理型法（→ Column(5)〔49 頁〕），爆炸性擴張的現象。但這同時也帶來了各式各樣的問題，像是法律管制的過剩和過度複雜化、法律管制的功能障礙、法律體系的內部矛盾，以及法律體系自我同一性的危機等等。這正是稱爲「法律化」現象所引發的各種問題。

在這裡說到的「法律化」，乃是被稱爲福利國家或社會國家等之現代國家型態中常見到的現象。也就是，伴隨著國家任務的增大，法律管制介入多樣社會生活領域的情況顯著增加，且其樣態錯綜複雜，並同時還造成了法律的質性轉變。自 1970 年代後，在那些受困於處理法律化問題的先進國家當中，許多人紛紛投身研究下列問題：諸如國家是如何使用法律作爲介入社會的工具，以及如何逐步擴大管制的對象，還有在這個過程當中出現了什麼樣的問題，或什麼才是解決這些問題的方案等等。此一時期，也正是雖因福利國家化而導致國家行政機關不斷肥大，但卻在任務遂行上陷入困境的那個時期。

根據德國法社會學家貢塔．托依布納的研究，國家運用法律介入經濟、金融、教育和家庭等社會領域時，一旦跨越過各社會領域的、自律規範過程的界限的話，其結果將導致下述三種弊病當中的任一種：(1) 法律管制本身失去實效性；或 (2) 對社會生活領域帶來深刻的不良影響；或 (3) 搖撼法律體系的自我同一性（這就是所謂的「管制的三重困境」）。因此，放棄視法律爲萬能的看法，並釐清法律管制的適當涵蓋範圍，將在今日愈發重要。

Column(5) 法律類型

法律類型乃是一種分析圖式，用以相互比較並適當地掌握，不同時代和不同區域下的多樣法律觀念的型態，或者是多樣法律文化的型態。代表例可舉出羅伯托．昂格的比較法律文化的類型論（官僚法或管理法、作爲法律體系或法律秩序的法、習慣法或互動法），菲利浦．諾內特和菲利普．塞爾茲尼克的法律發展論類型論（壓制型法、自治型法和回應型法）。在日本，最著名者則莫過於田中成明提出的，自立型法、管理型法和自治型法。

首先，自立型法指的是，普遍主義式兼形式主義式法律的存在型態。它也構成了「法律性的」的核心。自立型法的特質包含像是，要透過審判過程才能獲得實現、以適用一般規範的方式處理個別案件、藉由要件＝效果模式下之「全有或全無」的方法去證成結論，以及其實行是經由法律專家社群等等。自立型法的這個法律類型，和昂格的「作爲法律體系或法律秩序的法」，或者諾內特和塞爾茲尼克的「自治型法」，或馬克思．韋伯用看作是「合法性支配」之前提的法律觀念等，它們之間大幅度地相互重疊。

相對比下，管理型法和自治型法，則是擴大意義下之廣義的法律類型。它們各自以其獨特的運作方式，擔負起補充或對抗自立型法的功能。管理型法是由公權力機關行使，以作爲實現特定政治性或社會經濟性政策目標之手段的法律。它主要是在行政過程中運作，並且透過目的＝手段模式加以制定和運用。另一方面，自治型法是在私人團體、組織內部或它們之間的互動中，基於自主安排，或非正式社會規範而生成的法律。若說到其特徵的話，則像是它在處理問題時，係透過以達成共識爲目標的利害調整模式，以及它的運作係發生在非正式的場合中等。

Column(6) 法律化

假如用更一般的說法解釋「法律化」的話，那就是發生在社會上的各種問題當中，被認爲有必要使用法律去管制、去處理的範圍，明顯地擴大的這個現象。法律化這個字，原來翻譯自德文中的 Verrechtlichung，或英文中的 legalization。因爲這個字捕捉到現代社會中法律現象的特色，故從 1970 年代起，同「非法律化，Entrechetlichung, delegalization」這個字一起盛行於世。但是說到這個字的具體意義或內容的話，會因發生在各國中問題狀況的不同，以及各論者關心議題的不同，而呈現出南轅北轍的現象。

代表性見解可舉出，(1) 制度爲了應對和處理某些社會性要求，不僅採取了法律的形式，還強化其法律性格。同時法律規則和程序不只愈發擴增，且日趨複雜化。這就是所謂以「法制度化」的意義，去理解和掌握法律化；(2) 焦點放在法律文化上，也就是透過內化法律價值、原則、規則和程序等，使人們的意識或行爲成爲法律性的。此看法是以「法社會化」的意義，去掌握法律化；(3) 焦點放在社會對法律的要求上。因爲社會的內部結構或內部關係的變動，致使對於體系的必要性或依賴性提升。此見解傾向把法律化認識爲「社會的法律化」。

在德國等地所熱烈討論著的法律化，其內容接近 (1) 的意義，指的是福利國家介入社會時，將法律轉化爲工具或手段。並且此種類的法律，不僅數量上顯著增加，還出現了質性轉變的現象。社會哲學家哈伯瑪斯把這看作是，系統對生活世界殖民化的型態之一。另一方面，站在社會系統論立場的社會學家盧曼，則把這理解爲，爲了回應來自外部環境的要求，導致法律系統的過度負荷。

相比較之下，現今的日本，多是在相關於司法制度改革下論及「法律化社會」。這個時候想到的是 (2)，或者 (3) 意義下的法律化。

非正式法律

另外我們也有必要注意到的是，有些規範雖不必然透過明確的文字表述出來，譬如以法律條文的方式呈現，但在社會生活中，這些稱爲非正式規範的東西，仍舊起著「法律」的作用。人們承認非正式規範具有拘束力，並在依據它們行爲的同時，它們就填補了制定法不同規定之間的空隙，或者是說修補了法律管制因爲拘泥形式而有的缺陷。

我們可以舉出作爲社會規範的古典事例者，比方可見諸於村落共同體中的各種常規，或在一定行業內被遵守的商業慣例等等，它們都是被相關人等承認爲具拘束力的「法律」，並爲人們自發地遵守（自治型法→ Column(5)〔49 頁〕）。

以日照權爲例說明的話，其實日照權在日本原本不被認爲是法律上的權利，而只是一種私利益。但是經過人們自主自發的交涉過程之後，日照權就被承認爲法律上權利。如果我們將目光轉移到近來的事例的話，如那些在網際網路中被用到的各項規範，它們也是在國家層次開始進行管制之前，就已經自主地、逐步地發展成型。在上述這些過程中可以見到的是，就那些可能涉及官方承認的各式各樣的規範，其實當中有不少是透過私人間自發性的互動或協議等，而形成發展出來。此外還有些時候，在民間層次由地方上居民表現出的意思，要麼促成官方制定法律，要麼自治團體主動將這些意思，納入正式規範制定的過程中。

雖說這些現象本身，大多不能算是正規的立法過程，然而也不該以單純的事實問題就打發掉它們。反而我們能夠把這些現象，視爲具有某個意義下的法律的性質，並屬於廣義的官方立法過程中的一部分。因此，我們務須抱持的觀點是，如果非正式「法律」擔負起自主自發地維持秩序的功能的話，或自主自發地形成秩序的功能的話，就應把它定位成現代社會中，一個重要的法律型態（關於權利的生成過程→ 64 頁）。

所謂法律系統的看法

在此我們有必要先確認的是，法律不是只有條文，也不是僅限於透過有具體形狀的東西，比方說法院，法律才有意義。正確而言，在我們生活中存在著許許多多的關係，法律則是從其中的一個面向看待這些關係。透過把問題格式化後處理的方式，法律才能夠發揮它的眞本事，並顯露出它的特徵。我們經常可以聽到「依法而言……」、「在法律上……」等等的說法，這就表示法律之所以是法律，正在於法律有其獨自的「觀點」。只有在適當地辨識出法律的有效涵蓋範圍時，法律才能充分發揮它的功能。

因爲這個緣故，再三審視法律所特有之「觀點」的特質，是非常重要的。爲何這麼說呢？這是因爲當我們要分辨出法律的「內在」和「外在」，然後想說，什麼才應當納入由法律處理的問題的時候，法律所特有的「觀點」，將指引我們在思考時，應該採取的方向。當然，雖說是法律特有的「觀點」，並不代表這個觀點就是固定在特定的東西上，更不代表若不固定在某東西上就不行。不過在思考「法律應當是什麼」的時候，此一法律特有的觀點，無疑地至少在某一程度上，將扮演起法律思考中樞紐的角色。打個比方，這就如同「扇釘」之於摺扇，有著固定扇子整體的作用。

當然，基於此一法律特有的觀點，不必然就能明確地劃定法律的涵蓋範圍。法律體系的「內在」和「外在」，從而也不當然可以用一條清晰可見的疆界線，清楚地區分開來。如果要判斷發生在社會上形形色色的問題當中，究竟什麼問題才屬於法律的涵蓋範圍內，並因此必須用法律去處理的話，這個判斷在今日勢必將變得愈加困難。

以下將站在視法律爲系統的見解上，進一步分析現代法律現象中的靜態與動態。在此先暫且將「系統」理解爲下述說明：系統是由多數的要素和這些要素相互之間的關係，所組合成的複合體。並且由於它負有特定的社會功能，因而會對外部造成影響。但另一方面，系統又承受了來自於外部的各種要求，從而引發內部結構的變化。於此同時，它仍維持著作爲一個功能系統的同一性。

要注意的是，我們不應把系統當作是實在的東西，而應看成全然是，在分析現象時一個有助益的觀點。一旦把法律看作是系統時，我們就可能從不同的角度，清楚地重新去認識，向來爭議不息的各項法哲學傳統問題。

如同前面看到的，今日社會中用到的法律，基本上稱作爲近代法。若從漫長法律歷史來看，近代法乃不久前才登場之特殊的法律。若回溯歷史，法律和宗教或道德等社會規範間，至中世紀止仍持續著未分化的狀態。然而在社會整體應當達成的無數作用中，近代法由於負起特定的功能，因而從這些社會規範中分化、獨立出來。近代社會中具有多樣功能的其他系統，像是經濟、政治、家庭和醫療等，它們也同樣各自分化、獨立。法律系統亦屬於這種多樣功能系統中的一個系統，因此也從中分化、獨立。

Column(7) 後現代法律理論

後現代法律理論，一方面依據了 J. -F. 李歐塔和雅克．德里達等人的後現代哲學，另一方面又更加強調法律內在的不確定性，並從原理層次徹底批判法律體系的自立性。「法律和經濟學」（→ 281 頁）當中的部分流派，以及以「法律即是政治」的標語而為人知曉的批判法學等，在某些層面上都與後現代法律理論相當接近。

德國的法律社會學者托依布納，因法律化理論而爲人知。他依據盧曼的系統理論，主張法律對功能系統的介入，應當限定在間接控制上。他並因此發展出獨特的後現代法律理論。

後現代法律理論試圖打破，人們對於法律體系與法學的前提，也就是，對於近代性主體概念和法律確實性的信賴。不只如此，這個理論還想從基礎上撼動與解構法律的自立性。然而法律的自立性，早已不再意味著法律的封閉性，從而對於法律體系或法學來說，後現代法律理論的此一解構的嘗試，究竟能帶來什麼樣建設性的提案，也不必然是那麼的明確。

2　法律體系的結構和功能

在本節當中，我們一方面留意前述法律的現代性轉型現象，同時進一步詳細檢視法律體系的構成要素，以及這些要素之間的關係。

如同前述，法律規範從道德規範、宗教規範等其他社會規範中，明顯地分離自立出來，並且正是這一件事，構成支撐法律體系自立性的重大要因。而這樣一種法律規範，我們可以從許多不同的觀點對它進行分類。以下，首先依據規範指令在功能上的不同，區分爲課予義務規範、授與權能規範和界定法律性規範。其次，依義務規範所規律對象的不同，區分爲行爲規範和裁決規範。最後，依據法律規範性質的不同，區分爲法律規則和法律原則。說明這些區分後，再看這些規範相互間有著什麼樣的關係。

課予義務、授與權能、界定法律性

首先，就法律規範的指令內容來看，根據其所要發揮功能的不同，我們可以區分為課予義務規範、授與權能規範和界定法律性規範等三種。

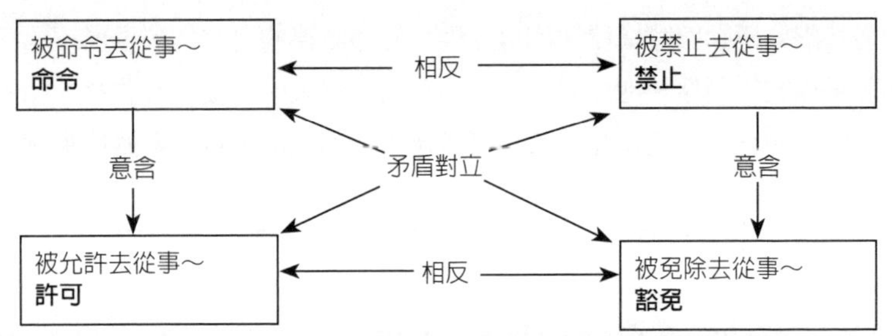

我們可以舉一個例子說明，例如「被命令去做出證詞」（命令），「被禁止去做出證詞」（禁止），「被允許去做出證詞」（許可），「被免除去做出證詞」（豁免），這樣子的關係。

圖 2-1 各種類型的課予義務規範以及其相互關係

第一，所謂課予義務規範，規定了當行為違反規範時，加諸行為人刑罰或損害賠償等強制性制裁，並藉此而課予行為人從事一定作為、或為一定不作為義務之法律規範，以及和此種法律規範之間有從屬關係的法律規範。在此所謂的義務，乃是以實定法作為根據，所以和事實上的或心理上的強制或約束無關，也和道德上的課予義務無關。所謂「負有義務」，僅只與「存在著命令人，或禁止人去做某事的規範」意義相同。換言之，在這裡指稱的義務，與道德上的價值全然不相關。即使不服從這個義務，也不會受到道德上的譴責。

課予義務規範又可以區分為四個種類：作為典型型態的命令規範和禁止規範，再加上分別從屬於前二者的豁免規範和許可規範（參照圖 2-1）。針對命令規範和禁止規範來看，命令規範加諸行為人一定的作爲義務，禁止規範則加諸行爲人一定的不作爲義務。豁免規範是在特定的場合，免除一定作爲義務的規範。許可規範則是在特定的場合，解除一般禁止的規範。後面這兩種規範中的無論哪一種，都是以命令規範或禁止規範爲前提。也就是當命令規範或禁止規範存在時，許可規範或豁免規範所指令的內容才有意義。並且就這一點來說，豁免規範和許可規範都是屬於廣義的課予義務規範。

第二，授與權能規範指的是，授與行爲人權能，以好去從事法律上有效行爲的法律規範。例如將自己的所有物讓渡給他人的權能、締結契約的權能、做成遺囑的權能、任命法官的權能等。

有一些看法會試圖說明，授與權能規範能夠還原成爲許可規範等，也就是還原成課予義務規範。但是行爲人若被授與權能的話，則他能從事的行爲，就不單單是得到許可去從事一般被禁止的行爲。這個行爲還預定了，日後可以透過法院等去強制的可能。故在法律上，是有著積極意義的行爲。因是之故，應當認爲授與權能規範是有獨自意義的規範，不會因課予義務規範的存在而消失。

第三，界定法律性規範指的是，規定某現象應當歸類到一定範疇的規範。此種規範採取了，「X 應當看作是 Y」的型態。在 Y 當中包含了一定的範疇，在 X 當中則包含應當滿足的條件，以使各種現象都能歸屬到某範疇中。譬如「本法所稱物者，謂有體物」（日本民法第 85 條）。這樣子的定義規定，就是最單純的例子。

但更重要的例子是，假設有人提出要求損害賠償的請求的話，它的根據是要基於債務不履行呢？或者是依據侵權行爲呢？關於如何做出這個決定的規範，即是界定法律性規範。或再例如說，在國際私法的領域當中，要以哪一國的法律作爲準據法呢？這也是常常被提到的問題。一般來說，只要問題變成爲，要把某個事項放在何種法律範疇下處理的話，界定法律性規範就負起重要的任務。

行為規範和裁決規範

若著眼於接受規範之行爲人的不同的話，法律規範可以區分爲下述兩種：提供法官等人，以作爲裁定案件或解決爭議等時之標準的裁決規範；以及命令一般私人直接爲一定行爲的行爲規範。裁決規範（又多被稱作「裁判規範」）的型態是，若滿足一定的要件事實的話，則應當賦予法律效果。如日本刑法第 199 條規定，「殺人者，處死刑、無期徒刑或三年以上拘役」。若僅從形式面來看的話，可認爲這個規定是裁決規範的典型。

另一方面，行爲規範指的是，令人們爲一定行爲的規範。在常識性理解當中，像是前述之刑法規定，正是以「不得殺人」的行爲規範作爲前提。並且因爲有這個前提，才使得這個刑法規定具備了作爲規範的意義。實際上，近來很多刑罰法規都是先訂出「不得…… 」的行爲規範，然後在條文的後段加上罰則規定的形式，也就是再加上裁決規範。

雖說如此，法律規範的本質究竟是在於裁決規範呢？或者是在於行爲規範呢？對於這一點，以往曾出現過激烈爭論。凱爾森以國家法爲基礎，並想要純粹地掌握法律體系的階層結構。他主張無論是什麼樣的法律規範，最終都歸結到裁決規範。他還表示，如果有人主張法律規範，皆具有課予人們義務的性質的話，這個看法其實是一種意識形態（關於意識形態，見 Column(22)〔217 頁〕）。相對比之下，「活法」的提倡者歐伊根・埃利希則表示，人類生活並非都是在法院前上演的。他認爲，獨立於國家法律的，並且人們把它視爲自己行爲準則的行爲規範，反而才是法律規範的本質。

但是在一個社會當中，若人們普遍遵守法律，且大多數情況下，人們把法律看作是自身行爲的基礎的話，凱爾森和埃利希二人間在見解上的對立，就不會是那麼嚴重的問題。正確來講，在這樣的社會當中，法律規範預設了它要規律的形形色色的行爲人，並在這樣的預設下實現後述（→ 71 頁）的種種社會功能。所以應該認爲在這樣子的社會當中，裁決規範和行爲規範間的互斥關係是不成立的。

組織規範

另外，被視爲獨立於上述二種規範類型的，是組織規範。所謂組織規範指的是，規定各種法律相關機構的組織、權限，或者其活動的規則、程序等等的規範。由於在現代社會中，新的法律問題層出不窮，僅以既有的行爲規範或裁決規範是不可能窮盡管制。爲了處理問題，就有必要源源不絕地創造新的規範。

因此，對掌管事項擁有訂定規範的權限，或對於紛爭具有判斷的權限的專門性組織或機關，就成爲舉足輕重的存在。在現代社會中，只有透過這些爲數不少的組織或機關，才能有彈性地形成和運用法律。建構此種組織或機關，或規定它們的權限或活動程序的組織規範，因此就有著重大的意義。

法律規則和法律原則

前面曾提到過，法律規範多採用了如下的形式：在具體事例中成爲對象的人、物或行爲等，若可歸類到法律規範事先預定好之同樣的一般範疇的話，則對這些人、物或行爲等，一律發生事先預定好的同樣的效果。因爲這個緣故，法律規範多採用「若 A 則 B」的規範形式。換言之，對於一定的要件事實，指出應歸屬於它的一定的法律效果。此種類型的法律規範，就是法律規則（法律準則、法規則）。

儘管有些實定法律規範，也採用了條件句的規範形式，以連結要件事實和法律效果，但我們仍難以將它們理解爲法律規則。這些即是稱爲「法律原則」的，或稱爲「法律價值」的法律規範。相對於法律規則適用「全有全無」的形式，法律原則並未預設二者擇一的適用形式。法律原則僅是提示抽象的、概括的指針，以指出法律規則在解釋或運用上的方向。在適用法律原則之際，要求的是針對個別具體事例，就各個判準或原則間做出比較與衡量。

在法律原則中，有相當多是在法律人間，透過世代傳承而普遍接納的東西，像是已經確立的學說或者判例等。不過，近來我們也可目睹，愈來愈多法律原則明文化的現象。譬如說，公序良俗、誠實信用、權利濫用、正當事由等一般條款；憲法中基本人權的規定；或在個別的法律或命令當中，於前言中規定出有關立法目的這一部分等等。在適用法律原則的時候，法院或者其他適用法律的機關，或多或少皆有判斷的餘地。因爲這個緣故，法律原則在維持法律體系自立性的同時，又成爲確保溝通社會各階層的正義、平衡感覺之通道。法律原則由於能作爲這樣一種機制，從而有其重要地位。

決策和說理

與法律規範並列，法律活動也同樣是法律體系的重要構成要素。在此，要舉出並加以說明的法律活動，是決策和說理。廣義下的法律機關爲了做出決策，會預先做好準備，然後實際下決定，並且說明決定的理由。立法機關制定法律、法院下判決、行政機關做成行政命令等，都是法律機關做出各式各樣決策的主要例子。

制定法律和適用法律，構成了法律機關活動的核心。不過這兩個活動不必然是分別進行的。就如同凱爾森的法律位階論所顯示出的，當制定規範秩序中某個位階的法律的時候，同時也會附隨著適用，或具體化較上位階法律規範的這個面向。因此，制定法律和適用法律，這兩個活動的差異就只是相對的。

另一方面，在法律決策中重要的是，這個決策必須是具有理由的。說理這個活動可說超越了決策本身，有著無可取代的重要意義。

在這裡要指出的是，我們前面提到過的各種法律規範，都對於法律決策扮演起供給前提的角色。儘管有著程度上的差異，但不管是什麼種類的法律決策，都必須依據這些前提，並且還要說明理由。說理是一個規範過程，與決策者達到該當決策之事實上心理過程，是有所區別的。換言之，說理是從事證成，並提示該當決策是具有理由的。譬如說，指出這個決策是正確的、是合於目的的、是符合正義的、是合理的等等。

法律機關的決策，會深刻影響到人們的生活。對利害關係人來說，這些決策甚至可能帶來痛苦。正因爲如此，證成一個具有理由的決策就成為必要的。若能成功地證成決策的話，該當決策就不再是恣意的，並在某程度上成為可計算的和可預測的。在這個意義上，說理涉及到的不僅是要求決策的實質內容必須是正當的，它還涉及到了法律的安定性和平等價值等。

權利和義務

此外，同樣構成了法律體系中心要素的，是各種類的法律範疇。其中又以權利與義務的概念，尤其擔負著重要的功能。這是因為在基於法律的觀點，去建構、分析和處理各類人際關係的時候，權利與義務的概念乃是不可或缺的要素。

所謂權利指的是，法律對於具有一定資格的人，承認他可主張一定利益和享受該利益的能力。用別的話來說，就是在法律上承認某人可以基於自己的意思，去從事或不從事某件事的資格或能力。這樣的資格或能力，就被稱作為權利。

相對於權利，所謂義務指的是，以規範的存在為前提，並且基於此前提而約束人的意思和行為。由於義務乃是以一定的規範作為根據，所以從這一點來看時，義務就與單純的事實上的強制或束縛，或者心理上的強制或束縛有所不同。義務可以具有多樣的型態，但在法律的意義上，義務則指的是以法律為根據，對法律上的人格課予的束縛。

在買賣契約中，買方的交付商品請求權，和賣方的交付義務是相對的。因此一般而言，就如同可在買賣契約中見到者般，權利和義務構成了一個法律關係中的表裡，而權利通常相對應著義務。雖說如此，行政上的各種登記的義務，並沒有相對應的法律權利。另外像是形成權（可舉撤銷權或解除權爲例），也沒有相對應的法律義務。

權利的分類

若依據權利的形式分類的話，首先可以區分爲，以公法關係作爲其內容的公權，以及在私法關係上被承認爲權利的私權。在這當中，公權又可分爲國家或公共團體具有的公權（國家公權），像是由立法、司法和行政三權所構成的國權，以及私人擁有的公權（個人公權），像是參政權、自由權、平等權和國務請求權等。另一方面，就私權來說，從其標的的內容來看，可以分爲財產權和非財產權（人格權、身分權、社員權、繼承權），若從其作用來看，又可以分成爲支配權、請求權、形成權和抗辯權等。

所謂權利的這個概念，究竟指稱的是什麼樣的事態或狀況呢？關於此，沿用英國分析法學派的美國法律學家韋斯利·霍菲爾德所曾提出的，一個廣爲人知的說明。他透過分析圖示，對權利做出如下分類，並表示所謂權利的這個概念，指的是下列四種法律關係中的任一種：

(1) 與義務有相關關係的狹義的權利，也就是「請求權」（基於私法上契約而成立的法律關係，其大多數均可看作是請求權的例子）。

(2) 以不受他人的權利或請求權束縛，或者是無義務等，作爲其特徵的「自由」（關於自由的例子可舉出如，參與市場經濟競爭的主體所能享受的、能行使的自由，或像是搔頭的自由、散步的自由等等）。

(3) 基於自己的意思，能變更自己的和他人的法律地位之法律上能力，也就是「權能」（關於權能的例子，可舉國會的法律議決權、內閣閣揆的指名權等，若說到關於私人的權能，則譬如說是讓與財產、遺囑、締結契約等）。

(4) 他人不能對自己課予一定義務的法律上保障，也就是「豁免」（憲法所保障的基本人權，尤其是古典的自由權，是豁免的一個例子）。

權利與義務的各種面向

那麼權利和義務之間的對應關係，到底有多密切呢？關於這一個問題，會因人們看重的究竟是權利與義務所交織出的動態關係中什麼樣的面向，而有著不同的看法。

首先，假若有人把焦點放在權利和義務間密切對應關係上的話，則他會看重的是，權利是否能透過司法救濟而得以實現。因爲這個緣故，此看法會傾向於強調，只限於能被法律義務印證的權利，才得承認它具有法律性格。

相較之下，如果有人進一步注意到，人們是如何主張日照權、環境權、知情權、拒菸權、近用權等的話，也就是說，注意到這些新的權利是如何被提出的過程的話，則他會傾向於贊成擴大權利的概念。換言之，不管那個權利是否已確立了相對應的法律義務，或者是否能經由司法獲得救濟，採取這個看法的人會認爲，有必要在社會層次上，適當地掌握權利的形成發展過程，以重新建構權利的概念。

權利生成的動態過程

就如同人們常用「政治權利」或「道德權利」等說法一樣，權利原本就是一個寬廣的觀念，不限定必須是法律的。縱觀歷史，我們也可以指出，實際上一直存在著多樣的權利型態。像被認爲是近代法權利之前身的羅馬法上訴權（actio），或者近代以後歐洲法律思想中的自然權等。

的確，在實定法律體系已確立之近代以後的社會當中，法律權利無疑位居權利概念的中心。儘管各式各樣的基本人權，也都具備普遍性或不可讓渡性等道德性格，但是終極來說，這些人權均係得請求司法保護和救濟的權限。就這一點來看，這些人權都具備了作爲法律權利的基本屬性。

話雖如此，若權利僅限於能夠獲得司法救濟者，才賦予它作爲正規權利的資格的話，這樣一種權利概念，將失之過於狹隘。現代社會中的權利，由於橫跨了道德、政治乃至於法律層面，所以應當把權利的存在型態，理解爲具有著寬廣的幅員。

這麼說的理由是，過去某些道德權利的主張，不被承認具有法律上的意義，但是隨著人們的道德意識變遷，這些主張也逐漸得到廣泛的支持，並最終成爲得以受到司法保護和救濟的權利。在現代社會中，法律在溝通各個社會領域的同時，也顯示出它具有多樣的發展，以及具有多樣的型態。並且是在這樣子的現代社會中，權利展現出它跨越多樣層面之動態的生成發展過程。

如果我們能以上述方式思考的話，就可以將權利區分爲下述二種。一是在權利被侵害前就已經存在，且規範著人們日常活動之實體性的「初始權利」。另一是因爲權利受到侵害，從而向法院請求損害賠償或禁止命令等的「補救權利」。而只有當我們認爲無論哪一種，都得以承認作爲正規的權利的存在型態的時候，才能恰當地掌握到今日權利的存在型態。

根據凱爾森表示，若沒有相對應的法律義務的話，就不可能存在法律權利。從這個立場來看，若某個權利無法因國家強制而獲得實現，亦即不受補救權利支持的話，將否定該權利的法律性格。但是假如我們要正確地評價，在權利的生成發展過程中，私人或法律人所扮演的主體性角色的話，則有必要去承認在社會層次中形塑出來之，即便不涉及國家權力關係的，此種權利義務關係的法律性格。不只如此，對於這種權利義務關係，我們還有必要給其一個主要的地位。若說到人權的話，也應做出同樣的思考。當我們在理解人權的時候，應當把它放進一個多層次的結構中。換句話說，先從背景權利出發，然後到法律權利，最後再進展到具體權利。

Column(8) 權利的本質

要如何掌握權利的本質呢？傳統上，存在著意思說和利益說之間的對立。意思說認爲，權利的本質在於，法律所賦予之意思的力量，或意思的支配（如康德和 F. C. v. 薩維尼等）。利益說則認爲，權利的本質在於，法律所保護的利益（如邊沁和耶林等）。除此之外，尚有另外一種見解表示，權利的目的在於保護或享受生活上的利益。而爲了達成這個目的，法律承認實力作爲一種手段。至於權利的本質，從而就存在在這個實力上。這就是所謂的權利法力說（如 S. F. R. 薩萊伊等）。

相對於上述見解，哈特則倡導選擇說。他從對於個人的選擇可能性給予法律保護的觀點出發，提示出一個廣泛地說明請求權、自由權、權能等，也就是權利的多樣面向的理論。在指出個人選擇上可能的選項之際，選擇說視爲前提的是，法律所要保護的重要利益。就這個意義來看，我們可以認爲選擇說結合了意思說和利益說。儘管如此，由於無法適當地說明，多樣權利型態當中的豁免，所以選擇說仍不是毫無缺點。

解決法律爭議方法的特徵

爲了使上面提到的法律規範、法律活動和法律範疇等，能實際發揮功能，在前提上，都必須存在著支持它們的制度機制。說到這個制度機制，無論是立法、行政或司法中的任何一個，都涉及到法律的制定與運用。然而，這當中又以擔負司法作用的法院，在法律體系中扮演著核心的角色。在現代社會中，以法院爲首的各種組織或機關，擔負起後述（→ 71 頁）之法律體系的主要功能之一，也就是解決爭議的功能。並且正是以此種制度基盤爲背景之下，法律體系的各種要素才得以發揮功能。

在日常社會人際互動中發生的爭端，有許多是無法透過各方當事人自行交涉而圓滿落幕。因此有必要透過第三方的介入，以試圖解決這些爭端。雖說第三方介入方式的樣態不勝枚舉，但仍可大致分爲仲裁人型、管理人型和裁定人型等三種。

所謂仲裁人型介入方式指的是，第三人不標榜自己的權威，而是一方面提出各項方案，一方面訴諸當事人自身的利益，試圖藉此影響各方當事人，以取得他們之間的合意。仲裁人想要使各方當事人察覺到，重要的不是爭執，而是發現共同利益。於是他提示出本人未考慮到的解決方案，以促使所有利害關係人，以一種較無壓力的方式達成合意。因此人們通常要求，這個仲裁人是具有說服能力的交涉人。

相對之下，在管理人型介入方式中，第三人站在優於發生爭議之當事人等的立場之上，並且在解決爭議時否認當事人擁有主導權。雖然說第三人的主要考量是最大化將來的利益，但透過親自做出權威性決定，他也同時解決了面前的這個爭端。就未來導向性這一點來說時，管理人型和仲裁人型是相通的。但管理人型，係以做成決定之人所具有的持續優越性爲前提。就這一點來說，管理人型是不同於仲裁人型的。

最後，裁定人型的解決爭議方式指的是，第三人並不企圖使雙方當事人達成和解，而是針對二者當中哪一方是正確的這個問題，根據既有的規範做出判斷。仲裁人考慮的是當事人的利害關係，管理人考慮的則是各種解決方案對未來的影響。相較而言，裁定人注目的是過去已經發生的事件，並且他依據的是，規定該當事件之相關權利、義務關係的規範。

審判的特徵

以上述各種類型來看的時候，法律上爭端解決的方式，基本上是以裁定人型爲基本，而進一步發展出的。我們毋庸特別說明也可知道，典型上運用這種方式的場所，即是審判。

在審判當中，爲了要讓裁定人型解決爭議方式能夠實際發生作用，重要的是包含雙方當事人在內的社會成員，瞭解規範對解決爭議有著重要意義，並能充分預見到人們服從裁定。透過人們尊重作爲知識獨占者，也就是尊重裁定人的這一種信念，以及透過人們信賴裁定者的公正性，還有透過完善制度，以去除人們對裁定人可能爲恣意行爲的疑慮，將可以確保社會成員具有上面提到的瞭解和預見。

但對於上述之審判的理解方式，近來急遽出現強力的反對意見。這是因為在前述理解方式下，與其說審判是要解決爭端，不如把它描述為「處理」爭端還更恰當。新的見解強調，應當把審判理解為，以當事人為主體去從事相互交涉的論壇。然而若我們注視各種替代爭議解決（Alternative Dispute Resolution, ADR，或稱裁判外紛爭處理）機關，並觀察它們處理爭議時的特徵的話，我們將無法否認的是，不管是官方的或非官方的，審判都採取並延伸發展了裁定人型的這個方式。因此還是有必要以裁定人型為前提，對解決爭議體系的整體提出一個全盤的觀點。

把審判看作是法律體系運作時核心的制度基盤的話，我們可以舉出其有著如下的特徵：(1) 根據事先制定好的，並已經公布的一般實定法律規範，然後透過把這個樣子的規範適用到個別的、具體的爭議上，以解決爭議；(2) 原則上要在公開的場合中，根據當事人主義進行審判。並且審判的直接對象，限定在解決權利義務存在與否，或者是刑罰權存在與否等。也就是要去解決法律問題點上的爭議，而不是要去全面地解決爭端。在此，我們認為有必要先確認上述兩點特徵。

Column(9) ADR（替代爭議解決）

在先進國家中共通可見到的是，伴隨著權利意識高漲，繼而發生「訴訟洪水」現象。在這種現象不斷擴大當中，備受人們矚目的是替代爭議解決，也就是 ADR。所謂 ADR 的這個程序指的是，中立的第三人（機構）介入爭議過程，並促使當事人以合意的方式去解決爭端。另外也可以把 ADR 說成是，提供此種解決爭議服務的第三人（機構）。

審判外的和解、調解或仲裁等，通常被視為 ADR 的典型。但縱使在審判程序中，如果運用判決以外之，如審判上的和解、調解等方式處理的話，多被認爲是包含在廣義的 ADR 當中。除此之外，還有像是行政機關就管轄事項提供諮詢服務、各行業聯合公會提供消費者申訴服務，再加上律師公會的仲裁中心等的獨立型 ADR。由此看來，ADR 可說有著多樣的型態。

由於有著費用低廉和易於使用的特長，並能針對實情提供有彈性的解決方案，人們對於 ADR 的需求和期待也日愈升高。但假如我們以日本爲例來看時，在反思日本的歷史下，這樣一種前近代的非正式處理爭議方式，反而容易變成爲阻礙提升個人權利意識的癥結。因此把 ADR 理解爲，使得各個人可能自主地、主體地解決爭議的一個場所或方法，將會是促進 ADR 制度化，並且使 ADR 能爲人們積極利用的關鍵。

法律思維的特徵

有關於法律的思考方式，也就是所謂的法律思維，典型上可從法官的思考中看到。根據上面提到過的說明，我們可以舉出法律思維有著如下特徵：第一，把具體的事件適用到一般的法律標準中，並透過這個方式證成自己下的決定。不過在這個適用過程中，並不質疑援用爲根據之作爲前提的法律標準本身的正當性，且還把這個法律標準看成爲，具有權威性的東西。第二，以事後地、個別地解決發生在過去的具體爭議爲目標，不考慮涉及將來之利害關係的調整，也不超出當事人而去考慮最大化社會整體效用。

和科學思考或純粹的邏輯思維不同，存在於法律思維的本質中的，是伴隨著價值判斷的決定及說理。因此法律思維帶有濃厚的實踐性格。法律思維的目標是，透過準據於實定法、判決先例和各種法律原則等，推展出具有說服力的論證。並且透過這樣子的論證，以取得法律決策所針對的對象，以及取得一般人們的合意。不過要注意到的是，法律是諸多社會系統當中的一個，絕非解決社會上所有問題的萬能工具。因此法律所及於的影響範圍，就不應看作是無遠弗屆。

另外在證成論證的時候，一方面必須顧慮到，決定本身在內容上的實質正當性，同時另一方面，也應當公平且充分地聽取，爭議雙方當事人各自的意見。換言之，必須遵守從自然正義原則所導出的各項程序。更重要的是，在說明決定理由的時候，就最終決定和該決定所依據的各項法律規範（制定法、法律原則、判例、習慣法等）間，還有這些法律規範相互間，必須確保具有融貫性的關係。

這裡所謂的多數命題之間的「融貫性」（coherence），是無法形式地、經驗地驗證的東西，所以不同於形式邏輯學上的「一致性」（consistency）（當多數命題可以同時成立的時候，它們就是「consistent」）。「融貫性」乃是，以實踐平衡感覺爲必要的判斷。例如說，就如同思考「假如對某原則加上例外的話，是否這個原則本身，就因此失去關鍵的部分呢」的情形，這就是基於對體系整體做出多方觀察，並以考量多樣要素之間的權重爲必要的思考（關於法律論證，→ 204～208 頁；關於法律思考，→ 272～281 頁）。

法律系統的社會功能

具備上述性格的法律系統，面臨了來自外部的多樣要求。在與其本身內部結構能夠相容的條件下，法律系統以回應這些要求的形式，進而實現各項社會功能。從而我們可以把法律系統的社會功能看成是，對應來自於環境（即系統外部）要求的呈現。在現代社會中，社會對於法律的期待與要求愈趨複雜。法律系統要實現的社會功能，也同樣地更加多樣。在此情況下，我們將不斷地面臨到一個難題，到底什麼才適合或不適合由法律系統處理。我們暫時不討論這一點。我們在此先觀察，法律系統在當今所發揮出來的功能。

第一，社會控制功能。法律對於像是違反私法上強制規定的行爲，或者刑事上的犯罪行爲等，藉由課予公權性強制制裁，以抑制這些脫逸法律的行爲。非但如此，爲了避免此種強制性社會控制作用，淪爲公權力的恣意行使，法律也負有以法律控制這個作用的功能。前者是相關於法律的古典的、基本的任務，也就是維持社會秩序的功能。不過，近代以後，在法治理念的要求下，後面這一個功能毋寧愈形重要。

第二，促進活動功能。這個功能是，提供人們行爲時必須自主依據的指針和架構，從而幫助人們能實現自己的目標或利益，並使私人間的自主活動，成爲可預測的和安全確實的。從近代法體系的基本理念來看的話，這個功能就必定是法律系統的核心功能之一。

第三，前述之解決爭議功能。法律藉由一般法律標準，以盡可能明確地規定好權利義務關係，從而預防爭議的發生。並同時在具體的爭議發生前，即事先安排好解決法律爭議的標準和程序，從而一旦出現當事人無法自主解決的爭議的時候，最終藉由做成具公權力的裁決的方式處理。

第四，分配資源功能。這個功能出現在現代福利國家、社會國家當中。也就是出現在，當國家把介入社會、經濟秩序，視爲是自身課題的這樣一個階段當中。換句話說，就管制經濟活動、營造完善的生活環境，或提供有關教育、公共衛生等各種公共服務，以及藉由各種保險、租稅以重新分配所得等，法律負起作爲重要手段的功能。

日本法的狀況

法律系統是如何發揮上述所提到的社會功能呢？關於這一點，會因各個國家與各個時代的狀況不同，而有著不同的做法。在這裡，我們將概觀迄今爲止發生在日本法當中的狀況。

明治時期以後，日本繼受了西洋近代法律體系，並進而推動近代化。然而，這個近代化僅只是表面的。由自立的個人所組成的近代市民社會，不只未見諸日本，日本國民的內在意識中，其實強烈地抗拒著「歐化政策」。日本的法律近代化從一開始，就顯露出本身明顯的侷限。不只如此，以天皇主權爲基礎的立憲君主制，還有像是封建制度下的地主制、家族制等，仍舊被保留下來。這些都使得日本的近代化，無法發展成一個完全的型態，同時也阻礙了人們近代權利意識的萌生。反而是上溯奈良時代，強烈地決定了日本法律體系性格的律令制，以及武家社會成立以後，仍維持其作爲社會基本原理的儒家德治觀念，在在地對於日本法律本身的存在型態，以及對於人們的法律意識或權利意識等的樣態，有著深厚的影響。

儘管第二次世界大戰後，伴隨著舊有制度的廢止，日本社會就確保近代法律體系能夠成立的要件，也大致準備就緒。但法律意識或權利意識等，卻未能順應制度變革而快速提升。反而是那些視法律爲權威性的、維持秩序之手段的看法仍根深蒂固。在這個狀況中呈現出的結果是，有著福利國家介入工具之特性的法律，在較不受人們抵制的情形下，反過來爲日本國民所承認。這和原本就存在的另一個強烈傾向，也就是依賴國家監督照管式措施的傾向，發生了相乘效果。從而法律系統所具有之，作爲促進人們活動的，和提供人們自主地、主體地解決爭議的場所的這一面向，就不被突顯出來。

今日，由於和司法制度改革相關，日本社會的法律化也變得更爲人所知。我們可以這麼說，日本的法律體系在以往所預設的，是一個事前管制型的社會。也就是說，重視的是國家如何透過法律，以防範爭議於未然。但今後要考慮的方向則應是，如何使法律體系轉換成，預設一個事後救濟型的社會。也就是說，應當要去重視的是，如何透過私人間相互交涉，以自生自發地形成秩序，以及人們如何能在發生爭議時，自主地、主體地解決爭議。

Column(10) 日本人的法意識

日本的法社會學家川島武宜，在他的著作《日本人的法意識》（1967年）中表示，日本近代法典乃繼受自西洋，但此法典卻顯得與日本國民的傳統文化和生活格格不入。他因此主張，日本人有著好些個特徵，像是欠缺權利意識（「人們覺得好像存在著，又覺得好像並不存在權利義務」）、契約觀念稀薄，和傾向於習慣性迴避訴訟等。

針對這一點，日本的比較法學家大木雅夫則指出，一方面，日本民衆在江戶時代即具有強烈的權利意識等；另一方面，制度性因素，譬如說審判組織未趨成熟，也同樣影響重大。他因此認爲，僅以所謂的前近代意識的心智狀態，是不能夠說明日本人的法律意識的特徵。

對於日本人的法律意識這個主題，外國的研究者也深表興趣。其中，J. O. 黑利說，日本人討厭訴訟只不過是個神話，司法制度上的種種缺失，才是日本人較少利用法院的原因。此外，透過法律與經濟學的手法，馬克·拉姆塞耶分析指出，在日本人之間，爭議雙方當事人縱使於事前，也能夠對判決得出幾乎相等的期待值，從而即使是在審判外，日本人也能理性地解決爭議。藉由這個方式，他說明了爲何日本人會出現迴避訴訟的傾向。

3　法律的涵蓋範圍和界限

法律的評價基準

直到中世紀爲止，在歐洲的法律觀念中，法律帶有濃厚的非人爲的性格。但到了近世以後，法律基本上是，人遵循既定的程序所制定出來的東西。換言之，法律即意味著制定法。由於法律是依據既定的程序所訂定出來的東西，所以就此來說法律是妥當的，並且至少可以在這個主張當中，發現到一定的意義。

然而，如果人們採取的看法是，把法學妥當論連結到社會學妥當論上的話，這麼看恐怕將失去評價法律的標準（舉例來說，凱爾森的「無論什麼內容都可以成爲法律」）。無可否認的是，這當然也不失爲一種立場。

但是這種看法，無法免於被批判爲過於偏頗。其理由是，法律既然是作爲一種分化自立的體系，並且專責處理社會中特定問題的話，當法律超出自身適合的任務，過度介入於維持、形成或恢復社會秩序的工作的時候，就會是不恰當的。

從而哲學妥當論被認為是，有能力去克服法學妥當論或社會學妥當論的問題點，並且時至今日依舊備受重視。不過我們不應把這個哲學妥當論理解為，迫使法律採取形上學的理念或理想作為其根據。一個正確的理解是，法律體系在哲學妥當論中被看成是，在與社會環境和它自身結構的關係中，一方面想要維持適當的內在複雜性，另一方面又盡其所能地回應來自社會環境的要求。從而我們應當把哲學妥當論理解為，對於法律體系的一種態度。

法律和道德

如果我們將上述有關法律評價標準的問題，關聯到道德或是正義等觀念上的話，也可以換成用下面的說法說明。也就是，法律從近代以後，就從其他的功能領域中切割分離出來，並作為一個體系而自立。但隨著近代法體系的誕生，關於法律又被區分成兩個部分：得受法律管制之「公」領域，和不受法律管制之「私」領域，也就是「良善生活」的領域。如同下述，這個區分也可以稱為，倫理學和正義論之間的分離（→ 126 頁）。

在倫理學中，一個長期以來一直被討論著的，並且被當作為德論的主題的問題是，在以公私分離為前提的社會中，各個人應當如何生活。這個問題基本上被視為是，各個人的私領域的問題。公權力若使用法律介入其中的話，則會被認為是不適當的。

因為這個緣故，法律變為專責處理公共的問題。並且在這麼做的時候，提供予法律標準的，就是正義。本書中在許多地方皆指出，「正義是什麼」本身就是一個引發爭論的主題。但假如正義非關個人的良善生活方式，而是對懷抱多樣生活方式的人們，為他們提示當要共同生活時，所需之社會基本架構的話，則法律的介入也應當限縮在，處理社會基本架構的任務範圍內。因此在這裡要問到的問題是，法律管制的正當性和它的界限的問題。

密爾的傷害原則和自由主義

若問到公權力機關所爲的強制，在什麼情況下有正當性的話，首先第一可以舉出的是，古典自由主義者密爾在《自由論》中所主張的，只有爲了防止對他人造成傷害而施加的強制，才能作爲一種正當干預人們自由的型態。此即所謂傷害原則，承認可以透過自由社會中的法律，以正當地對自由加諸限制。

第二，對於賣春或散布猥褻文書等道德犯罪，運用法律以強制道德的話，問題就變成爲法律道德主義的對與錯。

第三，當事人在相互同意的前提下，於私下所從事的行爲的話，以此爲限，並不構成處罰的對象。但是，若是在公開場合從事這個行爲，並因此造成一般人們不愉快的話，則可以處罰這個行爲。稍後我們將檢討這個所謂的冒犯原則。

另外第四則是，假若行爲違反了道德秩序，縱使該行爲並未對他人帶來危害，或造成他人不愉快感受，仍有可能爲了保護本人，從而干預他的自由。在這種情況下，家長主義就成爲討論的對象。

Column(11) 密爾的傷害原則和家長主義

密爾在《自由論》中指出，僅限於防止對他人造成傷害的這個目的，才能在違反本人意思的情況下，正當地透過法律上刑罰等，對社會成員行使權力。另一方面他還主張，若只爲了被強制對象，或被統治對象的本人自身的幸福，尚不足以構成強制他去從事，或不從事一定行爲的理由。從而密爾斷然否定家長主義的正當性。

可以認爲在密爾如此主張的背後，一方面存在的是自由主義的基本原則，亦即個人是只與自己相關事務的主權者，另一方面則是功利主義的考量，也就是最能給予本人幸福的，是讓本人以自己的方式去追求自身的幸福。

話雖如此，但對於缺少充分判斷能力的青少年或原始社會中的人們等，密爾承認可以做出例外處置。此外他還表示，自願締結奴隸契約的行爲，就是放棄自身的自由。基於這些個理由他表示，如果法律制度規定此種契約無效的話，可以評斷這些制度是正當的。因此那些贊同家長主義有著積極意義的人們，多會注目到密爾承認的這些例外事項。

法律道德主義

在自由主義的想法中，關於人選擇過什麼樣的生活的這個問題，主張應當交給本人自行決定。根據這個想法，若強迫個人必須遵循，共同體成員共同認爲良善的生活方式的話，就是無理由地侵害個人自由。不過，法律道德主義則主張，正因爲不道德的行爲是不道德的，所以這個行爲要成爲法律處罰的對象，並或可對它課予私法上的不利益。但如果從自由主義的觀點來看的話，是不可能證成這樣子的法律道德主義。

雖說如此，我們也不能把自由主義理解爲，只要不造成別人困擾，無論做什麼都可以。像是制度化一夫一妻制，或是違反公序良俗的法律行爲則無效等事例，在當中所顯現出來的是，社會上贊同的道德秩序，要麼被制度化，要麼逐步形成規範。並且這樣子的事例不僅常常出現，而且還被認爲是正當的。

此外，如刑法上稱爲「無被害人犯罪」的犯罪類型，像是散布猥褻文書或賣春等，之所以成爲法律管制的對象，乃是因爲在這些管制的根據當中，包含了維持社會道德是重要的這項因素。針對此種法律管制，一方面有人認爲，這當然是不證自明的，另一方面也有人認爲，這正是強迫少數人遵守多數人支持的社會道德，從而是有問題的。例如說，在日本，同性戀行爲雖然不受法律管制，但在許多國家中，這個行爲仍是刑罰處罰的對象。針對此種法律管制的正當性，也一直存在著激烈的爭辯。

用法律強制道德的對錯

用法律強制道德究竟是對或錯呢？關於這個問題，除了要顧及維持社會秩序的這個目標外，同時還要以「無可取代的個人」和「尊重個人」等，這些存在於自由主義根源中，更爲根本的個人主義式價值爲基礎，以愼重地考慮相關法律管制的正當性和界限。在這麼做的時候，應當採取的基本態度是，要以最大限度尊重個人，追求以及實行各自的、多樣的且獨自的生活方式爲基本，且爲了使多樣的生活方式能夠並存，故只許可最低限度的管制，然後基於這個觀點，嚴格劃定得運用法律強制之道德秩序的界限。

此外同樣的想法也可適用到，私法秩序中之社會道德的定位的問題。譬如說，就有關可歸責配偶請求離婚的事例來看，過去日本的判例曾指出，如果造成婚姻破綻原因之人得請求離婚的話，這將會違反道理。基於這樣的道德考慮，所以不承認可歸責配偶提起離婚請求。然而，基於此種道德考慮去限制個人的自由的話，有可能導致過度束縛個人的意思自主，或者過度限制個人追求幸福的自由。根據這樣的認識，日本的法院後來變更判例。承認於特定情況下，可歸責配偶得請求離婚（最大判昭 62・9・2 民集 41 卷 6 號 1423 頁）。我們可以說這個例子就是，基於尊重個人的理念，從而放寬以法律強制道德的程度的事例。

Column(12) 關懷的倫理

作爲對抗自由主義法律基本原則，或者是說迫使這個原則做出修正，而受到注目的是，被歸類爲女性主義（→ 326 頁）潮流一個分支的「關懷的倫理」。因發達心理學家卡羅爾・吉利根，和教育學家內爾・諾丁斯等人的研究，關懷的倫理因此廣爲人所知。在傳統的道德理論中，徹底執行抽象的公正原則被看作是對的。相對照之下，作爲一種道德思想的關懷倫理，著重在顧慮他人或關心他人，並且主張應當在發生問題之個別的、具體的狀況中，重視如何與對方形成、維持特殊關係的情況下，去處理道德上的爭議狀況。

關懷倫理強調，應該重視的不是權利，而是義務與責任。也就是，應當把法律的範疇和判斷方式等，重新建構爲關係導向的。就這一點來說，它呼應了社群主義法律理論（像是契約論或侵權行爲論等）的主張。另一方面，對於試圖把個人建構爲，有其各自具體「良善生活」的這樣一種人權概念，關懷倫理也顯現出有著相輔而行的關係。在法學領域當中，關懷倫理日漸展示其不容忽視的影響力。

關懷倫理作爲一種專門職業所應有的倫理時，譬如說作爲醫療或社會福利等領域的倫理時，它具有的意義也廣受注目。像是說，人們有時會引用關懷倫理，以作爲排除法律介入專業領域的根據（換言之，「非」法律化）。或者是相反地，當人們要求改造法律的現有型態的時候，也可能援用關懷倫理，以作爲這個要求的根據。

冒犯原則

若依照上述，對於法律道德主義所做出的討論來看的時候，如果僅僅是爲了維持一個，不能還原爲個人利益的道德秩序，就把像是陳列或散布猥褻物品等當成爲犯罪的話，就作爲限制個人的自由來說，這樣子的道德犯罪其實不具有充分的說服力。因此只有在合併其他根據之後，才有可能認爲這樣子的管制，具有充分的正當性。

有關於這一點，下面將會提到，其目的在於保護青少年等的家長主義（→ 82～87 頁），就會是這種管制的一個可能的根據。除此之外，恐怕只有從冒犯原則，才能找到規範此種道德犯罪的根據。也就是說，即便行爲未達傷害他人的程度，但若造成他人顯著不愉快的感覺的話，則這個行爲就足以成爲正當的規範對象。譬如說，根據冒犯原則的說理方式，會指出在公開場合斡旋賣春，將對人們帶來不愉快的感覺，所以可以成爲法律取締的對象（然而因爲此類問題常多涉及性犯罪，所以從女性主義或性別研究來看的時候，這個問題的提問方法，從根本上就是有爭議的）。

但是所謂的不愉快的感覺，有可能包含了主觀性。再加上這個原則也被認爲，助長了以多數人的情感，去侵害少數人的權利與自由。例如說，有可能僅僅因爲令人不愉快的這個理由，就將像是特殊的性傾向或性實踐，或者是宗教行爲等，規定成受限制的對象。而這樣的事情是絕對不該有的。

家長主義的問題點

家長主義指的是，爲了保護本人，從而在特定的情況下，以違反本人意志的方式干預他的自由。法律家長主義則意指，爲了要保護被干預者，透過法律，以命令或禁止等方式，對他做出限制或指示。我們在此可以舉出家長主義的事例如，爲維護本人的生命與健康，禁止他持有或服用毒品等藥物；對於舉辦危險性運動，規定一定的限制；爲使本人日後有足夠的年金，強制他繳納國民年金保險費。

家長主義源自於，父親爲了保護子女故干預他或她的行動。因此也有人把家長主義，翻譯成父愛主義（或父權干預主義、溫情主義等）。具體來說，以保護本人爲理由，強制或介入有關於他的生活型態（服裝、髮型、性行爲等）、危險行爲（戴安全帽、繫安全帶等）、人的生與死（自殺、臨終醫療等）、犯罪與非行行爲的對策（輔導非行少年等）、私法秩序（消費者保護等）、社會福利（保護老人和身心障礙者等的利益）、教育與家庭生活等等的事項。當然這個樣子的強制或介入的正當性，就經常發生爭議。

如果個人自律是一個理想的話，那再也沒有什麼比起不干預，是更加值得讚揚的了。因是之故，無論過去或現在，一般多以負面的意義指稱家長主義。但是在現代國家中，公權力機關透過家長主義式的照顧和介入，廣泛涉入社會經濟生活的多樣層面，這已經成爲無可迴避的事實。不只如此，在高度複雜化的現代社會中，不管再怎麼說是自己的事情，假如個人要實現完全意義下的自律或者自我決定的話，這幾乎是不可能達成的。甚至在某些情況下，這樣的要求反而是不恰當的。譬如說，在醫療的領域中，如果把自我決定看成是萬能的話，就有可能產生問題。又譬如說，若「強迫」老人、青少年和身心障礙者等社會上的弱勢，必須做成自我決定的話，反而有可能招致不可預測的後果。

如果從相反於上述的面向來看的時候，隨著近年來醫療技術的進步，在生命倫理的領域，不斷發生新的問題（如器官移植、代理孕母、產前診斷等問題的妥當性），同時再加上全面檢討福利國家的新趨勢，以及在許多層面上均可見到自我決定意識的高漲等等。人們一方面以批判的眼光看著，迄今為止被視為理所當然的家長主義式干預，但另一方面，這麼做的同時，又反過來變成擴大關注家長主義的契機。

我們可以看到一個不斷增強的趨勢是，在考慮到上述諸般情事下，站在價值中立的立場，把家長主義式介入理解為公權力機關強制的一個類型，從而就能夠進一步分析它的特質和正當性。

家長主義的定義和類型

關於如何定義家長主義的這個問題，人們就下列各點意見分歧：像是是否要把證成家長主義的判準，納入家長主義的概念中呢？是否應把干預自由的主體，限定在公權力機關呢？等等。如果先不考慮，應當如何判斷個別的家長主義式干預是對或錯的問題，也就是什麼是家長主義的證成判準的問題的話，可以將家長主義廣義地理解為，「為了保護本人自己，以必然伴隨強制的方式，干預本人的自由」。在這樣子的理解下，可以舉出家長主義有著如下數種類型：

(1) 伴隨著法律制裁的「強制的家長主義」，和不伴隨法律制裁的「非強制的家長主義」（例如說，爲了避免浪費社會救濟金，所以不發給現金，而是給付實物）。

(2) 即使被干預者完全是基於自己的意願，但仍干預他的選擇或行爲等的「硬家長主義」。以及，被干預者因爲某些理由，以至於欠缺適當的判斷能力，故於他不能做成任意選擇，或無法從事任意行爲的時候，介入他的選擇或行爲等的「軟家長主義」（例如說，對於因爲重病、服用藥物或大量飲酒等，以致判斷能力低弱的人，採取保護性的介入）。

(3) 被保護者與被干預者是同一人的「直接的家長主義」（例如說，根據刑罰法規，禁止人們服用違禁藥品），以及被保護者與被干預者是不同人的「間接的家長主義」（例如說，幫助他人自殺規定爲犯罪，或者是爲了保護消費者，規定食品廠商負有標示食品添加物成分的義務）。

家長主義的證成

就區分什麼是正當的或不正當的家長主義式干預活動，有許多種類的判準。在此我們暫且先列舉下述四種：

(1) 被干預者得到的利益超過他的損失，藉此證成家長主義式干預的「功利主義原則」。

(2) 僅只有軟家長主義，也就是，干預僅限於介入被干預者的非任意行爲或決定的時候，才能被證成的「任意性原則」。

(3) 能夠實現被干預者的較大自由，藉此證成家長主義式干預的「最大化自由的原則」。

(4) 能夠得到被干預者的某些同意，藉此證成家長主義式干預的

「意思原則」。

在這些判準當中，(1) 的「功利主義原則」是，只要本人能得到更大利益的話，不管他的意願如何，即毫無條件證成家長主義式干預。就這一點來看，這是不恰當的。(2) 作爲一種判準來說，則失之於過於狹隘。這是因爲，僅限於軟家長主義才是正當的，從而排除了那些爲了要保護本人，因此介入他的任意選擇，或介入他的任意行爲的所有可能。另外，(3) 未明確說明，基於什麼樣的標準認定本人的自由。不只如此，也未充分考慮到，應當尊重被干預者的意願。因此，這個判準也留下了許多問題。

(4) 的「意思原則」主張，爲了本人自己的緣故而做的事情，照道理說本人當然會承認；而家長主義式干預，正是爲了本人自己的緣故，而介入他的事情。所以從尊重個人和自我決定的看法來看時，就作爲證成家長主義的原則來說，一般認爲 (4) 的「意思原則」最具說服力。

家長主義和本人意思

然而在當事人欠缺意思能力，或意思能力不充分的情況下，如何能夠確認這個所謂的，照道理說本人當然會承認的本人意思呢？在某種意義上來說，這是要去回應一個自相矛盾的要求。即使我們把它當成實際問題來看，恐怕也是非常難以回答的。

當然，在陷入欠缺意思能力之前，或意思能力變爲不充分狀態之前，如果就如何處理此種狀態，事先已經確認本人的意思的話，且這個本人意思亦非顯著不合理的話，當然要遵照這個意思（但這裡根據的是尊重自我決定，從而不屬於家長主義要處理的範圍）。

不過若本人現處於欠缺意思能力，或者意思能力不充分的狀態，並且就該如何處理此種狀態，未能夠事先確認本人意思的話，或者是雖然事先已經確認本人的意思，但該意思顯著不合理的話，那麼爲了要保護本人，從而介入他的選擇或行爲，此時這個介入的正當性，就會成爲要緊的問題。這正可以說是，在判斷家長主義的對錯上，引起爭議的典型事例。

此種狀況下的判斷方法，很難透過一般的、抽象的方式去說明。不過，雖說不應當任由被干預者，因爲自己的作爲或不作爲，而導致其利益受損，且的確也可以認爲，此時的干預自有其重要性。但另一方面，若任由公權力機關以一種監督照管的立場，事後地且一律地採取保護本人利益的行動的話，則是不恰當的。依據動態人格統合性的看法會指出，因爲每個人都是以各自多樣的方式，經由不斷的反覆摸索，然後才陶冶出個人的人格。從而只有透過某些方式能夠取得，或假定能夠取得，被干預者的同意的時候，這種形式下的家長主義式干預，才能與自由社會的基本原則相整合，也才是得允許的。爲了保護青少年，從而禁止猥褻物品等，或者是爲了治療病患，從而規定有關醫療的法律架構等，這些事例基本上都同於前述想法。

另外要指出和說明的是，假如我們想要舉出一個，只需依據家長主義就足以證成之法律管制的事例的話，我們勢必會遭遇到困難。這是因爲大部分的法律管制，都還是可以透過如公益的觀點或傷害原則等，也就是透過其他的證成理由說明。舉例而言，繫安全帶的義務規定，通常被舉爲家長主義的典型事例。但是這個義務規定，不只保護了本人的生命或身體的安全，它也具有其他的意義，像是減少因事故等造成相關人的利益，或者是抑制因事故而支出的醫療費和保險金等。因此，重要的是要清楚地辨識出，個別的管制是以什麼樣的原則證成的。

Column(13) 專家的責任

儘管人們再三地批判著家長主義式照顧，但無可完全否認的是，它仍舊有其存在意義。這麼說的一個理由是在於下述事實。亦即現代社會日趨複雜，分工也日趨細緻，而人們爲了過自己想要的生活，無論是誰都無可免地，或多或少需要依賴專家的知識、判斷與技能。例如說，醫生、護理師、社會工作員和教師等。他們都正是人們爲了遂行自己生活的目的，從而不可或缺的專業人士。

專家和客戶之間的關係，在法律上是被建構爲對等的當事人契約關係（關於這一點，我們可以看到縱使在社會福利的領域，就如同所謂的「從行政措施到契約」的轉換，這正顯示在這個領域，也已大幅轉向以契約關係作爲其根本方向）。但假若我們去看提供給老人的福利服務或醫療服務等的話，則可以很容易地想像，事實上是難以滿足雙方當事人完全對等的這個假設。

另外我們也可以認爲說，專家和客戶之間存在的關係是，當客戶依賴專家的同時，專家則爲了客戶的利益而活動。在英美法系的法律理論中，一方面爲了避免造成強迫客戶接受自律性、對等性的弊害，另一方面也爲了防止此種關係轉化成，專家以權威性的立場單向地給予客戶保護的關係，從而有人主張把專家理解爲「受認者」（fiduciary），並以「信認」關係來掌握此種法律關係。這樣的理解方式可以認爲是，超越了契約關係和家長主義式關係之間的對立，並且有著廣泛運用的可能，從而深具意義。

此外，專家責任的問題，也和大學法曹養成教育中，近年來被正式推動著的法曹倫理（法律倫理）的教育方向相關而廣受注目。

法律的界限

如同前面見到的，要緊的是先確認法律管制絕非萬能。假如我們想要確定，法律在不同時刻下的涵蓋範圍的話，必須依據下述兩個觀點，並持續不斷地省思後才能做到：(1) 對照法律的基本原則，以辨識是否能夠證成這個法律涵蓋範圍；(2) 由法律的內在結構，和由法律的運作方式等等所導出的制約，也就是從法律的基本特質，再加上從法律的管制對象的性質來看，是否適合於法律管制。

乍看之下，會認爲把法律用作爲管制手段的話，將具有高度的實效性與速效性。因此人們爲了解決社會問題，常輕易地訴諸法律管制。當然，如果說透過援用法律的基本原則和法律的概念等，從而解決了發生在社會中各式各樣的爭議的話，那麼在解決爭議之際，法律原則和法律概念等，就作爲手段來說，的確扮演著有用的角色。從這個事實來看，似乎可以對法律所能負起的作用，給予一個很高的評價。並且從這個意義來看的時候，儘管「法律化社會」的發展，在歐美引發了不少的爭議，也就是人們擔心所謂的「訴訟社會」化。但若考慮到像是日本社會的歷史經緯，也就是在過去，共同體的紐帶緊緊地束縛著個人的這個情況的話，就作爲一個一般的傾向來說，「法律化社會」仍可以說是較爲理想的。

但是，發生在社會上各個領域，像是經濟、教育、宗教或家族等中的問題，如果能透過各領域內的自主處理，而得以解決的話，最理想的還是採取這樣的處理方式。重要的是，基本上先把法律管制或是法律處理，定位爲最終手段。一旦各社會領域的處理方式，明顯地侵害自由，或明顯地侵害權利的時候，則必須確保社會中存在著，使法律能以適當的方式去介入的機制。尤其是日本，被認爲有著過度依賴公權力的傾向，因此當更加愼重，以避免輕易地訴諸使用法律。

自然法論和法律實證主義

法律體系應當要如何去回應，來自於社會上各個領域的要求呢？假如我們站在這樣一個視角，去理解法律涵蓋範圍的問題的話，就有可能從不同的角度，去掌握「自然法論和法律實證主義」的這個古典問題。

如同前面提到過的，最能夠突顯出自然法論和法律實證主義之間存在尖銳對立的，就是所謂的「惡法問題」（→ Column(4)〔37頁〕）。換句話說，透過正統程序制定出的「法律」，若在道德上過於邪惡的話，這個「法律」是否被剝奪作爲「法律」的資格，並且失去法律拘束力呢？還是說，這個法律既然已經成爲法律，那就是正式的法律，且不管其內容如何，都具有作爲法律的效力呢？

像是在革命等極端狀況下，什麼才是有拘束力的法律，就變成亟待解決的問題。然而在日常生活當中，一定的法律體系安定地在社會上運行著的時候，反而可以把自然法論和法律實證主義之間的對立，看成是法律運用方法上的不同所呈現出的差異。

換言之，自然法論強調法律體系對於環境的認知開放性，並主張把外在於法律的要素或標準等，積極地連結到法律的運用上。相對地，法律實證主義重視法律體系的規範封閉性，並審慎地看待，把外在於法律體系的要素或標準等納入法律體系內部的這一件事。

Column(14) 超越法律實證主義和自然法論的對立

儘管在本節當中，我們透過法律體系的規範封閉性和認知開放性之間的調整的觀點，重新解讀「自然法論和法律實證主義」之間的對立。但是在法學上或法哲學上，這個對立具有極重要意義的事實，仍舊不會改變。特別在第二次世界大戰後的德國，如何克服兩者之間的對立，仍是一大主題。

例如阿圖爾．考夫曼，他力主採取匯合多樣認識方法，以接近所謂掌握統一的、客觀的自然法之存在的這一永恆課題。或是漢斯．韋爾策爾，他批判地承續康德的人格倫理，並發展出人格主義法哲學。再或是維爾納．邁霍菲爾，他一方面批判地繼承海德格爾的存在論哲學，又一方面發展出存在主義「事物本質」論。

社會要求和法律體系

對於社會上拋出的各式各樣要求，法律體系應當如何回應呢？關於這個問題，可以指出下列數種回應方式。第一種回應方式是，以法律體系既定的結構爲前提，以相容於這個結構的方式，去回應社會上的各式各樣要求，從而使法律體系能發揮社會功能。

譬如說「利益衡量論」（→ Column(34)〔271 頁〕）等，主張法律思維應納入對法律決策結果的考慮，而這就是其例之一。如同前面提到過的，法律思維的重點是在於，依據既定的法律規範去處理事件。至於法律判斷所導致向未來發生的效果，則僅有次要的地位。相反於此，利益衡量論則是把法律決策對社會帶來的影響，反饋回法律體系中。並藉此提倡應實踐一種，能夠呼應社會要求的法律思維。

另外一種做法是，改革法律制度本身。這也能夠實現呼籲法律體系對社會開放的要求。在今日日本，陪審制或者是說參審制（根據 2001 年 6 月 12 日發表的司法制度審議最終意見書，定名爲「裁判員」制度），打開了市民參與審判的途徑。另外隨著法曹人口大幅增加，以及法曹成員養成制度的改革，愈加有可能實現一個能夠回應社會要求的司法體系。

以現有的制度架構爲前提，在其上從事司法制度改革。藉由這個方式，以試著去實現能回應國民要求的法律體系。不只如此，透過此還要實現的另一重要任務，也就是把運用法律這個工作，交還給本就有此責任的社會上一般人們。

但在此無需贅言的是，法律如果要能適當地發揮功能，法律必須不失其基本特質的這一點，是毋庸置疑的。爲了回應社會上的種種要求，法律當然必須保持開放。雖說如此，由於法律體系是以具有一定結構的思考爲核心，故要讓這個體系能適當地發揮作用的話，對於無論什麼事情都能夠用法律去解決，也就是法律萬能主義的這個想法，就有必要再三地斟酌。

第 3 章

法律的正義在追求什麼

在本章以及下一章中，我們將討論法價值論，尤其是關於正義的問題。在下一章中要處理的是，從近代到現代所特有的，有關法律、國家和正義的問題。本章可以視為是這些問題的導論。以下我們先全面性地概觀，從古代到現代為止曾出現過的各種正義觀念。其次說明近代，尤其是 19 世紀末到 20 世紀前半，占有優勢地位之價值相對主義的思想和理論。最後我們將在涉及自由主義的思想下，去檢視在處理正義的問題時，倫理學和法哲學有何不同之處。

1 正義的觀念

正義觀念的多樣性

自古以來人們普遍承認，在道德的德目當中，正義尤其與法律有著深切關聯。但是，法律和正義究竟是以什麼形式相互關聯著的呢？就此問題，或許因正義有著多樣觀念的緣故，所以論者間不必然有廣泛的共識。尤須注意的是，法學和法哲學強調的正義觀念，與倫理學、政治學或經濟學等領域強調的正義觀念間，存在著微妙的差異。

爲了有助於讀者瞭解，本書後述章節中將頻繁出現之，有關法律和正義的關係的討論，我們在此將預先整理好，從古代到現代各種對於正義定義的想法。

戰爭的正義

不管有關正義論的學術文獻怎麼說，「正義」這個字眼最常出現在軍歌中。在那些歌曲當中，「正義」這個字常被用作去強調，我們是站在道德上對的這一方，敵人則是錯的那一方，因此處罰敵人也是理應如此的。應當特別注意的是，在上述用法中，並未對於「正義」指出更多值得人們思考的特殊觀點。然而正義常因如此被使用著，導致人們不相信正義或者是正義論。

當然，如果問到說，什麼樣的情況下可以允許戰爭呢？關於這個問題，在學術上的確存在著一個，多多少少可看作爲正義論的領域。尤其是中世紀到近世，人們曾廣泛研究這個問題，並把這個問題當作自然法論架構中的「正戰論」。在這個研究中，同時還援引了本書後面將提到的，各種有關正義的想法。在這裡，我們不打算深入探討正戰論的內容，而只是指出傳統上，戰爭和正義這個字之間有著密切關聯，這樣子也就足夠了。

應報正義

應報可說是，隨時隨地均能見到之，最普遍的正義的觀念。「被人打了，可以打回去」、「被人打了，就應該打回去」等表達，就是對應到應報正義。上開表達縱或在程度上有所差異，然而對於不管是什麼樣子的人，這些表達都有著能夠訴諸人們感情的地方。一旦出現了像是傷害或殺人等，也就是無論置身於何處的人們，均會無異議地視之爲犯罪的這些行爲時，應報就起了作用。

應報正義，會如同「被人打了，可以打回去」所呈現般，是被欺負的人的權利。同時如「被人打了，就應該打回去」所顯示的，也是被欺負的人的義務。作爲一種義務的應報，在其典型的情況中，直接被害人與其說是自己，不如說是自己的同胞。作爲同一部落的成員，自己就有著必須報復直接加害人或加害人部落的義務。因此可以認爲，作爲一種義務的應報，一般是以部落生活爲背景而進一步發展出來的。

《漢摩拉比法典》中廣爲人所知的「以眼還眼」、「以牙還牙」的說法，即是主張加害和報復間相等。也因爲它把相等的觀念，加到應報觀念當中，所以我們可以將這個說法理解爲同害報復原則。

互惠正義

假如應報正義是遭受到他人惡劣對待時，才起作用的正義觀。那麼與此相對照的，即是受到他人恩惠的時候，要回報予合適行爲的正義觀。這就是所謂的互惠正義。

譬如在羅爾斯的正義論中，在其他市民會參與合作的前提下，自己也加入合作的互惠性（reciprocity，又譯作互酬性），占有著核心地位。有必要注意到的是，互惠正義是以來自他人的恩惠或合作爲條件。所以從這一點看的話，這個正義是不同於單純的利他主義。

亞里斯多德的正義觀

若問到在西洋的正義論歷史當中，什麼東西對後世帶來最爲深遠影響的話，我們可以舉例的是，亞里斯多德在《尼各馬科倫理學》裡，就正義觀念所發展出來的定義。並且我們相信，應當沒有人會對此表示反對。

但因爲我們是生活在現代的這個時代，假如想要掌握亞里斯多德的正義論的話，有必要注意到，他所謂的正義論，是以適用城邦作爲前提。因此若不假思索地，以現代的觀點去掌握他的正義論的話，縱使都是同樣一個定義，仍恐怕有誤解的疑慮。

尤其要注意到的是，城邦是由市民和外國人、市民和奴隸、市民中的貴族和平民等，不同階級所組成的身分制社會。此外若是與現代相比的話，城邦中的政治或行政的組織化程度，以及職務分工的程度等均低。立法與司法不只未分離，並且這兩者通常是在公開的場合中，透過市民演說或投票的方式舉行。雖說如此，如果我們能適當修正，亞里斯多德對於正義的多數說明的話，仍有可能在現代這個時代，充分適用他的正義論。在留意到上述各點之後，接下來將介紹亞里斯多德的正義論的要點。

合法正義，或者是道德上對的正義

根據亞里斯多德，定義上最爲一般的正義，即是視正義等同合法或者是遵法。也就是說，合於法律的話，就是正義。但是要注意的是，他所謂的「法律」的這個東西，其觀念與現代人所理解者間，有著若干的差異。亞里斯多德提到的「法律」，乃是一種與道德未分離的東西，或者是與道德合而爲一的東西。「法律」的終極目的是在於，培育爲了「作爲城邦的一份子，而能在城邦中過良善生活」的道德人格。

緣此之故，如果把亞里斯多德所講的合法正義，看作是不論法律的內容爲何，只需一味地遵從既定法律，即符合正義的話，也就是說，把亞里斯多德的正義，視爲等同近代法律實證主義下的正義觀的話，這個看法顯然是錯誤的。

假如我們把法律和道德看成合爲一體的話，就不可能嚴格區分合法正義和道德上對的正義。不過就正義這個字來說，即便今天我們仍舊可以見到，把道德上對的東西當作是正義的用法。在此一情況，「正義」成爲可適用到所有德目之倫理學上的後設概念（→ Column(15)〔98 頁〕）。

Column(15) 後設

後設概念、後設理論、後設學問等用語中，均同樣地出現了「後設」這個前綴。「後設」表示的是，出現在它後面那個字的上一層次的東西。譬如說，後設理論指的是，針對理論做出討論的理論。後設學問則是，針對學問做出討論的學問。被討論的層次叫作對象層次。討論對象層次的那個層次，則稱爲後設層次。

在倫理學的語義學中，後設和對象之間的區別，來自於對象語言和後設語言之間的區別。針對語言進行討論的時候，被討論的語言稱作對象語言。討論者在討論的時候，他所用到的語言則稱作後設語言。對象和後設之間的區別是相對的，所以假如某個事物作爲客體而存在的時候，並不是說描述這個事物的語言，即稱作對象語言。除此之外，針對後設語言做出討論的語言，可以稱作後設後設語言。

法律的一般性和衡平

法律爲規範某些種類情境，而格式化成爲法律文言的時候，就所有將要適用到的事例，不可能事先完全考慮到其特殊性，才加以格式化。

根據亞里斯多德，法律文言應當看成爲，捨去例外情況後，以一般形式表現出來的東西。從而在法律所預設的典型事例中，完全遵從法律文言所說的東西的話，這樣就是正義的。反過來說，若是在例外情況當中的話，縱使遵守法律，也不必然意味著正義。亞里斯多德透過個別事件中之「衡平」的觀點，證成那些雖然偏離法律一般規則，但卻符合例外情況中之情事的處理方式。

相等正義

合法正義以及衡平，都是透過相關於道德一般或是實定法一般的方式下定義。相對於此，若正義被拿來和勇氣或正直等相提並論，且被看作是道德上的德目的話，根據亞里斯多德的說法，這個正義就被稱爲「特殊正義」。不只如此，他還把此種正義定義爲某種類的「相等」。亞里斯多德進一步地把這個「相等」分成兩類，一類是比例相等，另一類是算術相等。這兩類各自對應到「配給正義」和「矯正正義」。

配給正義

配給正義要求的是，若要將收益或負擔分給市民的話，這個收益或負擔必須按照各個市民在某個意義上的「應得」（desert）爲比例，然後分別配給。在古代希臘城邦中，像是戰爭費用和取自於戰敗國的賠償金，典型上被視爲是，應當被配給的東西。若論及作爲配給標準之應得，則可舉出如貧富的程度、身分與家世、貢獻度、各種能力等等。

爲了方便起見，我們以兩位市民爲例說明（若有第三人丙，或其他市民的話，這些情況也相同於這裡的說明）。配給正義就其要旨來看，乃是按照幾何學的比例分別配給。這個正義要求的是，參與配給的市民甲和乙，若他們的應得（desert）比是 A：B 的話，他們分到的配給物的價值（value），在比例上也是 A：B。

雖然配給正義要求「按照（某個種類的）應得而相等」，但是配給正義並不指明，必須按照的應得是什麼。若是指明必須根據什麼樣的應得的話，則有可能稱作爲「實質」正義（但是如同後述（→ 107 頁），「實質正義」這個字也能用在別種情況）。

矯正正義

矯正正義乃是當侵權行爲或是不公平交易發生的時候，爲了要回復二個個人之間的算術相等。因爲甲對於乙的侵權行爲，造成乙發生 C 價值（value）的損害的時候，或者是甲乙之間的不公平交易，導致甲得到利益 C，而乙卻蒙受損失 C 的時候，矯正正義要求甲應當返還給乙 C 這個價值。

矯正正義關注的點是，不公平交易中以及侵權行爲中的事後救濟。亞里斯多德因而將它定位爲審判正義。

交換正義

在提到應報正義的這個脈絡下，亞里斯多德也論及交換正義。在買賣或交換，或者是訂立這些活動的契約的場景中，發生作用的就是交換正義。交換正義要求的是，給付和對待給付之間的（金錢上）價值相等。從而可以將交換正義換成說，要求等價交換。

矯正正義因爲要求事後的算術相等，從這一點來看的話，矯正正義當中也包含了要求某種類的等價交換。但是另一方面，交換正義眞正要說明的是，交換爲何發生。讓我們舉甲和乙交換床和鞋子的例子說明。假定床的價值是鞋子的十倍的話，那麼一張床應當可以換到十雙鞋子（反比例關係）。並且甲和乙也如此交換的話，就會被認爲合於正義。貨幣通約了這些東西的價值，從而具有作爲物物交換的媒介功能。

等者等之

在論及有關「相等」正義時，亞里斯多德除算術相等和比例相等外，還提到了「等者等之，不等者不等之」這個公式。從現代人的眼光來看，此一公式所意味的，似乎並無不同於後述之「相等的事例要相等處理」的「形式正義」原則（→ 107 頁）。但假若我們考慮到，古代雅典是身分制社會這一件事的話，那麼一個比較恰當的看法應該是，把「等者等之」的公式看作爲，對應到配給正義或比例相等的內容的一部分。

比例相等要求按照應得而相等。因此比例相等也當然意含著，要同樣對待具有相同應得之人。因是之故，亞里斯多德的「等者等之，不等者不等之」的公式，原則上所要求者，可以理解爲必須相等對待（尤其是身分上）「相等之人」。反過來說，對於身分相異之人，則應當做出不同的對待。

在亞里斯多德的想法中，矯正正義所要求的算術相等，也同樣只在同等人間才成立。例如說，如果市民對奴隸做了一個侵權行爲的話，這時並非依據被害和賠償之間的算術相等處理。反而要根據的是，不同於市民間的侵權行爲的方式去處理。

亞里斯多德的正義觀和近代或現代的正義觀

如同前面提到過，雖然都同樣地使用了正義這一個字，但我們仍有必要注意，亞里斯多德說的正義和近代或現代用到的正義，在意義上微妙的不同。我們尤其要留意，交換正義和配給正義之間的差異。

交換正義的現代意義

作爲正義當中的一個內容來說，交換正義的這樣一種正義的觀念，時至今日仍舊有充分適用的餘地。不過隨著時代從中世紀演變到近代，然後再轉變成爲現代，交換正義在觀念上，強調的就不再是給付和對待給付之間的，或者是被害和賠償之間的等價性。這個正義觀念的重點，已經移轉到尊重所有與契約上面。如同「不得侵害他人的占有或所有」、「必須遵守契約」等項目，不僅被包含在幾乎所有的自然法論的主張中，即便是實定法，也不會忽略掉這些項目的存在。

但當論及等價性的要求時，一旦人們認爲價值是主觀的話，就愈加難以用嚴格的形式維持這個要求。像是爲了要比較物與物之間的價值，亞里斯多德視爲前提的是，必須存在著客觀的尺度。但問題是，儘管可以說的確存在著金錢尺度，然而要評價某個物有多少金錢價值時，又會因人而異。在第 5 章中討論到的「法律和經濟學」將指出，由於雙方當事人在交換的時候，均認定從對方取得的物，會比起自己給出的物更有價值，所以基於這樣的主觀判斷，交換才得以成立。

從而在今日，除了那些無論是從誰來看，都必須更正之明顯不等價的交換外，也就是那些基於交換正義的要求，或基於矯正正義的要求，而必須更正的情況外，我們可以視等價性的要求，已經被遵守契約的正義所吸收。在約定交換的契約中，正因爲交換後比起交換前，可以認爲雙方的狀態都獲得改善，從而交換才得以成立。若沒有詐欺或脅迫等的話，這個契約是可能視爲一種「等價交換」。因此在今日，交換正義可以理解成，與「應當遵守契約」的這個要求，以及附隨這個要求而來之禁止詐欺、脅迫等相同。

分配正義的現代意義

在亞里斯多德的意義當中，所謂配給正義的這個觀念，是相關於社會整體的收益或者是負擔的配置。並且直至今日，人們依舊使用著這樣一種配給正義的觀念。例如說，（相較於沒有社會合作的情況）如何配給因社會合作生產而產生出的剩餘呢？這個問題就是羅爾斯的正義論的主題之一。而這也是這個用法的一個很好的例子。

在《正義論》這本書中的許多地方，均未區別「配給」和「分配」。無論哪一個用語，都是被粗略地指爲把什麼東西分給誰，或者是泛稱配額。但在經濟學中，則是嚴格地區分「配給」和「分配」。「配給」這個用語，是使用於人們在生產物品的時候，決定要在什麼地方，投入多少資本、勞動或原料等資源的這個情況。另一方面，當透過交換而來的生產和消費等經濟活動，它的結果造成了所得和財富的分布出現一定狀態的話，在經濟學上把這個狀態稱作是，所得或是財富的「分配」。要言之，資源配給的結果，產生了所得的分配。

經濟活動的結果，產生了所得或財富的分配，並隨同帶來了貧富的差距。這樣子的分配，不必然就是符合正義。從結果來看，產生若干貧富差距本身，雖說是莫可奈何的，但經濟活動的結果，仍會依存於初期分配。也就是說，經濟活動在最初的時候，是依靠於個人保有多少資源或財富而定。所以縱使是以符合交換正義的方式進行分配，仍留下疑問說，這是否眞的符合正義。因爲這個樣子，爲了使分配盡可能地平等，於是出現了要求重分配所得或財富的呼籲。這稱作爲事後的，或是結果的「分配正義」要求。關於實現此種正義的代表性手段，可以舉出像是政府透過課稅，或者是透過給付補助金的方法，以達成此種正義。若說到要求事後的分配正義的根據的話，則在於儘管存在著事前不平等，但這麼做的直接目的，將實現結果上的平等。

就所得或財富等這些容易以金錢進行評價的東西來說，「分配」這個用語是恰當的。但分配不正義不僅僅源自於所得，或是財富之初期分配的不平等，也同時受到那些難以用金錢評價的東西影響，像是各種權利「分配」的（實質）不平等的影響。另外附帶說明的是，與其認爲羅爾斯的正義論，要追求的是結果上所得平等，不如認爲它要追求的是，事前的權利上實質平等。在現代的正義論的文獻中，並未規定權利應當使用「分配」，或者是要使用「配給」，但似乎是用「配給」這個用語較恰當。無論如何，與其說規定必須使用「配給正義」或「分配正義」當中的哪一個，不如更重要的是，在這兩個用語的各自脈絡下，盡可能地去理解論者要處理什麼層面的正義。

作為權利義務的正義

以下本書將接著說明，不包含在亞里斯多德對正義所做出之定義中之其他各項正義的觀念。

受到斯多亞學派（→ Column(16)〔105 頁〕）的影響，古代羅馬的著名法學家烏爾比安對正義下的定義是，「給每個人予其應有之物的穩定恆久的意志」。

所謂「每個人的應有之物」，其意義是「每個人應得的，且當然要得到的東西」。並且不只是權利，也包含義務，即涵蓋這兩方面的一個觀念。因此上述公式，就正是必須配給各個人其權利和義務的這樣一種正義的要求。值得注意的是，這個公式雖未特定出權利和義務的內容，但卻點明了，從個人的權利或者義務的觀點去掌握正義的可能。

有人把烏爾比安的公式解釋成，相同於亞里斯多德的配給正義。雖然這二者在涉及配給的這一點上是相同的，但仍有必要注意到，烏爾比安的公式並不具比例相等的意涵，且這個公式也有可能適用到矯正正義或交換正義。無論如何，烏爾比安的公式是一個極為一般性的正義觀，能與許多的正義觀念並存。另外，烏爾比安的公式是，從個人的權利義務的觀點去掌握正義。就這一點來說，它在思想史上有重要的意義。

作為調和的正義

若說到在古代或中世紀時，能和上述烏爾比安提出的，從個人的觀點掌握正義的看法相並列的看法，或甚至更勝於此的看法，則是從國家或社會整體的觀點掌握正義的看法。這個看法的代表，是柏拉圖的正義觀。他認為所謂的正義，就是在一個由為政者、軍人，以及農民與工匠，這三種階級所組成的理想城邦的身分秩序中，個人盡到自己的本分。換言之，所有人都善盡自己被指定到的角色，從而保持城邦整體的調和。

Column(16) 斯多亞學派

時值亞歷山大大帝遠征後，希臘城邦社會崩解，並隨之進入了希臘化時代。面對著當時不安穩的社會秩序，追尋自我內在世界安定的思想也就盛行於世。

比方說，伊比鳩魯的悖論式享樂主義即為一例。他主張作為一種理想，要對政治或日常雜事等保持距離，且抱持事不關己的心態。相對地，斯多亞學派則主張，透過遵從理性的生活，以求得內心的安定。

斯多亞學派創造出的是，一種個人孤立式超然個人主義的社會思想。但這個思想另一方面又可連結到，個人均受到宇宙法則支配的想法上。這個宇宙法則，正是斯多亞學派認為的「自然法」。這裡所謂的自然法，即是超越個人所屬社會或體制的東西。並且在這樣的自然法中，孕育出一個意含人類不等的世界主義（世界公民主義）的思想。此外，這個所謂的宇宙法則即是自然法的東西，不僅對於人類而言是妥當的，對萬物全體而言也同樣是妥當的。理所當然，在那裡並不會嚴格區別存在和當為。

斯多亞學派思想最終傳到了羅馬，並廣泛流傳於上層知識階級。西賽羅、塞內卡、馬可．奧里略等，均為該學派的知名人士。

共通正義

把正義看成是社會整體幸福的見解，從以往就一直有著重要地位。代表看法，可舉中世紀基督教世界中的「共通善」的思想，近代及至現代的「公共福祉」思想等等。本書在這裡，把這些通稱為「共通正義」的思想。這個思想關注的問題是，個人幸福和整體幸福之間的關係。「共通正義」原則上認為，整體幸福和個人幸福是一致的。但是在另一方面，在這個思想當中也包含了，「為奉獻社會整體，從而犧牲自我」這一種博愛主義的思想，或者也可說是利他主義的思想。若是從近代的功利主義（→ 143 頁）中，抽離出它的個人主義的面向的話，功利主義也能納入「共通正義」的思想系譜中。

3

形式正義

要求「相等的事例必須相等處理」的看法，或者是允許「相等的事例可以相等的處理」的看法，乃是把法律視為規則的這個想法，或者是存在於法律類推基礎中的正義觀。一般稱它為「形式正義」。如果能夠特定出要在什麼點上相等的話，就可以進一步建構出實質規則。例如說，在有關選舉權的規則中規定了，賦予二十歲以上全體國民選舉權。這個規則著眼的就是，要在年滿二十歲以上的國民的這一點上相等。形式正義要求的是，若在某個點上相等的話，以此為限即要求相等的對待。不過要注意的是，形式正義並未言及應當著眼到什麼點上。後面的這個問題，則是實質正義的問題，並且以實質證成為必要。

形式正義要求的，與其說是規則的一般性，不如認為更側重其普遍性。也就是說，對於從某個觀點看來皆相同的所有事件，則要對它們一視同仁地發生效力。至於所謂一般性的這個字，其實是有著多樣意義，有時甚至也意味著普遍性。舉個例子來說，亞里斯多德在對比法律的一般性和衡平時，他也曾提到「一般性」。但他指的是，有關於原則和例外的區別。所以他說的一般性，與形式正義中的普遍性要求並不直接相關。

此外尚須注意到，衡平和形式正義並不相矛盾。當法官根據個別情事下判決時，形式正義要求的是，對於和這個事件同類的事件（即作為判決根據的事實或者理由間相同），也要下同樣的判決。法律的一般性和衡平之間的對比背後存在的想法是，當人們制定法律的時候，不可能一五一十地去考慮到那些，說不定會在個別事件中發生的大大小小的獨特情事，並且也沒有如此考慮的必要。

普遍化可能性

在做成道德判斷時，有時要求必須具有普遍性。換言之，當有必要對個別事件中的爭議行爲，做出是否爲好的或對的判斷的時候，必須先做好準備，與作爲判斷根據之事件的事實特徵相比，在本質上有著相同特徵的其他潛在事件，日後也會做成同樣的判斷。這樣一種道德上的要求，實質上與法律的形式正義相同，但稱作爲道德判斷的「普遍化可能性」要求。

普遍化可能性對於所有的道德判斷來說，都是一個能被適用的正義標準，並且可以和其他的正義標準並存。舉例而言，若論及亞里斯多德的矯正正義和配給正義等時，無論是算術相等或比例相等，一旦從某個觀點認定爲相等的時候，普遍化可能性就要求，對於從同樣觀點來看是相等的東西，應當做出相等的處理。

不只在道德判斷中普遍化可能性是重要的，在法律人的實務判斷中它也有著重要的分量。就這一點來看時，普遍化可能性可認爲是與法律思維密切相關的正義觀。雖說就應當在什麼點上相同處理，在人們之中有出現不同意見的餘地，然而一旦決定著眼某一點之後，無論是誰都將會較容易去判斷，在必須比較的那個點上是否相同。從而就不難理解說，爲何以解決爭議爲目標的法律人，會傾向於將焦點放在是否與先例相同。雖說如此，人們從以往就常常批判法律人，和他們的這種思考方式，因爲總是專注在形式上是否相同的問題上，卻把應當著重什麼點的這個問題置於度外。

此外無論是什麼樣的法律主張，都能夠被格式化成滿足普遍化可能性的要求。也就是說，把這個主張以規則的形式表述出來就可以了。從而必須注意到，縱使某個主張在理論上是普遍化可能的，實質上它有可能只是在普遍性的僞裝下，主張自我的利害。所以從這點來看時，如果排除掉實質正義的討論，也就是排除關於什麼觀點是重要的討論，而僅藉由普遍化可能，就想要把所有的法律問題處理殆盡的話，這麼做會是有問題的。

立場互換性

經常與上述意義下的普遍化可能性弄混淆的，或視爲是同一的，是應當稱作爲「立場互換性」的正義的想法。這是一種司空見慣的道德觀型態，也就是所謂「站在對方的立場想」。在正義論的脈絡中，這個想法可格式化爲「某個主張，特別是權利主張的話，必須承認其他人也能夠同樣地聲稱它」。

我們可以將立場互換性的想法，視爲是「普遍化可能性」中的一種（→ 202 頁）。但嚴格來說，這兩者還是有所區別的。這是因爲立場互換性，不只包含了在形式正義意義下的普遍化可能性，還擁有超過這個內容以上的東西。關於這一點，我們只需要考慮到下面這個說法，就應當可以明瞭。也就是說，在某些時候，立場互換性的正義和亞里斯多德的配給正義會發生對立，但因爲這兩者都能夠被規則化，所以又都能相容於普遍化可能性。

程序正義

與法律思維緊密關聯，並與形式正義相並列的另一種正義觀，是稱爲「程序正義」的東西。不只是在現今的法律學當中，甚至於下述的社會正義（→113 頁）的理論中，程序正義的觀念都占有重要的地位。

就社會正義論的分野來說，由於人們對實質正義的問題難以獲得一致的意見，於是在這個現代的背景狀況下，出現了程序正義的想法。換言之，因爲缺乏對實質正義之標準的一致看法，所以就把經由一定程序得出的結論視同爲合乎正義。不過還有另一種較弱的程序正義的想法。也就是說，如果結論未經由一定程序就得出的話，以此爲限它被視爲是不正義的。

無論是哪一種，這個想法的前提是，人們就程序有著一定的共識，或至少容易得到共識。另外，如果透過某個程序的內容，卻不太可能導出一個符合實質正義的結論的話，人們對於這個程序的內容，就有困難取得共識。因此我們有必要注意到，由於程序的實質內容也會成爲問題，所以程序正義是不同於形式正義的。

附帶一提的是，在導出正義原則的時候，羅爾斯運用了原初狀態中無知之幕下的共識。他的這個想法即是，把程序正義的觀念用到社會正義的理論上。羅爾斯還認爲，若某一活動遵從了符合正義原則的背景制度的話，不管它的結果如何，可以視這個活動爲合乎正義的。這也同樣運用了程序正義的觀念。

法律中的程序正義

法律中的程序正義則又稍稍更加複雜。與社會正義論中的程序正義相同，它出現的背景是，人們對於實質正義的問題難以取得共識。

但法律在分散決策權限的同時，也是一個有組織化的體系。從而對於如何安排體系的編制來說，下述二個問題就成爲重要關鍵。第一，決策權限和程序的問題。換言之，誰就什麼在什麼程度上有權限的問題，以及那個權限應依據什麼樣的程序行使的問題。以及第二，決策正統性（→ Column(17)〔112 頁〕）和事件適合性的問題。人們對實質問題的確經常會發生意見上歧異。但是法律，尤其是現代法，爲了要調整人們的行動，以及爲了要解決或預防爭議，把實質問題區分爲不同層次，並就各層次分別處理。

首先作爲出發點的，是私人或私人相互之間的行爲。在這個層次中，從是否滿足一定程序要求的觀點來看，是有可能僅透過當事人間的交涉，就解決了爭議事件。這裡提到的程序要求，有可能直接來自於立法，也有可能是立法授權行政機關去制定的。在此情況下，不只是程序的內容，立法和行政在功能上的角色分擔與其正統性，均可能成爲問題。這樣的問題若進入司法的話，法院在程序制約的框架內，必須就自己擁有的資源和能力，以及在正統性的範圍內，做出適當的決定。

在審判程序中，作爲其實體內容的東西，包含像是充分聽取雙方的意見，或法官不得處理與自身利害相關的事件等等。自古以來，這些就是基於程序正義的觀點所要求的。若審判上的決定未能滿足此等程序的話，不僅是不正義的，同時還是違法的。就此限度來說，法律中的程序正義和社會正義論中的程序正義，基本上的想法是一致的。

但縱使限定在審判當中，如何運用法律中的程序正義仍是困難的。這是因爲法院必須在，檢討各該事件的相關人或相關機關，在功能上的角色分擔的情形下，考慮到自身的適合性和正統性，然後解釋與運用實體和程序雙方面的規則，再就該當事件做成決定。在這裡，行政裁量或司法裁量會成爲問題。但這個問題之所以發生，不只是因爲從正統性的觀點看時，會產生疑慮。縱使從事件適合性，以及從各個機關握有的資源與能力的觀點看時，也會有疑問。從而要回答，如何運用法律中程序正義的這個問題，就不是那麼容易的。儘管如此，當人或者是機關面對到事件的時候，不管怎麼樣都必須做成決策。

如上述般，法律中的程序正義在實際運用上，是相當複雜的。不是單純地去想說，事先存在必須遵守的程序，然後遵從這個程序做出結論的話，這就符合正義。權限被分散到包含私人在內的各個機關上，而這些機關都必須在各自的能力和正統性的範圍內，追求適合事件的解決方案。在這裡要注意的是，僅只使用程序正義的想法，對於決策的內容，當然不可能給出正當性的標準。但相反地，如果把法律看成爲同於道德，也就是由行爲和實體規則所構成的簡單架構的話，也無法正確地掌握到法律。法律中的程序正義的想法，正點明了這件事情，從而有著極爲重要的現代意義。

Column(17) 正當性和正統性

正當性和正統性是不同的概念。各自對應到英語中的 rightness 和 legitimacy。無論何者都相關於規範，或者是遵守規範的根據。在此可以認爲所謂的規範是，指示出命令、禁止、許可的東西。

正當性涉及到的是，規範內容的對或錯的概念。參照某些觀點或標準，以指出引起爭議的規範是正當的或不正當的。

正統性是相關於服從或者是規範，或者是規範發令者的根據的概念。這個概念涉及到的是，規範內容正當性以外之其他的「對」的根據。如果對規範表示服從的動機，只是恐懼不服從時的制裁的話，這個規範就缺少正統性。若是恐懼以外的情形的話，如從服從者的角度來看時，這個規範就包含了某些（獨立於規範內容的）「對」的要素。

人在遵從規範的時候，有可能是因爲規範在內容上是對的，從而遵從它。但這個服從的根據，更有可能是基於其他的要素。例如說，「因爲法律要求這麼做」、「因爲向來就是這麼做」，或甚至是「因爲是我信服的那個人發出來的命令」，所以就遵從之。韋伯從「支配的正統性」的角度，分析這樣一個服從根據的問題。

在現代民主主義社會當中，最重要的正統性是民主正統性。議會制定出的法律是否反映了多數國民的聲音、是否有排除少數派的現象，以及行政和司法等在多大程度上受立法拘束等，都會成爲討論的問題。

社會正義

在現今日本，「社會正義」或者是「社會性正義」這個字，有著極爲多樣的意義。不只如此，人們還以曖昧的方式使用著這個字。例如說，日本的律師法（弁護士法）第 1 條在規定有關律師的使命時，即在條文當中用到了「社會正義」這個字。但是在同條中，同樣並列爲律師使命的，還有「擁護基本人權」。那麼，這兩者間到底有著什麼樣的關係呢？這個問題看來似乎難有一個答案。

原本來說，「正義」即意味著，必須先有社會，然後正義這個概念才有意義。因此在「正義」這個字之外，是否還有存在「社會正義」這個字的必要，這本身就成爲問題。不過要提醒的是，在現代的正義論中，人們對於所謂社會正義的概念指稱著什麼樣的東西，其實是有著廣泛的一致認識。

它指的是，有關社會中權利、義務的配給，或者是所得、財富的分配的概念。以此爲限可以認爲，在現代的社會正義理論中，配給正義或者是分配正義就成爲討論的對象。儘管如此，我們仍有必要注意到，社會正義是不同於亞里斯多德所指稱的配給正義。現代的社會正義論中用到的「配給正義」的這個用語，主要還是用來顯示出，問題是發生在什麼地方的這樣一種概念，並不是一個必然包含了配給的標準，也就是像是比例相等的這樣一種概念。

並且在社會正義的概念當中，其前提就已經或多或少預設好，應由政府或國家負起配給或分配的作用。但什麼是符合正義的配給或分配呢？這正是當代正義論爭論的問題。就有關它的實質內容來說，我們在此無法明確定義社會正義的概念。

不過有必要先指出，如果正義論使用到「社會正義」這個用語的話，一般而言它會傾向於重視平等勝過自由。其理由是，如果徹底重視個人的自由的話，則會認爲作爲政府或國家應當處理的問題來說，沒有必要去考慮到「社會」正義。

若社會正義的指導理念是平等的話，社會正義論的重要課題就是明白揭示出，爲了要矯正人們間存在的實質不平等，可以採取形式不平等的待遇，或甚至應當採取形式不平等的待遇，是在什麼樣的情況呢？以及這麼做的理由是什麼呢？等等的問題。

關於此種社會正義的實質內容以及其標準，將在下一章中更深入檢討其內容。

2　價值相對主義

價值的主觀化

是否有可能把正義的問題，當成一種學問而加以研究呢？如果這個疑問是發自中世紀基督教世界的話，想必會被回以「可以的」的答覆。但是，如果問近代以後的學者同樣的問題的話，不必然可以期待人們會答覆相同的答案。爲什麼會如此呢？

如果用一句話來表達「近代」這個時代的話，那就是「上帝已死」。也就是說，價值主觀化的時代。在中世紀，基督教的價值觀儼然不動。當時倫理學則視同爲神學的一部分，並主要由神學家負責研究。正如同神學是一種學問，倫理學也被認爲是學問之一種。而正義的問題，同樣被當作倫理學的一個項目。

當「上帝已死」，人們喪失客觀價值的信仰時，什麼是善，以及什麼是對的的判斷，就只能委諸個人。縱使人們相信基督教存在著客觀價值，但什麼樣的行爲才符合那個客觀價值呢？這個問題的最終判斷者，已經不再是教會，而是個人。

假如價值判斷是主觀的，且它會因人而異的話，就不存在決定什麼是正確的判定標準。在這個情況下，有關於價值判斷的問題，當然就無法成立爲一門學問了。

正是以此近代價值主觀化的思想狀況爲背景下，出現了稱作爲「價值相對主義」的思想。

價值相對主義的定義

所謂價值相對主義的這樣一種主張，指的是價值或者價值判斷，對於判斷的個人而言是相對的（相關的），並且什麼樣的價值判斷才是對的的問題，是無法當作眞理的問題，從而不能進行學術討論。

關於這個定義，有必要注意到下述幾點。第一點，價值判斷這個用語，不只是有關於「應當」、「對的」、「好的」等，這些謂語的當爲判斷或規範判斷，它也被使用在「美的」、「醜的」等美學判斷上，以及「美味的」、「難吃的」等味覺判斷上。但是在本書中所要檢視的對象，將限定在相關於倫理和法律等的當爲判斷或規範判斷上。

第二點，相關性的對象若不限定在個人的話，也有可能成立其他種類的價值相對主義。譬如說，若認爲價值判斷是因文化或社會而異的話，則成立關於價值之文化相對主義或社會相對主義。在本書以下當中，將僅討論關於價值之個人相對主義。

第三點，價值相對主義只是主張說，把價值判斷的眞僞當作學術討論是無意義的，而不是主張說，即使在學術以外的場合中，有關價值判斷的討論都是無意義的（但也不等於說就是有意義的）。例如說，如果要在政治的場域中，討論規範判斷是對或錯的問題的話，根據上述定義下的價值相對主義，則會既不反對也不贊成這個討論。

實證主義學術觀

如果在稱爲「理論」的東西當中，包含了價值判斷的話，價值相對主義就會懷疑，這個理論是否眞的具有作爲學問的資格。這是因爲在價值相對主義中，即包含著關於學術理想是什麼樣子的某一些想法。

價值相對主義是爲了對抗自 19 世紀後期起占有優勢的實證主義學術觀，或者更正確來說，是爲了順應這個學術觀才產生的思想。所謂的實證主義學術觀是指，學術研究的對象限定在經驗上可以知覺的事實，並且透過實驗或觀察仍無法確認眞僞的話，則理論並不具有學術或者是科學的資格（可以認爲「實證主義」和「經驗主義」同一）。根據這個標準，倫理學或法學等關涉到價值的學問，其大部分都要被逐出科學的範圍外。

新康德派

從實證主義學術觀來看的話，那些從事著被認爲是「非科學」的，或有關於價值領域的學者當中，有一部分人爲了使自己的工作，能夠納入學術的範圍內，所以那些人曾試著擴大學術的定義。在德國，這個課題係發生在 19 世紀後半到 20 世紀前半，並且由被稱爲新康德派的學者們所推動。不過要注意是，這些學者們並非否定，立基於實證主義的自然科學或社會科學的學術性，他們也未曾主張，規範理論的眞僞可以透過實驗或觀察確認。他們僅只是主張，價值判斷最終來說仍是主觀的，並且在承認這一點之上，即便在價值或規範的領域中，仍可能存在一個既和實證科學相提並論，但又和它有所區別的學問。

根據新康德學派，自然科學乃是以探求事實的因果關係爲目的。相對地，涉及價值或規範的學問，它的研究對象則是人類行爲的「意義」，尤其是價值意義或規範意義。與單純的物相同，人類行爲也是從屬於因果關聯的世界。但同時，人類行爲又從屬於，給予該行爲一定意義或評價的、文化的或規範的世界。如果這是正確的的話，新康德派的學者們認爲，就有關於人類有意義行爲來說，是有可能成立不同於自然科學的另外一種學問。

價值關聯的學問

關於價值的什麼樣的學問才是可能的呢？在新康德派當中，大致存在著兩種看法。第一種看法是，若採納某個價值爲最終價值的話，那麼探討下位階的價值判斷是否和這個最終價值一致，就作爲學術研究而言，會是可能的做法。這稱作爲價值關聯的學問。

例如韋伯就採用這樣一種學術觀。他在探討基督新教倫理和資本主義精神間，有著什麼樣的關係的時候，即是基於價值關聯的學術方法。我們尚可以舉出別的例子來看。在共產主義國家當中，當討論各個政策是否和共產主義思想一致的時候，這樣的討論亦屬於價值關聯的學術研究。若提到法律教義學的話，當採取某個上位階的法律教義的時候，確認下位階的法律命題或解釋是否和它整合，這樣子的做法即可作爲一種學問而成立。

純粹法學

若提及另外一種要如何做，才使得關於價值的學問有可能的想法，我們可舉出其代表的是，凱爾森於「純粹法學」中發展出來的思想。凱爾森的純粹法學站在嚴格區分事實和價值，或者是嚴格區分「存在」和「當爲」的「方法二元論」的立場，認爲僅只能從「妥當性」的觀點，並否定可以從「眞理」或「正當性」的觀點，探討作爲

「客觀當為」的規範。由於「妥當性」僅只意味法律規範在法律上是有效的，或是具有法律效力的，從而不論法律有著什麼樣的內容，它都有可能成為妥當的法律。

若說到純粹法學的實際內容的話，它是先從何謂「客觀當為」的這個規範定義出發，其次說明權利、義務、責任等法律的基礎概念，然後再說明透過授權規範，以及透過被授權機關所訂定出的規範等，也就是這些規範之間的連鎖去構成規範體系。位在法律體系頂點的規範，稱作為「基本規範」（→ 35 頁）。但這個基本規範並不具有任何的價值內容，並且它和其他有著無論什麼樣內容的下位規範間，都是可以並存的。所謂「客觀當為」的這個規範定義，從根本來說，即意味著在其當然前提中，價值判斷就是主觀的。所以該當「當為」判斷也只意味著，遵循已經確立的規範做出判斷。

不論採取上面兩種立場中的任何一者，新康德派的價值相對主義均誠實地承認，價值是主觀的，並且主張在學術上，是不可能討論最終價值判斷本身的對錯。

後設倫理學

雖然新康德派討論價值或規範等作為學問的可能性，但新康德派的方法論本身，也能視為是一種學問。這麼說的理由是，如果從實證主義學術觀來看的話，新康德派當然不具有作為學問的資格，但是因為新康德派檢視的對象是，包含實證主義學術觀在內的各種學術觀，所以它和實證主義學術觀並不是直接對立的。因此我們可以說，新康德派是針對學問做出討論的後設學問（→ Column(15)〔98 頁〕）。

針對在後設學問中被提出討論到的學問，人們可以質問這個學問的命題是否具有眞値。但若是針對討論這個學問是什麼東西的學問的話，也就是針對後設學問本身的話，則要問的問題就僅在於，後設學問所提出的命題，是否正確地描述或說明作爲對象的學問。至於這個命題在事實上是眞或僞，則當然不是問題。

相同的說法也適用於倫理學。主張某件事是善的或惡的、對的或錯的倫理學，即便說和實證主義學術觀是不相容的，但討論倫理學的方法或基礎概念的倫理學，則有可能和實證主義學術觀相容。我們可以把前面那一種倫理學，稱作「規範倫理學」或者是「實質倫理學」，把後面的這一種，稱作「後設倫理學」。在此附帶說明的是，我們也能夠把凱爾森的純粹法學，放在相同的分析構造當中。也就是說，我們可以把純粹法學看成是，以實定法或者實定法學爲對象的後設法學。

20世紀前半時，在英美，尤其是英國的倫理學中，曾出現過實質倫理學衰退，以及後設倫理學興盛的現象。若論及後設倫理學出現的思想史背景的話，基本上相同於德國新康德派的價値相對主義。對於價値判斷的對錯，能否看成爲是眞理的問題而研究的這一點，也大致上持否定的態度。就此而言，雙方是一致的。

認識主義和非認識主義

後設倫理學的主要課題之一是，對倫理學上的各種立場進行分類。如同前面提到過的，根據實證主義，作爲學問可能性的必要條件是，學問的對象在經驗上，是否有認識的可能的這一件事實。後設倫理學在分類倫理學時，焦點是放在，如何看待倫理學和實證主義科學之間的異同。

依據後設倫理學，若某個立場主張，倫理學在方法上和關於事實的科學同樣可能的話，且倫理命題能具有眞值的話，就可以稱這個立場爲「認識主義」或者是「認知主義」；假如某個立場否定倫理命題能具有眞值，且力主規範倫理學或實質倫理學是不可能的的話，則這個立場就被稱爲「非認識主義」或者是「非認知主義」。

自然主義的謬誤

一般皆認爲，認識主義的代表是功利主義。這是因爲，如同邊沁認爲的，可以透過數量化快樂和痛苦的感覺以測量效益。假若眞能如此的話，那麼以最大化快樂的總和爲目標的功利主義，就能夠成爲一種經驗科學。劍橋的哲學家喬治・摩爾則批評，這個立場是把倫理判斷還原爲經驗判斷，從而犯下「自然主義的謬誤」。

摩爾指出的「自然主義」是，善惡和對錯等的倫理概念，有可能還原爲欲望或利益等經驗概念的立場，或者是價值判斷的眞僞，有可能以同於經驗科學的方法判定的立場。摩爾的「自然主義的謬誤」的批判，很明顯地在結論上幾乎一致於新康德派的方法二元論的主張。

直覺主義

摩爾本身在倫理學上的立場是被稱爲「直覺主義」。就肯定倫理命題得以具有眞值的這一點來說，他的立場可被歸類爲認識主義。然而他否認，自然科學的方法有運用到倫理學上的可能。因此在這裡，我們有必要對上述認識主義的定義，做出若干修正。換言之，此處所謂認識主義指的是，承認倫理命題可能具有眞值的立場。而這個立場又要區分爲，肯定自然科學方法有運用可能的立場，以及否定此種方法有運用可能的立場。摩爾是屬於後面的這個立場。

不過摩爾僅只表示，倫理判斷的眞僞是不證自明的，卻未見他對倫理學提示了什麼特殊的認識方法。最終來說，他的「直覺主義」僅僅是主張，「關於什麼是對的，知道的人就知道」，而不曾見他從正面去處理近代固有的問題狀況。也就是，價值判斷的主觀化和客觀性的喪失。

價值情緒說

在後設倫理學中，具有壓倒性優勢地位的是非認識主義。我們甚至可以說，正因爲非認識主義的優越地位，才促使倫理學轉向後設倫理學。

關於非認識主義的代表，可舉出稱之爲「價值情緒說」或是「情感主義」。根據這個立場，倫理陳述被看作爲，說話者的情感或態度的呈現。情緒說還表示，這一種情感或者態度是否存在，得以當作爲事實問題，從而能夠討論它的眞僞。但是在學問上，則無法說明這個情感或態度是否是對的。

情緒說的代表人物是 A. J. 艾耶爾。他承繼英國經驗主義傳統，並受到邏輯實證主義維也納學派（→ Column(18)〔123 頁〕）的影響。他主張倫理判斷不可能還原爲知覺經驗的基本單位，也就是不可能還原爲所謂的「感覺資料」，所以這個判斷在經驗上是無意義的。他因此斷言，倫理陳述和嬰兒哭嚎在本質上有著相同的性質。

Column(18) 邏輯實證主義

也稱作爲邏輯經驗主義。廣義下的邏輯實證主義，可以包含英國的哲學家伯特蘭．羅素，以及波蘭的邏輯學家阿爾弗雷德．塔斯基等人。但若是狹義的邏輯實證主義，則指的是從 1920 年代到 30 年代間，聚集在維也納大學哲學教授摩里茲．石里克之下的科學家集團。也就是說，專指邏輯實證主義維也納學派的思想。其中心人物除了石里克外，還有像是魯道夫．卡爾納普和奧圖．紐拉特等，也都相當知名。邏輯實證主義維也納學派在其發展初期時，還受到了路德維希．維根斯坦《邏輯哲學論》的影響。維也納學派因爲重視感覺經驗和符號邏輯，從而否定前此的形上學，並揭示以革新哲學爲目標。

在他們的立場中，由於科學知識限定在經驗上的東西，所以首要的課題是，如何才可能透過感覺經驗，去給予科學知識一個基礎。在經過內部成員的討論後，這個學派發展出可檢驗性的命題。然而針對這個命題，卻出現形形色色的多樣主張。從一個強的主張，也就是科學理論，若不能還原爲經驗上基本單位的話，則這個理論就是無意義的；到一個弱的主張，也就是如果經驗上有檢測可能性的話，那就算足夠成爲科學理論了。但當尚未能對此爭論得出結論前，學派內部成員的主要關心，就已經移轉到下一個課題上。

這個新的課題要問的是，若知識限定爲必須是經驗上的東西的話，那麼要如何定位邏輯學（以及數學）呢？換句話說，要如何定位這些被認爲是不可能給予一個經驗基礎的學問呢？卡爾納普在承認邏輯是科學知識的情況下，把哲學的課題放在科學語言的闡明上。就他來說，科學語言是從邏輯的觀點，建構出來的人工語言（→ Column(23)〔225 頁〕）。

紐拉特的見解是，所有的科學均能夠還原爲物理學。他因此倡議統一科學，並試圖整合世界上採用了類似立場的各種學派。但是因爲納粹興起，維也納學派成員隨之分裂四散，維也納學派本身也崩塌解體。

另外值得注意的是，說到有關科學理論的地位的時候，紐拉特並不把它看作爲對應事態的眞理，而只是把它當作說明事態的簡單工具。換言之，他採取了工具主義的立場。他並因此提倡眞理融貫論（coherence theory）。

就紐拉特看來，某個命題被當成「眞」與否，在於這個命題的方便有用性。若某個命題和屬於既存理論體系內的另個命題相矛盾的話，爲了要消除矛盾，先將這個命題當成僞，再將與其相矛盾的既存命題當成僞，然後比較看哪一個對科學說明是有用的，以判斷這個命題是否爲「眞」。這即是稱爲「眞理融貫論」的東西。有必要注意到的是，眞理融貫論不是關於眞理的定義，而是涉及理論證成的學說。

作為一種政治思想的價值相對主義

不僅在結論主張上，甚至連它們的出現背景等上，英國的後設倫理學非認識主義，與德國的新康德派價值相對主義，在許多地方上都是一致的。以此爲限，可以把它們二者合併起來，定位爲廣義的價值相對主義思想。

不過英國式的相對主義和德國式的相對主義間，仍存在著不容忽略的差異。更恰當地說，英國式的相對主義，是倫理學學術內部的一個思想。相對地，儘管對學術有著同樣的執著，但德國式的相對主義是，以 20 世紀前半德國（在此可認爲包含奧地利）政治上的動盪不安爲背景，所產生出來的思想。

在當時，德國政治斷續地令人感受到，現實上有出現革命的可能。自由派飽受左右夾擊。學者和知識分子等，被迫從國家主義、共產主義或中道等間選擇與決斷。

如韋伯或凱爾森等，這些作爲代表德國價值相對主義的人物，可能在他們的心底深處有著如下的信念：如果要我以學術之名，去證成自己的主義或主張的話，我認爲這絕非要得，而我也絕不這麼做。不過，我堅信自己的主義或主張是對的，並且也下定決心，要奉守這個價值。我認爲必定會有人民反對我的價值觀，但我將竭力去說服這些人。不過，這不是以學術之名，而是透過討論以正正當當地做到這件事。最終來說，人們說不定通過了那些違反我的價值觀的法律，且說不定我因這些法律而被囚禁。但既然這個法律是經由民主程序制定出來的，從而在法律上就是有效的，並產生了遵守法律的義務。我的使命是，促使反對那個法律的人民增加，並努力說服人們修正那個法律，而非皈依自然法。

堅強的人格和決斷

這樣子的價值相對主義，一方面以堅定的決斷爲基礎，另一方面則連結到，對他人思想的寬容以及思想上的自由主義。尤其是凱爾森，他的立場還結合了「惡法亦法」的法實證主義。不過凱爾森堅決相信，引據自然法去批評實定法的話，只是採取了一個軟弱的姿態，從而不可能改變世界。凱爾森的價值相對主義，是以生在革命時代中，且有著堅強意志的個人爲前提的相對主義。從而對於那些處於和平時代，並且主張價值討論的問題，因各自價值觀的不同而變得無意義的人們而言，亦即對於那些意志薄弱的人們而言，凱爾森的價值相對主義，就不是那麼容易地能承受得了。儘管站在相對主義，不，更正確地說，正是因爲站在相對主義，所以決斷和寬容更爲重要。

所謂道德潔癖的這樣一種價值相對主義的實質倫理

縱使針對英國式價值相對主義，也不可能斷然地說，無論在什麼面向上，這個思想都與實質倫理不相關。

這麼說的理由在於，情緒說視道德表述，等同於嬰兒哭嚎或敲打桌子所發出的聲音等，從而它的立場容易連結到，人的道德表述中的欺瞞性或僞善等的負面評價上。的確，在道德的僞裝下主張自己的利益，乃係人之常情。但道德上有潔癖的人，將不容許這件事發生。

一旦跨越出作爲一種學術理論的主張後，價值相對主義在學術的世界外，的確容易與主張討論行爲之善惡乃係無意義的無道德主義相通。但我們不能忽略掉的是，在價值主觀化的時代中，價值相對主義成爲道德上有潔癖的人們，傾向去採納的一種道德立場。比起信仰絕對價值的價值絕對主義，在失去了信仰客觀價值的時代裡，道德潔癖更容易和價值相對主義相連結。如果以這個方式解釋價值相對主義的話，就此爲限，我們可以視英國式的和德國式的價值相對主義，在根底上都含有相同的道德思想。

3　自由主義正義論和倫理學

法哲學正義論和倫理學正義論

就如同在亞里斯多德的著作中所見到的，正義論傳統上被當作是倫理學中的一個分支。近代以後，法律學、政治學和經濟學等，陸續從倫理學中獨立分離出來。研究法律和正義的問題的法哲學，也與倫理學大致區分開來，成爲一個獨自的學術分野。

那麼法哲學要處理的正義論，相較於倫理學所處理的正義論，在對象上、方法上和觀點上等，有什麼樣的差異呢？爲了掌握現代正義論的視角，有必要先釐清這些問題。

在本節中，爲了弄清楚現代的法哲學中所處理到的正義的範圍，我們將檢視倫理學中的正義論和法哲學中的正義論，以及它們之間的關係和異同。爲有助達成此目的，本節將扼要地回顧倫理學和正義論的思想史。另外要先聲明的是，在本節當中把「倫理」和「道德」用作爲同義詞。

作為全面性實踐哲學的倫理學

倫理學在西洋中，傳統上涵蓋了相當廣泛的事項。例如說，亞里斯多德指出政治學（國家學）要處理的是，各式各樣國家體制的優劣，以及各個國家體制中制度的好壞。他同時把倫理學定位爲，此種政治學（國家學）的下位領域，並且要研究的是，國家（城邦）中市民應當具有的德性。另外從中世紀到近世，基督教倫理學則包含了今日人們說的政治學、經濟學和法學中的一大部分，因此它是一個關於實踐的全面性學說。

德性倫理和行為倫理

若著眼於近代前的倫理學所要規範的對象，以勾勒出這個倫理學的特徵的話，則可以指出，當中包含了可稱爲「德性倫理學」，以及可稱爲「行爲倫理學」的這兩樣東西。

因爲倫理學直接研究的是，什麼樣的行爲是道德上好的行爲，或對的行爲。緣此之故，造就出行爲倫理學。

另一方面也有人認爲，如果人要正確地行爲的話，行爲人本人的性格就必須是好的。因此產生了德性倫理學。德性倫理學是把親切、慷慨、勇氣等一連串的德性，對比到不親切、吝嗇、膽小等相反方向的一連串消極德性後，以從事研究。正義亦同被認爲是，人應當具備的性格屬性（人格特質）之一。

規則倫理

相對於上述說明，若我們聚焦在近代前的倫理學的規則型態的話，則可以指出它具有如下特徵：在這個規則型態中，被稱爲「規則倫理」的這個東西，自古就占據著最重要地位。例如說，先不論與上帝結合這件事，在猶太律法主義或舊約聖經的十誡等的當中，所謂好的行爲或對的行爲，能夠視爲是行爲遵從規則的此種思想的表現。

另外還可以舉出說明的是，西洋倫理思想中最有名的規則，也就是所謂的黃金律。它的積極型態是，「你希望別人怎樣待你，你就要怎樣待人」。它的消極型態是，「己所不欲，勿施於人」。

總而言之，規則倫理學問到的問題是，什麼樣的規則應適用到行爲上。因此有必要注意到，規則倫理學是以行爲倫理學爲前提。從而就倫理思想的分類來說，德性倫理和行爲倫理的對比是最爲基本的，規則倫理則僅是從屬於行爲倫理。

德性倫理和規則倫理

幾乎所有的體系性的、全面性的倫理學，都具有德性倫理學和（與行爲倫理相結合的）規則倫理學的雙方面要素。譬如說，雖然在亞里斯多德的倫理學當中，德性倫理學有著壓倒性的重要地位，但他提出的正義德性，由於能和形式正義相連結，所以他的倫理學也包含了規則倫理的要素。基督教倫理學也和亞里斯多德的倫理學一樣，都是以成就個人的道德德性爲目標。就這一點來說，它是德性倫理學。但因爲它把遵從自然法規則的行爲當成是對的，以此爲限來看，基督教倫理學也包含了相當多規則倫理學的要素。

人格和責任的倫理

對於掌握倫理思想來說，對比德性倫理和行爲倫理雖說是最爲基本的，但另一方面，基督教則把一個有別於上述規則倫理的觀點，導入行爲倫理當中。這個觀點可以稱爲「人格和責任的倫理學」。它並且是亞里斯多德的倫理學中所沒有的要素。

存在於基督教倫理的中心的是，有關於「良心」的教義。而這個教義所抱持的想法則是，爲了要使一個道德上對的行爲，能被認爲是眞正的對的行爲，則僅只是規則所要求者和行爲在結果上，出現了偶然一致的話，仍舊是不充分的。行爲人不只必須確信遵從那個規則本身就是對的，他還必須基於這個確信而行爲。因此造就出來的是，區別行爲和它的動機，並且更加重視動機的這樣一種倫理觀。有關於法律和道德的一個有名的區別方式，也就是所謂之道德的內面性與法律的外面性（→ 34 頁），正是對應到上述想法的東西。

在上述思想的基底中存在著的是，人格具有自由意志，以及基於自由意志的行爲如果違反（自然法）規則的話，則（對上帝）負有責任的這個想法。

德性論的意義的變化

比起天主教，新教倫理學有著更加強調人格和責任倫理的傾向。這麼說的理由在於，關於什麼是正確的規則，以及什麼是它的正確解釋與適用等問題，天主教徒認爲應當遵從教會的指示；相對地，新教徒則認爲，在上帝的面前，首先自己就應該做成判斷。

新教信徒的近代初期哲學家康德，把實踐哲學，也就是廣義的倫理學，二分爲德性論和法權論，並把狹義的倫理學放在德性論中處理。由於德性論甚至把行爲的動機，都當成爲問題，從而就與僅處理行爲外面性的法權論，有所區別。

在康德的倫理學中，並非完全見不到，以成就人格爲目標之德性倫理學的要素。不過有必要注意到的是，「德性」的這個概念，在康德的著作中，係與動機的對錯緊密相連，從而與亞里斯多德提到的性格屬性，並不相同。

在接下來的部分，爲避免混亂起見，原則上「德性」這個用語，將不以康德的意義，而是以亞里斯多德的意義去呈現。

倫理學和近代法學

前述倫理思想的發展，對法律思想造成莫大的影響。若我們將近代中法律和道德的分離，以及伴隨這個分離而有的，法學自倫理學中分化獨立等，以相關於倫理學的關係去思考的話，則這個分化獨立帶來，第一，法律及法律學對德性要素的輕忽；第二，規則倫理學的優勢；以及第三，有限地轉用倫理學的人格和責任。

也就是說，對於法律而言，成就個人的道德德性，就不是首要的關心事項。法律主要的關心在於，個人的行為是否遵從實定法的規則，並且法律原則上不過問遵守規則的動機為何。

在近代法學中，雖說責任的根據被認為存在於人格的意志自由，然而卻不必然過問動機為何。就這一點來看，「人格和責任的倫理」未以其完全的型態，納入近代法學中。「道德的內面性與法律的外面性」的命題，就不是與作為性格屬性之德性或強制等有關，而是密切地與上述這一點相關聯。

近代社會和自由主義

若我們把焦點從思想面，轉向現實的政治動向的話，受到近代中法律和道德的分離，以及法律學自倫理學中分化獨立等的影響，因而取得強大力量的，無疑是近代的民族國家的成立。在民族國家當中，國家的主要角色被認為是，維持和平與解決紛爭，以及維持並促進市民社會中個人的自由活動，尤其是經濟活動。法律則被定位為，達成這些目的的手段。同時，法律也被要求在多數的宗教教派，以及在各個個人的經濟活動中保持中立。

假如要用一句話來表達這個要求的話，那會是不得介入個人的生活方式。換言之，這裡所要求的是，國家放棄它作為實現德性倫理的主要角色。這樣一個要求，無論是在亞里斯多德的以城邦爲中心的國家思想中，或者是在自負爲倫理指導者之基督教的以教會爲中心的國家思想中，是完全無法想像的。

在這樣的歷史經緯下，造就出來的是，所謂的「古典自由主義」的思想和實踐。也就是，國家的主要任務變成爲制定並執行中立的規則。但毋庸多加說明也可以瞭解的是，這樣一個近代社會圖像，本身就是一個意識形態（→ Column(22)〔217 頁〕）。這是因爲現實中具體的近代國家，不只未曾完全實現自由主義理想中的中立性，甚至連有可能實現這個中立性都達不到。不過這樣子的近代國家的思想和制度發展，很明顯地與上面提到過的，近代法律學在接受和納入倫理學的方式，是一致的。

自由主義和倫理學

就相關於正義論，在此有必要問到的是，作爲一個近代法律思想的自由主義，或者是說作爲政治思想的自由主義，它究竟和倫理學有著什麼樣的關係呢？

如同前面屢屢提及般，傳統上倫理學的最終目的，在於成就偉大的人格。以此爲限，可以認爲在過去，倫理學中德性倫理的要素有著優越地位。但此時有必要注目的是，以往人們的觀念中，把倫理學的使命當作爲探究行爲的對錯。同樣地，如同本章 1（→ 94 頁）曾說明過的，由於正義也是倫理價值的一個要素，或甚至是中心要素，從而作爲倫理學的一個分支的正義論，它以往的課題也總被認爲是，探討合於正義的行爲究竟是什麼。

自由主義倫理學和非自由主義倫理學

作爲法哲學當中的一個領域的正義論，和作爲倫理學當中的一個領域的正義論，它們之間有何差別呢？爲了要突顯出這一點，我們在此將刻意使用，「自由主義倫理學」和「非自由主義倫理學」的這樣一種區別。

所謂自由主義倫理學指的是，不必然總是去追求什麼是對的行爲的倫理學。我們可以在這裡舉一個具體例子說明。例如說，你遇上了二個快要溺斃的人，假定其中的一個人是你的親友，另外一個人則是完全的陌生人。我們可以分成兩個階段去思考，在這個事例中呈現出的倫理學上的問題。第一個問題是，從一開始，你是否就應當要去救人？第二個問題是，假定應當去救人，你應優先救哪一個人？即便是自由主義倫理學，也會對第一個問題下肯定的答案。但是對於第二個問題，自由主義倫理學則有可能容許「無論先救誰都可以」的答案。換句話說，自由主義倫理學承認，在某些場合中，就應該救誰的這個問題，要交給本人自行去決定。

自由主義正義論

總的來說，自由主義倫理學和非自由主義倫理學之間關鍵的不同，就在於至少對某一些實踐性的問題，是否容許人們去選擇，做什麼都可以的這個答案。

那麼，對於什麼樣的問題，可容許出現這樣子的答案呢？當然，就有關於如何劃分可容許之界線的這個問題，在自由主義倫理學當中是有所爭議的。被認爲是自由主義倫理學之下的自由主義正義論，使用了「區分公私」、「區分公益與私益」和「區分正與善」等說法，以表現出這個劃界問題。也就是在私領域當中，認可無論先救誰都行的這個答案。然而相同問題放到公領域看的時候，則不認可這樣子的答案。自由主義正義論雖然標榜中立性，但實際上，論及公共利益或公共福祉等問題時，也會出現不同意見。就這個意義來看，自由主義正義論不總是必然下中立的判斷。

自由主義倫理學和法學

那麼，自由主義法學或者是自由主義法哲學，究竟和自由主義倫理學有何不同呢？簡單來說，雙方的差異就在於，是否把國家權力的行使範圍當成爲問題。

自由主義倫理學把某些問題，排除在倫理學的討論範圍外。自由主義法學則進一步從自由主義倫理學要回答的道德問題中，再篩選出一部分，並將它們排除在法律問題之外。這是因爲法律擁有國家權力，從而可以執行強制，因此某部分的事項，被認爲是不適合由法律去處理。所謂「法律是最低限度的道德」的公式（→ 33 頁），正是對應到這樣子的想法。

倫理和法律在近代中的任務分工

近代以前的倫理學涵蓋了極爲廣泛的事項。例如說，透過「統治者應當怎麼做」的這個提問方式，處理了國家權力等的問題。但是隨著政治學和法學的分離，近代倫理學也轉而專注在，透過德性或規則等的觀點，去處理個人行爲的好壞、對錯等等的問題。並且當倫理學把這樣子的問題，視爲自己要探討的對象的時候，它也同時捨去了權力問題。至此時，非自由主義倫理學大體上就占有主流地位。至於自由主義倫理學，只能隱身在正義論的脈絡中。

相對於上述般的近代倫理學，近代法哲學則是思考，譬如說是否得允許使用國家權力，以強制或促進倫理上對的行為等問題。不只如此，近代的法哲學還以思考這些問題為己任。這可以認為是，自由主義式近代法哲學的正義論所無從逃避的課題。

羅爾斯正義論的性格

在本章的前述部分當中，藉由與倫理學相對比的方式，我們認為讀者對自由主義式法哲學的正義論是什麼樣的東西，應當已經有了一個大致的印象。不過若說到個別學者實際提出來的「正義論」，究竟該歸類為法哲學呢？還是屬於倫理學呢？有很多似乎都是模稜兩可的。例如說，在第 2 章的 3（→ 75 頁）當中，曾經舉出過的有關於家長制的那些討論，就被認為是難以歸類的。

以下將以現代自由主義的代表人物羅爾斯，以及他的「正義論」為例，檢討上面的這個問題。透過羅爾斯的正義論，進一步釐清法哲學的正義論和倫理學的正義論之間的異同。

羅爾斯不只把自己的正義論的適用對象，限定在社會的基本結構上，他同時還提倡區分正與善。若針對適用對象有所限定的觀點來看的話，可以將他的正義論歸屬為自由主義倫理學，但同時也能解釋成，這個正義論要歸類到相關於國家權力行使之社會制度和法律制度的法哲學。相形之下，他的「區分正與善」則是相當複雜的觀念。

區分正與善

若在限定特定的適用對象的面向來看時，正（＝正義）明顯地對應到社會的基本結構，善則對應到個人的生活方式。但正與善這個區分的眞正問題，則在另一個地方。

如果是爲了要呈現出自由主義的基本特徵的話，以此爲限，我們不論說是區分正與善，或換成爲說區分公與私，或區分公益與私益，這之間並沒有什麼大不同。不過，羅爾斯刻意選用區分正與善這個用語，其實是有著特殊意圖。這是因爲他認爲，在功利主義的思想中，不只把正還原爲善，並且還否認正與善的區分，所以爲了要批判這一點，也爲了突顯出功利主義不同於他自己的正義論，所以他就選擇這個用語。因爲這個緣故，在這裡，自由主義倫理學和非自由主義倫理學之間的差異，以及國家權力的行使和正義之間的關係等，對這些議題的關心都退居了次要地位。

在羅爾斯的理解中，所謂功利主義思想指的是，若規則或行爲能最大化社會整體效用（欲望之滿足）的總和的話，則這個規則或行爲就被看作是好的。羅爾斯批判的焦點則在於，若根據功利主義的話，因爲爲了要最大化社會整體的效用，所以將會不當地犧牲部分的個人。在這裡要注意的是，在羅爾斯的理解中，善被等同於效用。因此就與另一個定義，也就是把善視爲是個人的生活方式的這個定義，是有所不同的。

人們有可能認爲，羅爾斯其實是把一個混淆的、混亂的定義加在善的上面。然而我們若把這個定義，放在批判功利主義的脈絡下來看的話，是可以充分理解羅爾斯的想法。這是因爲，功利主義把私益的總和看作是公益，並在這一點上直接結合了私益和公益，從而是一個特殊的近代正義論。最終來說，因爲個人的生活方式，是透過效用的尺度測量，所以個人善＝個人效用＝生活方式的這樣一個公式，是可以成立的。

另一方面，在羅爾斯對功利主義的批判當中，則包含了個人的生活方式是不能用效用的這種單一尺度去測量，從而應當盡可能地承認，並盡可能地擁促自由且多樣的生活方式的這個想法。也就是說，他的批判中即含有自由主義倫理學的想法。

自由主義的相對性

另外要提到的是，上述說法不必然意味著，功利主義即等同非自由主義倫理學。如果我們不把效益計算的範圍，擴張到所有行爲上的話，那麼以此爲限，自由主義式功利主義仍是有可能的。且不管從理論上怎麼看，實際上現有的功利主義思想和實踐，大致上都可以認爲是自由主義倫理學。

無論對什麼事都要置喙，這樣一種全然的「非自由主義」倫理學，在現實上是不可能的。如果考慮到這一點的話，把所謂的自由主義或非自由主義，看成是一個相對的程度問題，反而說不定比較恰當。依據這個觀點來看時，因批判羅爾斯的自由主義而出現的社群論，儘管傳統上被歸類在德性倫理學的系譜中，並因此被看作是非自由主義的，但是從它的程度來看的話，似乎也只能認爲是相對非自由主義的。

正和人權

羅爾斯說的「正」或者是正義，它所涉及到的是權利，尤其是人權的配給。但它不是實定憲法上的人權。正確來說，它是作爲憲法上人權之基礎的道德「人權」。在這一點上來看，它僅只是間接地牽涉到，行使國家權力的這個問題。那麼，是否應當實定法化道德人權，使它變成爲能夠行使權力的法律人權呢？如果眞要法制化道德人權的話，那這個人權應當具有什麼樣的內容呢？羅爾斯在他的正義論當中，並未進一步深入探討這些問題。

法哲學呢？還是倫理學呢？

當著眼於羅爾斯正義論的上述特徵時，可能會覺得要將他的正義論僅僅歸屬到法哲學，或僅僅歸類爲倫理學，都是有困難的。實際上無論是法哲學家或倫理學家，一向都關注著羅爾斯的正義論。這表明了羅爾斯的正義論，是被歸類在包含了自由主義法哲學在內的，自由主義倫理學的系譜中。此外若只注視到正義論的適用對象的話，我們可以說它是法哲學上的正義論。但若將焦點轉向國家權力行使的問題的話，由於羅爾斯的正義論，並未檢討實定法上人權的具體內容，從這一點來看時，我們可以認爲它似乎不屬於法哲學的一部分，反而應歸類到倫理學的正義論當中。

倫理學正義論和法哲學正義論間的相異點

最後，基於上述的討論，我們對本節中主要關心的問題，也就是，倫理學的正義論和法哲學的正義論到底有何不同的這個問題，整理出一個結論。

在倫理學當中，可以區分成相對的自由主義倫理學，和相對的非自由主義倫理學。不過今日大多數的倫理學，由於都盡可能設法擴大自身的適用範圍，就此爲限，它們都是非自由主義倫理學。另一方面，法哲學的正義論可被歸類爲自由主義倫理學。這是因爲法哲學的正義論和自由主義倫理學，都限定了自身的適用範圍。然而它們之間仍有所不同。自由主義倫理學將自己限定在，不介入那些被認爲與公共性無關的生活方式上，並允許最大限度的自由。法哲學的正義論則是跨過自由主義倫理學的限定方式，更加從國家權力行使時，該受到什麼樣的限制的這個問題出發，進一步限定自己的適用範圍。

第 4 章

法律和正義的基本問題

假如說法律的價值在於實現正義，並且透過法律所要實現的正義，有著多樣的面向的話，那麼，從根本而言，法律應當實現什麼樣子的正義呢？我們應當站在什麼樣子的正義的理念上，然後去形成什麼樣子的法律秩序呢？在本章當中，就有關法律如何實現正義，將舉出近年來經常被人們討論到的各項主題，像是公共利益、自由、市場、平等、社群或共同體，以及論證等，並闡明與這些主題相關的主要想法，以及各自的討論焦點。

1　公共利益

維護公共利益

所謂公共利益指的是，涉及公眾所必要之共同利益。包含從和平、治安、維持秩序，到資源、環境、交通運輸、公共衛生、醫療、教育等，有關於確保國民健康與文化生活條件等的各項事項。

一旦想要透過制定與運用具體的法律制度，以解決爭議的話，公共利益就會變成爲有關法律的問題。譬如說，應當如何經營辦理公共事業呢？應當如何規範企業活動呢？所謂好的福利體系，是要以什麼樣的方式運作呢？又再例如說，言論自由和保護個人人格價值，或言論自由和公正審判等，要如何調整它們之間的關係呢？

在現今的福利國家中，運用法律以確保公共利益已經成爲一個重要的課題。然而在這麼做之際，應當採用的基本想法是什麼呢？對於這個問題有著許多的答案。從重視個人人權的觀點起，到以社會整體利益爲優先的觀點爲止，在它們間存在著形形色色的各式觀點。在這裡，我們首先要舉出的是功利主義的理論。這個理論同於羅爾斯的正義論（→ 12 頁），皆是說明福利國家的基礎的理論。然而它又是羅爾斯明確批判的對象。透過觀察功利主義如何掌握公共利益，以及指出在形成它的基礎的正義理論中，存在著什麼樣的問題和特質等，我們將試著去檢討，運用法律以維護公共利益這一件事，涉及到什麼樣的基本問題。

最大多數的最大幸福

功利主義視「最大多數的最大幸福」爲對錯的判斷標準。功利主義的目標在於，爲更多的人們帶來更大的福利。所以就法律制度或法律決策來說，在多數能夠選擇的選項當中，能帶來最高效用的選項，就是對的選項。換句話說，就作爲一個整體的社會而言，若某個選項在扣除不利益後，能得到最大程度的利益的話，這個選項就是對的。從而功利主義的想法中，公共利益要用最大多數人的利益的方式去掌握。

功利主義係以實現最大多數的最大幸福爲目標。在這樣的功利主義式想法中，有著公平原則、個人善的總和與最大化，以及結果論等的數個特徵。

在功利主義中，作爲評價正或不正的根據是社會善（也就是，對社會整體來說是善的東西）。而社會善，是以社會成員的個人善（也就是說，各個人各自視爲善而想要的東西）爲基礎而決定出來的。不過在做這個決定的時候，功利主義要求合於「每個人都被算成一個人，沒有任何人可以被算成超過一個人」的公平原則。這個原則被認爲是表現出形式正義的要求，從而有著重要地位。那麼，社會善是什麼呢？社會應當實現什麼樣的福利呢？當我們在思考這些問題時，首先必須平等地考慮社會成員每一個人的個人善。並且對於個人善，要給予相等的權重。然後在社會整體上，累積加總個人善。這樣累加下來的東西，就正是「社會善」。

此外尙不可少的工作是，當要選擇一定行爲，或者要選擇一定制度的時候，必須預測某個選項將對社會帶來什麼樣的結果，並且對照社會善，分析和評價不同選項之間的優劣。這是因爲功利主義的目的，正是在於實現最大限度的社會善。此外在分析和評價結果的時候，還包含比較衡量選擇某個特定選項和其他選項，在效用上各自產生什麼樣的結果與差異這件事。不只如此，就各個可能的選項要綜合評價其社會結果。最終來說，如果某個選項的正面評價超過它的負面評價，且能實現最大社會善的話，亦即對社會成員帶來最大量的福利的話，在功利主義的意義下，這個選項就被認爲是符合正義的。

理性選擇、目的論和未來導向

在功利主義的想法當中，可見到有著如下述數點的特質。

第一點，爲了要更好地實現社會善，所以必須從事理性選擇。所謂理性選擇，在這裡意味的是，就正面的多過負面的社會善的可能選項當中，選出最大的選項。透過理性計算，以有效率地實現社會善，並追求「最大幸福」。此外，這個選擇雖說是對社會整體的選擇，但也伴隨著，關於形形色色的個人善的理性計算或理性籌劃。對於社會整體來說，由於多數個人的福利，被認爲能夠抵銷少數個人的福利，所以應當圖謀的是，增進「最大多數」的福利。

第二點，在功利主義中最被看重的是，如何增進社會整體的福利。因此功利主義式思考，就帶有強烈的目的論的性格。在目的論當中，是不會像所謂的義務論一樣，把行爲本身或者制度本身看成爲對的。目的論會認爲所謂的對錯判斷，是對於實現社會福利的增大的這個目的而言，應當判斷究竟能貢獻多少而定。從而對社會整體而言的理性選擇，也將意味著要選出一個，能最佳實現這個目的之手段。此外在功利主義當中，把個人善加總之後所能得到的，就是社會善。因此對於社會來說，最大限度實現個人善就被看成是好的。在這裡，是以最大化個人善的方式，去討論什麼是「對的東西」。從而不同於自由主義正義論所主張的，要把「正」的原則規定爲與各個人的「善」相獨立，並且「正」的原則會對個人「善」加諸一定的限制。功利主義的邏輯結構是，各個人的「善」基本上規定了社會的「正」。

第三點，功利主義的想法是未來導向的。特定的行爲或制度之所以是對的，不是因爲這個行爲或制度，合乎某些已經存在的判準，而是因爲相較於其他可能的行爲或制度，它能夠對社會的未來，帶來更好的結果。甚至於現有的判準，最終也要以多大程度增進社會上人們的福利，以決定是否值得遵守這個判準。此外同樣地，在具體的判決上要問的問題，不是對已經發生的事件如何給予個別性的救濟。應當深切關心的是，這個判決對社會整體的未來可能帶來的影響。並且判決對於增進社會整體的福利來說，也必須具有最有助益的內容。

功利主義的問題點

有著上述般特質的功利主義，迄今爲止不斷遭遇到來自各方的批判（→ 14 頁）。

第一，功利主義被認爲，未真摯考慮每一個人的個別獨立性。

根據公平原則的話，功利主義在方法上，必須對於各個人的善觀念，給予相等的重要性。並因此在這個意義上來說，由於社會善是聚合個人善的結果，所以社會善也應當帶有個人主義的色彩。但問題是個人善在轉換成社會善的過程中，由於被融合在一起，且被當成爲可約分的、可置換的東西，所以它就變成爲能夠進行損益相抵，和能夠從事理性計算的對象。同時功利主義認爲，依據個人福利的總量所導出來的，或者是其平均值所導出來的，這樣一種社會福利的增大本身，就是人們想要的。因此在功利主義的想法中，能夠享受社會善的主體，主要是社會整體。從而在這裡，就假定出一個從各個人中獨立出來的，且作爲抽象實體的「社會」。各個人對於善所爲的具體選擇，僅僅只是導出社會善的素材，並頂多只給了形式上的平等。若從「社會」這一方來看的話，各個人的具體選擇，充其量只是計算效用的單位而已。在「社會」的層次，不僅輕忽每一個人的個別獨立性，個人也被看作爲「只是承載效用的容器」。從而在功利主義中，作爲道德自律主體的人格概念就被等閒視之。

犧牲少數

第二點，基於上述的想法，功利主義被批評爲，爲了增加多數人的福利，可以證成犧牲少數人。

若根據個人的理性選擇的話，會認爲假如爲了未來更大的幸福的話，應積極地接受眼前的辛苦。功利主義所推薦的理性選擇，與上述這種個人的理性選擇相同，會認爲爲了實現社會整體未來更大的福利，將證成犧牲部分個人的現在的福利，或爲了增加多數人的福利，將證成犧牲少數人的福利。或者至少說，功利主義容許這樣子的犧牲。

例如說，如果把部分的人們當成奴隸去使用的制度，將有助於增進社會整體的福利的話，那麼功利主義將會承認奴隸制。即便功利主義不承認奴隸制，但正如同羅爾斯說的，「因爲對奴隸主來說，他作爲奴隸主的利益，並未抵銷掉奴隸要承受的不利益，同時也未抵銷掉因爲相對無效率的勞動制度，導致負有負擔的社會整體要承受的不利益。基於這樣的理由，才承認奴隸制是不正義的。」因此所謂的「社會善」，終究仍是從社會的統治者來看的善，或從多數人來看的善。而功利主義的理論，也免不了被批評爲，僅只證成了民主制度下政治上多數的統治。

第三點，存在於功利主義思考中，被視爲前提的個人善，也被人們指責爲有問題的。作爲一個可約分的、可累加的個人善，它必須是什麼樣的東西呢？這問題本身就是個爭議。但是更加嚴重的是，功利主義毫無批判地接受個人善。例如說，在討論到是否要建設核電廠或垃圾焚化爐等時，勢必會有人主張，因爲在前提上，社會上存在著高度需求，所以基於公共利益，無論如何都必須建設這些設施。但是眞正應當採取的做法是，首先要問是否有可能降低需求。明明該這麼做卻不這麼做，反而囫圇吞棗地接受個人善的選擇，並把它當成前提。於是當然會被批判爲，排除了應當對個人善設定一定方向的，或一定架構的這個選項。

效用的判斷

第四點，站在義務論的立場看時，將會批判功利主義的結果論思維的目的論性格。傳統上這個批判涉及到的是，如何看待承諾。

在功利主義式結果論中，因爲承諾會增進人們的福利，並就此爲限，肯定承諾具有價值。反過來說，如果違反承諾將比起忠實地遵守承諾，更能實現增進一般福利的話，功利主義者會建議人們違反承諾。例如說，「荒島上的承諾」的事例，就是一個廣爲人們知悉的例子。某個人向同在荒島上的另一個快死的人承諾說，他日後會依其遺願，把對方寄放在自己這邊的大量金幣，捐給馬術俱樂部。回國後，獨自存活下來的那個人，偶然地知悉某醫院極爲缺乏醫療設備。於是他違反承諾，把被寄放的金幣都捐給了醫院，而不是捐給馬術俱樂部。無論是從金幣的效用看，或是從因捐贈行爲而受影響的人們的福利程度看，在這個場合中，的確可以證成不遵守承諾。不過縱使在這個場合中，義務論的支持者仍會主張，必須把承諾當成承諾而遵守。

同樣的想法，也可適用到法律權利上。如果把權利限縮到一定範圍之內，就因此能夠增進社會福利的話，基本上功利主義者會承認限制權利。功利主義者的邏輯是，刑罰的意義不在於應報，而是向著未來以抑制或預防犯罪。不僅如此，這個邏輯還可以用到各式各樣的法律實踐當中。不過功利主義的批評者則指出，這樣的邏輯會帶來極端的結果。也就是說，它將證成處罰無辜的人。

通常來說，假若沒有應當被究責的犯罪的話，人有不受罰的權利。儘管如此，假如處罰特定人就能避免社會混亂的話，那麼根據功利主義，在這個情況下，即使那個人是無辜的，但爲了社會的利益而懲處他的做法，仍是對的。不過，義務論的支持者則從人權的觀點，譴責這種事情不僅是不該有的，且是極端不正義的。這麼主張的理由是，爲了其他人的目的，而利用與犧牲特定人，不僅違反了自然正義的觀念，並且即使眞如功利主義者所認爲般，可以因爲社會整體的福利程度，左右權利的地位的話，權利所具有之制度保障的意義，就將蕩然無存。

規則功利主義

不過，針對上段最後提到的那一點，必須指出，不是所有的功利主義理論，都徹底否認權利本身的價值。在功利主義當中有著多樣的理論，其中有一派在一定程度上，承認這個價值。換句話說，假如某個權利作爲制度來看時，可以認爲它將有助於增加一般福利的話，這不只能夠證成那個權利的存在本身，在具體狀況中，即便限制權利會增進一般福利，也仍不承認該當限制。這個做法就是把義務論的要素納入功利主義當中，並且承認規定權利的規則本身，就是有價值的。這種想法即稱爲「規則功利主義」（rule-utilitarianism）。它不同於對行爲逐次進行功利主義式考量的「行爲功利主義」（act-utilitarianism）。規則功利主義認爲，功利主義考量的對象必須限定在規則上，並且個別的行爲都必須依照規則。

然而要注意的是，規則功利主義之所以力主遵守規則，完全是因爲普遍遵守規則將有助於增進人們的福利，並且理由就只有這個，沒有更多的了。那麼，假如規則並未爲人們所貫徹，導致在這個狀態下，遵守規則無助於增進一般福利的話，我們該如何思考這種情況呢？如果在這種情況下，仍舊規定人們有遵守規則的義務的話，規則功利主義將招致「崇拜規則」的批判。反過來說，在這個情況下，如果承認人們可以不守規則的話，那麼相對於行爲功利主義，還有刻意去主張規則功利主義的意義嗎？在這裡，折衷式規則功利主義的存在理由，就成爲問題。

多數利益的界限

我們在上面指出了有關於功利主義理論的種種問題。這些問題都點出了，在功利主義當中有著一個問題點：也就是，把公共利益理解爲「最大多數」人們的利益。

功利主義的想法是，以個人的偏好爲出發點，並在方法論上採取個人主義。但在這個想法中，爲了要導出多數偏好，所以採取加總個人偏好的做法，並把實現多數偏好看成是公共利益。因爲這個緣故，它的方法本身就內蘊著，輕忽或無視少數偏好的問題。這一點是與民主制下多數決原則的功過息息相關（→ 310 頁）。

如果某個做法有可能帶來多數專制的話，那麼從透過法律以實現正義來看，如何對該做法加諸一定的限制，就是相當重要的任務了。這一點牽涉到的，正是個人的自由且平等的基本權利的問題。

2　自由

自由

所謂自由權的制度指的是，尊重各個人的個別性，並且使得每一個人都能夠自由地追求自己認爲是好的價值。自由主義式正義理論，就是把這樣子的自由權制度，放在形塑法律秩序的基底當中，並且依據人權的觀念，對功利主義理論提出強有力的批判。羅爾斯的正義論則是此種自由主義式正義理論的現代代表之一。但有另外一套理論，它比羅爾斯更加主張自由權的重要性。且不只批判「作爲公平的正義」論，就連其他平等主義式自由主義理論，也都採取了批判的態度。這就是自由意志主義（libertarianism；另譯作自由尊重主義、自由至上主義）。在本書接下來的部分，我們將試著去探討，自由意志主義提出的「自由」的意義和根據，以及以自由權爲基礎的法律秩序基本結構，還有法律的中立性的這樣一個自由社會基本結構原則等等。

自由的權利

自由權當中包含著許多種類的東西。像是宗教自由、言論自由、結社自由、參政自由、契約自由、經濟活動的自由等等。我們不能被人強迫去信仰特定宗教，而是能夠自由地表達自己想的，且不受任何檢閱。另外，我們可以招募志同道合的人以結成團體，去從事企業活動或政治活動。我們也可以投身自己想從事的行業，找到自我生活的價值，並用工作所得自由地購買東西，或者投資未來。

若回溯歷史，在中世紀封建秩序下受到「身分」束縛的人們，於歷經近代的市民革命，然後才在其後的市民社會中取得平等保障。自由權則在這樣的發展中，爲了保護人們能被平等對待，於是變成爲一種基本人權，並獲得憲法上的保障。正如同「從身分到契約」（梅因）這句話所顯示般，從中世紀到近代在法律制度上的轉換，使人們從身分制的桎梏中掙脫出，然後成爲能夠參與經營共同生活的、獨立且相對平等的自由人。而標舉這個轉變的特徵的，正是自由權的鞏固。從而我們可以說，「自由」應當是今日法律制度中，最重要的價值之一。

但是自由的權利並不是說，保障人們可以不受到任何限制，從而去做自己想做的任何事情。就如同相對於事實上自由（freedom）這個字，還另外存在著法律上自由（liberty）這個字，它們之間的不同呈現出，在法律的架構範圍下，擔負起保障自由的乃是自由的權利。所以在法律制度中，自由權通常被加諸了形形色色的限制。例如說，爲了「公共福祉」的限制、爲了避免「明顯而立即的危險」而設下的限制、以維護「公序良俗」爲由而有的限制、爲了保持「良好生活環境」而設下的限制、以改善「社會經濟弱勢」的生活條件爲由的制約等等。但是如此多樣的限制，一個接著一個加在自由權之上，那麼我們是否還能說，自由權的本旨依舊完好無缺呢？

自由意志主義

自由意志主義深切地關心上述問題。這是因爲，限制即意味著管制性權力的存在。管制性權力愈加擴大，伴隨而至的中央集權化和管理化，也勢必將造成人們自由的萎縮。或更糟糕地，進一步剝奪社會的活力。

在今日，人們熱烈討論著一個新的人權觀念領域，也就是自我決定權。此外我們也可看到，法律制度改革朝向放寬管制，以及向著強化地方自治以推進分權的方向前進。這些都在在反映出，統治結構已然非變革不可的這樣一種趨勢。另外在國際關係上，像是市場的擴大、企業活動、非政府組織的運動等，這些活動都超越了主權國家的範圍，並廣受人們的重視。我們當然不能一概而論，上述趨勢皆朝著同樣的目標前進。但所謂的去國家管理、市場、自治、自我決定等，這些都是以擴大自由爲目標。就這一點來說，這些動向與自由意志主義間，享有著共同的基本關心。

所謂自由意志主義，它的想法在於，擴大因各式各樣的限制，從而變得狹隘的個人自由領域，並以基本自由權爲基礎，重新建構法律秩序。不過即使被人們看成爲同一的自由意志主義，在其當中還是有著許多不同的理論，並且在這些不同的理論彼此間，在某些點上也有所差異。像是提到國家的任務的時候，最小國家論會把它限定在國防、治安以及司法等上；古典自由論則認爲，只要在一定範圍內的話，所有的國家任務都是正當的，從而除上述最小國家論所認定者外，還加上了教育、醫療、貨幣供給和福利服務等；反過來說，在無政府資本主義的想法當中，則甚至連最小國家論下國家負起的任務都可以交由民間經營，並且還主張民營化才是最佳的。另外針對自由意志主義的基礎來說，又可分成為自然權論，也就是主張這個基礎要依據的，是人生下來就當然有的自然權；以及結果主義論，也就是主張這個基礎在於，自由化或者民營化可以帶來更好結果。要注意到的是，並不是所有的自由意志主義的支持者，都是贊同既有市場經濟結構以及擴張這個結構的保守資本主義者。自由意志主義當中還存在著革新的無政府主義論者，他們討厭權力的介入和管理。

Column(19) 自生自發秩序的法律

若說到自由意志主義的代表人物，則可舉弗里德里希．哈耶克為其中一人。哈耶克是因批判計畫經濟，擁護自由經濟與自由社會而聞名的經濟學家。藉著《通往奴役之路》（1944 年）、《自由秩序原理》（1960 年）、《法律、立法與自由》（1979 年）等著作，他不只開創出個人獨特的法哲學，還指出法律在維持消極自由和市場機制上的重要性。他的法哲學的特徵，可以用自生自發秩序的法律，這樣一個觀念表現出來。

哈耶克將法律區分為，作為「自生自發秩序」法律的「自由的法律」，和作為「組織」法律的「立法的法律」。立法的法律是為了實現特定目的，根據人的意圖和計畫而設計出的法律。立法的法律使得人們能夠基於一定的計畫，從而去操作社會上所得或財富等的分配結果。這個法律也可能招致極權主義的暴政，並抹殺個人的創意活動。哈耶克主張應當重新看待本來意義下的法律，也就是所謂的自由的法律。自由的法律指的是，透過人們在歷史進化過程中豐富經驗積累，以及伴隨社會成立而一點一滴地解決問題的方式，才進而形成的這樣一種法律。

透過作爲自由的法律的這個法律觀念，哈耶克要彰顯出來的想法是，確保促進公正市場競爭的條件，和承認在某程度上緩和社會保障所帶來的不平等。

雖說在自由意志主義中，有著多樣的且差異極大的各種不同見解，但還是可以在基本的點上，看到這些見解間共享一定的觀點。我們至少可以舉出下列三點。也就是說，擁護個人自由、批判大國家，以及主張市場的有意義性。

個人自由

首先，自由意志主義擁護個人自由，反對權力強制、管理和介入等，並且徹頭徹尾地看重個人所擁有的，作爲個人的行動自由、決定自由、選擇自由和追求幸福的自由等。

在自由意志主義的想法中，權力介入個人自由的範圍愈小愈好。因爲這個緣故，所以縱使這個介入是爲了本人的利益，或至少長期來看時將有利於本人，自由意志主義仍舊不贊同介入。換言之，這樣的想法就連接到反對法律家長主義上（→ 82～87 頁）。

例如說，顧慮到各個人退休後生活，從而制定年金制度，以及當遭逢不測事故或疾病時，可以用較低廉費用接受診療的全民健康保險制度等。但在自由意志主義的想法中，由於它們都無須徵得個人同意，即一律地強制徵收保險費，故就此爲限，是不可能證成這些制度的。此外，還可舉出如強迫夫婦必須相同姓氏的家族制度、管制不孕夫婦締結代理孕母契約，以及限制賣春、色情影片等無被害人的道德犯罪。在自由意志主義中，這些都被認爲是把一定的道德價值觀強加給人們，並限制各個人的自由選擇，從而都不得被允許。

存在於自由意志主義的基礎中的，是價值相對主義和個人主義的想法。價值不僅是主觀的，並且還相關於個人的意欲和目標志向，所以對於本人來說，只有本人才可能知道什麼是有利於己的，或什麼是最重要的。在自由意志主義中，這是必須受到尊重的。如果法律管制先預設了本人應該有的選擇，並且強加在他身上的話，不論這個做法所基於的理由是遵循傳統，也不論這是多數人共有的感覺，只要是強制一定道德價值觀，都被認爲是侵害了個人的自律，也同時侵害了自主權。

批判大國家

此外，自由意志主義還批判擁抱著大政府的大國家，像是社會主義國家和現代福利國家等。這是因爲大國家被看成是，透過權力強制去從事財富的分配和重分配，從而對個人權利加諸不當的限制。

例如說，羅爾斯在他的正義論中，肯定了福利國家的財富重分配。他提示出差異原則，主張應當以「使社會中處境最不利的人獲得最大的利益」的方式，實施重分配（→ 18～21 頁）。但自由意志主義則批判說，差異原則是透過累進課稅制度，證成財富重分配的強制機制。換言之，透過租稅制度這個權力裝置，對經濟上處境較佳的人們徵收高稅率租稅，然後把財富轉移給處境相對不利的人們。這個做法意味著，即使有人因爲自己的努力而取得高收入，但爲了社會整體，他的勞動仍被用作爲手段。自由意志主義指摘說，這就等於是對這些人課徵強制勞動。

除此之外，自由意志主義也反對爲了實現社會正義，從而推行福利國家的各項保護性政策或優惠政策。例如說，補貼農產品或在稅收上給予農產品優惠、公共工程優先採用地方業者，以及爲了控制大型店鋪展店，從而訂出營業限制等等。由於要滿足法律前平等的要求，所以在採取保護性政策的時候，會愈加擴大受保護範圍。這麼做的結果是，單一保護措施會連鎖般地引發其他的保護措施。保護性政策不只遲緩了自立，還強化被保護者對國家的依賴心。並且因爲透過權力介入市場，也可能扭曲市場機制的圓滑運作。

重視市場

另外，自由意志主義重視市場。這是因爲，市場被認爲是最可能實現人類的自然權的場所，並能激發人類潛力，使得追求多樣價值成爲可能，從而市場最終將使得人類社會更加豐富。

針對市場的有意義性，亞當．斯密曾提出一個經典說明。縱使經濟活動是從利己心出發，當通過市場上的自由競爭時，自會受到看不見的手所引導，最終達成預料中的均衡。譬如說，烘培、販賣麵包的麵包店，縱使最初是爲了要賺取更多的利潤，也就是說從利己的動機出發。但因爲要使消費者願意掏錢購買自己的麵包，這家麵包店就以較低的價格，提供更美味的麵包。換言之，麵包店努力要讓自己的產品在市場競爭中脫穎而出，但這個努力的結果卻導致社會更加豐裕，提升了人們的福利，從而可說麵包店的工作貢獻了公共目的。

關於市場的有意義性，還有一種稱爲思想的市場自由論的想法。根據這個想法，如果要知道什麼是眞理，或什麼才合乎眞實，還是說要知道對社會而言，什麼是最有價值的的話，把這個問題交給市場的自由競爭就對了。在各種意見相互對峙中，那些錯誤的、不好的會受到批判，並且會被淘汰，最終留下來的，將顯現出它最接近眞實。重要的是，確保討論機會的開放，以及這個機會的持續性。

從而對自由意志主義而言，能夠以適當方法維持市場的法律秩序，就被認爲是最佳的法律秩序。例如說，力主最小國家論的羅伯特．諾齊克曾論述，在自然狀態下，以最不侵害人的自然權（包含了生命、自由以及所有的權利）的方法，去成立國家的過程。他把最小國家看作是，具有「後設烏托邦」性格之國家的最佳型態。關於後面這一點，他指出，最小國家「是爲了各種烏托邦而有的一個架構，是一個人們可以自由地去自發結合起來，在理想的共同體中追求並實行，他們自己認爲是好生活的想法的地方；但在那裡，任何人都不可把自己對烏托邦的想法，強加給別人」。市場中的自由競爭，以及能夠以理想的方式，維持市場自由競爭的中立性法律制度，都正是自由意志主義強調的，法律秩序的基本特徵。

個人尊嚴和自我所有

那麼，如同上述般的自由意志主義，它的哲學基礎是什麼呢？包含所有權的自由在內之，個人自由的權利又是以什麼爲基礎呢？

關於這些問題，會因論者不同而主張相異。但是我們仍可以舉出以下二項主要論據。也就是，個人尊嚴和自我所有的概念。

個人尊嚴源自康德的「作爲目的的個人」的觀念。每一個人都是目的，而非單只是手段。因此絕不容發生，犧牲個人以達成某些社會目標，或者把個人用作爲達成社會目標的手段。任何人都不能在未得到自己的同意的情況下，任令自己的生命、自由或財產遭受損害。對於加害人，則有要求補償和處罰的權利。藉由這樣一種反功利主義式個人尊嚴，自由意志主義強調個人自由的重要性，並否定那些未取得同意的權力強制。

此外，被當作爲所有權根據的「自我所有」，它所依據的是約翰·洛克的哲學。根據洛克表示，各種所有權都是以自我所有爲原因。因爲自己是自己身體的所有人，所以根據這個想法延伸出來的是，如果某個東西，是我用身體付出勞動的結果的話，一旦它從自然界的共有物切離出來的時候，它就變成爲我的所有物。從而如果像家長式作風介入般，得任令他人限制本人如何使用自己的身體的話，在自我所有的概念下，這個介入就構成了自然權的侵害。再者如同重分配的情況，即便沒有得到本人的同意，但爲了社會整體，從而使用他的勞動果實的話，換言之，爲了社會整體，從而使用他的部分所得的話，這就變成社會強迫他，只能部分所有自己的身體。就此爲限，等同把那個人當作奴隸使用，從而違反了正義。

法律的中立性

根據上述的哲學基礎，我們可以知道，自由意志主義是極度的個人主義的理論。在提到法律秩序的基本型態的時候，自由意志主義主張，當各個人在追求多樣的善的時候，法律應盡可能地不妨礙他們的自由活動。也因此，自由意志主義強調，維持法律中立性架構的必要性。

在什麼意義上才稱得上是中立的呢？對這個問題是有所爭議的。首先必須舉出來的是，前面已經提到過的，確保市場安全和其圓滑運作的法律規則。關於這個法律規則，除確保生命、自由、所有等安全的規則外，尚包含保護所有權和契約自由、保護人們免於受到詐欺或脅迫等契約法的規則，以及排除獨占的經濟結構，或享受無公害環境等，也就是在技術意義上涉及市場公共利益的規則。

另外在相關分配正義的問題上，自由意志主義也強調，價值中立程序規則的重要性。例如說，先前引用過的諾齊克曾批判，不管是功利主義或羅爾斯的差異原則，皆企圖讓分配的結果吻合某些模型，因而終將變成侵害個人自由之專制的重分配。反過來，他提倡的是「權源理論」（entitlement theory）。也就是說，正當的權利並不被認爲存在於分配的結果，即所謂「最終狀態」上，而是存在於獲得特定的財的歷史上，存在於取得、繼承及修復這個財的程序規則上，還有存在於遵守這個規則所能得到的權源上。

進一步，與法律的中立性相關，並在此有必要舉出來的是「傷害原則」（→ Column(11)〔78 頁〕）。密爾一方面把個人自由當作政治基本權，另一方面又做出如下規定，「可以違反個人的意志，而正當地行使權力的唯一目的，就是防止對他人的傷害」。這就表明，縱使是爲了本人的理由而行使強制，這個強制也不是正當的。行使強制力的正當理由是，爲了防止對其他人的傷害。並就此爲限即意味著，若未對其他人造成傷害的話，個人可以自由行爲。「對他人的傷害」就是指出，對自由權利之內在限制的判準。在這個意義上，傷害原則也具有中立性格。

除此之外，關於法律的中立性來說，從政教分離原則起，一直到政治、宗教、教育、文化等的價值問題爲止，在這些相關於作爲自由社會結構原則的領域中，公共架構有著何種性格的問題，尤其會引起爭論。雖然說因問題領域不同，中立性的內容也可能不同，但是在什麼樣的意義中，才可以說是中立的呢？這個問題向來成爲人們爭論的對象。

自由意志主義的問題點

我們最後將從到目前爲止的討論中，舉出並說明三個自由意志主義的問題點。

第一點是，包含所有權在內的個人自由權，不僅被看作是前提，且足以稱得上是絕對強的權利。如同先前看到的，雖然論者們已經試著替自由意志主義，建構出「作爲目的的個人」以及「自我所有」的基礎，但是無論何者，它們原來的說明，都不必然等同於自由意志主義者提出的論證。康德強調個人的目的性，是爲了要作爲理性法的一個形式。換言之，是要作爲實踐理性中的定言令式的一個例子。個人的目的性本身，若作爲一個權利來說，並不當然被視爲是絕對的。此外，若站在洛克的立場看自我所有的概念的話，其實他對這個概念是有所保留的。也就是說，必須服從神法之禁止自殺、賣身等的限制。自我所有也未被視爲是絕對的。關於諾齊克的說明也是相同的。在很多場合中，自由意志主義者把各個人擁有自然權一事，當作好像是不證自明的眞理般，直覺地進行著討論。因此很難說自由意志主義者，已經充分地說明了有關於自然權的根據，或者已經給予自然權一個堅強的根據。

第二點是，爲了維護強的個人權，就必須要有強的政府或是強的機構。以此爲限來看的話，我們可以認爲自由意志主義所說的最小國家、無政府等的主張，其實缺少一貫性。例如說，市場中的自由交易本身帶來了道德問題，或是市場競爭的結果，造成經濟上貧富差距的問題；再或者是各式各樣自由權之間的衝突，導致有必要處理愈來愈多的爭端，於是爲了解決這些爭端，就不得不用超出程序規則的實體判準，其結果帶來了中立性的問題等等。可以認爲從市場衍生出的問題，其實是相當多樣複雜的。僅只有中立架構的市場，是不足以恰當地處理這些問題。處在這種情況中的人們，期待國家要去擔負起的，是一個事先準備好強力監控，或預備好調整機構的任務。或者我們至少可以這麼說，在主要的國家功能都民營化的情況下，對於缺少權力作爲後盾的民間組織來說，究竟要如何擔保自身的作用具有實效性呢？這就成問題了。

原始取得和初始差距

第三點是，市場中的原始取得和初始差距會成爲問題。若我們回顧人類社會的歷史，洛克說的作爲勞動果實的所有權，特別是有關於不動產，其實是很稀有的。在大多數的情況下，財產的取得方式，要麼是單方面進行圈地，要麼強奪原住民的土地。如此取得到的財產，即使它是遵從中立程序規則公正地移轉、繼承或修復，但它本身早已內含著一定的問題。

此外，人們也常指出初始差距的問題。不管市場競爭是多麼理想公正，如果於進入競爭之前，在立足點上就已經存在相當大的差距的話，在那個時點就已經決定了大半的勝負，或者至少這個差距不可免地，會對競爭的結果帶來不可小覷的影響。若不考慮初始差距的問題，而逕自強調自由競爭的話，會被認爲是無法眞正解決問題的。

上面提到的問題當中，第二點和第三點涉及到市場本身的問題。就這一部分，我們將在下一節中檢討。另一方面，第三點還涉及到分配正義的問題。我們將在說到平等論的時候，再進一步檢討。

3　市場——效率性和倫理

市場

根據自由意志主義，市場自由競爭以及能夠以理想的方式維護市場自由競爭的中立法律制度，構成了理想的法律秩序型態。但是在現代社會中，一方面人們質疑，自由經濟市場是否走過頭，同時另一方面，預期發展出一個普遍性市場的放寬管制論，則成爲人們討論的焦點之一。對於經濟市場而言，法律管制扮演著什麼樣的基本角色呢？若要給予市場在社會整體中一個恰當定位的話，我們必須考慮到哪些事項呢？

在本節當中，就因自由意志主義而引發的種種問題，我們特別限定在經濟市場這個問題上，進一步深入檢討它在法律理論上的涵義。並且在討論經濟意義下的市場意義的同時，也試著從效率性和倫理的這兩個面向，去思考透過法律管制市場的基本型態的問題。

市場和法律

自由意志主義強調，作爲確保個人自由之機制的市場是有意義的。在這裡所謂的「市場」，不單只是買賣商品或服務等的經濟性活動，而是被理解爲，能自由地從事政治、文化、教育、科學、宗教等各式各樣人類活動的開放場所。這意味著不只是經濟意義下的市場，還包含了社會意義下的市場，並且這兩種市場不僅無法分離，也只有當人們將這兩者合併一起時，才能突顯出市場的重要性。自由意志主義由於涉及自我決定或自治等，所以在其政治哲學的意涵中，就包含了強調上述這樣一種市場的重要性。

然而若論及自由意志主義所提示出的自由體系的話，首先在這個體系核心中的是所有權，其次是這個體系的重要要素，以契約自由爲首的各項經濟活動的自由。另外，伴隨著工業社會的發展，以及企業活動的擴大，在我們的生活當中，經濟關係也變得有著廣泛重要性。以至於甚至可以這麼說，假如不顧經濟層面，就想去討論政治活動、社會活動或文化活動等的話，勢必遭遇困難。因此聚焦在作爲經濟活動場所的市場上，透過檢討它的意義和侷限，以探討法律對市場所扮演的基本角色，就成爲有意義的工作。

涉及經濟市場的法律管制，不是只有保障私有權和契約自由，或規定如何解決爭議的各種程序等的法律制度。這個法律管制其實有著多樣的型態。譬如說，爲了避免市場活動走過頭，近年來出現了各種保護消費者的規則，像是製造物責任法、消費者保護法等。或爲防止過度發展的經濟活動引發公害問題，故訂定出相關法律制度。此外，爲了禁止妨礙公平競爭的獨占性活動、不法操作市場價格，或誘導市場價格等的行爲，於是設下各項限制。再加上規定商品安全標準的法律、規定勞工勞動條件的法律，以及規定公司成立與營運等的條件，或制定了爲參與市場，而申請監督機關發給許可或認可等的制度。這些都是管制企業活動的法律。我們可以見到在許多的場合中，爲了管理經濟市場，因而出現了各式各樣的管制。

放寬管制

不過另一方面，近年出現的另一個有關法律制度改革的趨勢是，強調放寬管制的重要性。實際上，這個趨勢還正持續地進行著。所謂放寬管制，就是廢除保護特定產業或一定業種的管制，以盡可能使多樣的企業活動成爲可能。若論及推動放寬管制的要因，可以舉出如下：伴隨國際化的腳步，從而無從迴避區域性共同市場下的經濟競爭；爲了因應市場統合的趨勢，以及爲了因應規範經濟活動的規則，國際統一化或平準化的趨勢等等。這些都直接地或間接地影響了放寬管制。此外像是爲了重振低迷的國內經濟情勢，以進一步發展國民經濟等，這般的政策上考量也當然會帶來影響。但是支持放寬管制的基本理念是，促成通往自律社會的結構改革，並避免各種管制造就出保護主義，以發展出更開放、更自律的國民經濟和經濟市場。這點也正反映出了自由意志主義的想法。

對市場來說，究竟眞正有必要的是強化管制呢？還是放寬管制呢？另外，假若要透過法律管制市場的話，基本上可以期待發生什麼效果呢？關於這些問題，我們必須從經濟市場的意義出發，然後重新思考這些問題才是。

經濟市場的意義

關於經濟市場的意義，除了市場一般的意義之外，另外還可以在理論上加上下述三點。分別是，自由、普遍性和效率性。

第一，經濟市場讓各個人得到自由。無論是什麼人，只要有意欲和資源的話，都能夠自由地在開放的經濟活動場所中，不受到歧視地去參與競爭。此外，由於不是基於身分關係，而是經由市場機制去分配財，所以即使是處於經濟困頓狀況的人們，相對於雇主，他也不會被迫去接受人格上的奴役，並且還能對應他的勞動狀況取得收入。至於要如何使用經由貨幣型態而得到的收入，則委諸個人的自由。

第二，經濟市場是具備普遍性的制度。在市場中，價值是經由貨幣的中介而得到金錢性評價。並且人們對於這個評價，給予一定的客觀性。如同亞當・斯密的說明，市場把從利己心出發的私人經濟活動，最終連接到擴大公共利益上。在這裡被當成前提的，是理性的經濟人（homo economicus），且這個理性的經濟人，是無論誰都會有的人類本性的部分。此外，由於市場把此種自然本性視爲前提條件才得以運作，所以市場也被說成爲是，把私人的轉化爲公共的這樣一種普遍性的機制。另外若根據亞當・斯密的說明的話，因爲能使市場得以作爲一個市場而成立的那些規則，是透過人類本來就具有的「同感」（sympathy）作用，並且在各種相對立的利害調整當中，經由人們的共識而自生自發地形塑出消極意義下的規則。譬如說，禁止竊盜、得撤銷因詐欺而締結的契約等。所以對於市場所必要的正義來說，這些規則構成最低條件，從而它們就具有普遍性。

第三，經濟市場是有效率的體系。競爭市場對於促進生產，以及對於開發出市場偏好的商品，總是不斷地給予誘因，從而社會資源將不因此被浪費，其有效運用也成爲可能。此外若從市場交換來看，譬如 A 想要賣出商品 g，B 想要買入 g 的話，只有當 B 對於 g 的評價，大於 A 對於 g 的評價時，交換才會成立。從而作爲一個社會財的 g，能被認定具有更高的價值，並帶來更大的滿足。並也是在這個意義上，才認爲市場是有效率的。但有關於市場效率性的說明還不只如此。市場是包含多樣要素的分散決策體系。在理想的市場中，人們總不斷地尋找著最適均衡，因此比起中央集權統治經濟，市場被認爲遠具有效率。

作為效率體系的市場

經濟市場的效率性，被視爲是市場機制的極大優點，不只成爲福利經濟學的基礎，還是市場論者經常論及的要點。在此我們將先稍加解說，經濟市場的效率性所涉及到的法律和政治等的涵義。

我們可以舉一個簡單例子。假定說 P 想要在自家鋪設自來水管，市場上有 V 和 W 等鋪設自來水管的業者。P 分別向 V 和 W 交涉，以比較檢討鋪設多少設施時，要花費多少的費用。V 比起 W 能提供較高級的設備，但是 V 的費用也比 W 高。這個時候，若 P 認爲 W 的設備就已夠用，且從費用判斷的話，P 會覺得愈便宜愈好。那麼，P 就不會選擇和 V 簽約，而是選擇和 W 簽約。對 P 而言，假如拜託 W 去鋪設自來水管，而不是拜託 V 的話，自然會得到較高的滿足。因此而言，使得這樣子的自由選擇成爲可能的市場體系，就被認爲是有效率的。

就這個例子來說，假如不是經由市場體系，而是透過統治機構中介的話，會變成什麼樣的情況呢？P 向繳納稅金的地方政府申請鋪設自來水管，地方政府選定並且派遣業者，業者依據規格施工。對於 P 來說，既沒有交涉的餘地，也沒有選擇的空間。不只如此，因爲要透過地方政府付款給業者，結果光是結算就花費大半時間。當然業者在收到錢之前，是不會動工的。P 再三地請託地方政府後，總算開工了。但問題是，P 不一定會滿足地方政府派來的業者的施工品質。換句話說，花了功夫、時間和金錢，最終的滿意度又低。從而比起市場體系，由統治機構進行分配會被認爲是無效率的。

政府失靈

如同上例所顯示出，中央集權的政府功能不是有效率的。這通常稱作「政府失靈」（government failure）。其主要的要點有三。

首先，官僚組織是無效率的。爲了要實現集權化下的政府功能，勢必花費組織營運費用。各局處的功能是藉由分配到的預算維持，但這時又會出現消化非必要預算的情況。此外由於公權力機構不會面臨競爭，所以就不願意努力去降低成本，或以創意改善業務等。

其次，還存在自由裁量預算的弊病。政府爲了遂行功能，在某程度上能自行裁量如何使用預算。以前述例子來說，自來水管要鋪設到什麼程度？要指定哪個業者？政府在一定範圍內都能自由裁量。換句話說，一旦牽涉到分配權限時，這個裁量往往變成不當行爲的溫床，像是利誘、官商勾結、貪污等，經常造成浪費公帑。

另外，例如說，前述例中的 P 說不定會請託地方上的議員，就鋪設自來水管一事，要求向地方政府施壓。利益團體藉由影響政府施政，以換得市民的政治上支持。並且影響所及，爲爭奪利益大餅而花費資源。這樣子的追逐利權的活動，就稱爲「尋租活動」。

如同上述般，經由政府機構去分配財的話，將會變得缺乏效率。若委由市場體系的話，正因爲是受人託付的，所以就受託範圍來說將變得有效率。

市場失靈

然而，市場體系也有其侷限。

P 說不定沒聽過 V，只認識 W 這個業者。也有可能 V 和 W 這兩個業者早就講好，對自來水管設備工程定下高額費用。再或者說不定是，P 雖然對於施工品質本身感到滿意，但鋪設工程期間，由於阻擋了附近用路人的通行，以致妨礙了這些人的工作，或是因爲工程發生噪音等，以致 P 得面對各種始料未及的抱怨。

市場體系本身內含的這個問題，稱爲「市場失靈」（market failure）。

市場因爲是包含多樣要素的分散決策體系，所以容易造成資訊的不均衡。因此不可能保證，必然會以理想的方式達成選擇最適（optimality）。此外，因供需均衡而成立的市場，有時會在競爭中創造出新的需求，其結果將導致過度消費。市場中的自由競爭，有可能導致競爭勝利者的獨占或寡占，也可能招致同業間採取聯合行爲，以避免競爭。其最終結果，仍可能扭曲競爭關係。那麼問題是，爲什麼競爭不必然以完全理想的方式發展呢？其原因可能歸諸於下述事實：即市場參與者不總是以作爲一個經濟理性人的方式行動。

此外還存在著外部性的問題。市場機制的外部性可分爲，外部經濟和外部不經濟。關於外部經濟的例子可舉出如，因爲興建地下鐵車站，從而帶動附近地價上漲。外部不經濟的例子則像是，工廠排放黑煙造成公害。爲了救濟因公害所帶來的損害，從而花費了額外的費用。這些尤其難以預料到的外部不經濟，會成爲有效率體系的市場在運作時的阻礙要因。

確保公共財

另外有關「市場失靈」的最大問題是，市場不必然可以充分供應公共財。所謂公共財指的是，不可能限定或難以限定只有付費購買的人，才能利用的財或服務。以先前的例子來說，不只是 P 想要鋪設自來水管，Q 和 R 也都想要的話（實際上也是如此），鋪設自來水管就具有公共財的性格。但由於鋪設自來水管需要花費高額費用，且不是每個人都有能力出錢請人鋪設。然而要大家協商共同購買的話，也有可能發生談不攏的狀況。也就是，儘管有高度需求，但誰也不願意分擔費用。如果演變成這個狀況的話，自然沒有業者會想承包工程。

我們可以思考看看審判或國防，就應當會更清楚發生在公共財的問題。我們的確可以想像，成立一間辦理審判業務的民間公司。並且假如真的有這樣的公司的話，實際上也沒什麼好訝異的。紛爭當事人付費給這個公司，以購買恰當的解決方案。此外我們也能夠假定，在市場上僱用士兵的可能性。那些自認能夠從國防工作中，找到生命價值的大力士們，大概會聚集在這個傭兵公司下。但問題是，正因爲無法限定只有付費購買服務的人，才能得到解決爭議的方案，或才能受到軍隊的防衛等。因而這些服務所帶來的和平和安全，就產出了外部效果。問題還不只如此，判決有什麼樣的實效性，或傭兵要如何遂行職務等，這些都會引發爭議。

從而市場自然會被人們說成爲是，不如想像中那麼有效率的體系。

商品和貧富差距

我們還可以指出在倫理面上，經濟市場會發生的數個問題。

第一，市場以貨幣為媒介買賣商品，所以各式各樣的人際關係，也有著一元化成「商品」交易關係的傾向。於是一方面創造出，工人的人性異化的問題，另一方面則帶來「生活世界殖民化」的問題。

關於工人的人性異化的問題，典型上可以參考卡爾．馬克思的說明。他表示，在資本制經濟體系下，分工造成勞動抽象化的同時，勞動力則透過工資而被待價而沽。資本家不只占有因勞動力供給過剩而產生出的剩餘價值，且他們還「榨取」勞動力。工人變成為純粹的生產工具，他無法對自己勞動的果實，提出任何權利主張。因為這個緣故，人格的自我實現陷入無法預料到的「人性異化」狀態。

另一方面，「生活世界的殖民化」是哈伯瑪斯的論點。哈伯瑪斯表示，某些價值雖無法以貨幣進行計算，但卻要用金錢做出評價；人際關係雖然不是單純的經濟交換關係，但仍受到經濟邏輯的操縱或處理。由忠誠、義務、功績或信賴等的多種要素，所交織混融而成之人際社會的溝通關係，被統合成經濟關係的邏輯所割裂，同時還被這個邏輯當成殖民地般支配著。

第二，與前述第一點的商品交換有關的是，過度商品化也成為問題。例如說，在性交易當中，人的身體成為出賣的物品；勞動力也被視為是商品；隨著醫療技術的發達，人的器官、卵子或精子等，都變成買賣的對象；替他人生產的代理孕母，成為一項生意；甚至連選舉權，也可能以一票多少錢的方式賣出。換言之，不應該被買賣的東西，都被標上價格，當成「商品」上市，而這就成爲問題。

第三，最常被指爲市場蘊含的倫理問題是，貧富差距和歧視的問題。市場中的自由競爭受到保障。因爲是競爭，所以結果必定有贏家也有輸家。贏家取得較多資源的同時，也意味著他在下一次的競爭中，將有更多機會贏取勝利。那麼從社會整體來看的時候，自由競爭勢必帶來經濟上差距的結果。另外與前述聯合行爲相關的是，在自由競爭下，要不要讓其他人加入合作關係，這也是自由。從而像是在僱傭或商品買賣等的情況中，這就很容易出現選擇對方的歧視。如果這個歧視和某些天生不利條件相連結的話，就造成歧視和經濟上差距間的循環，並導致社會結構上的弱勢。

市場管制的應有型態

如同前述，市場體系有它的優點，也有它的問題點。若問到什麼才是法律管制市場的適當方式的話，我們尤其要注意到它的問題點。

迄今爲止，就有關法律要如何管制市場的問題，曾出現過許多種不同的想法。譬如其中一個想法是，「經濟管制」可以規定誰能參與市場、誰能處理哪些業務內容等，並且這些都以行政機關的許／認可爲必要。但由於這些管制涉及到作爲經濟機制的市場運作，從而爲了要促進自由競爭，就應盡可能放寬這些管制（也就是說，透過放寬管制以除去保護主義）。但反過來像是藥事法、商品責任法、消費者保護法和勞動基準法等等，這些「社會管制」由於涉及到人們的健康、安全、自由或其他等，反而應當要強化管制。

此外還有一種見解則表示，關於這個問題的恰當做法是，先將可能涉及市場管制的問題區分爲「內在競爭」和「外在管制」。所謂內在競爭包含像是禁止獨占、要求企業揭露並登記資訊等，也就是對市場來說，爲了促進公平競爭所必要者。所謂外在管制乃是因自由競爭的結果，導致失業或勞動災害等，也就是相關於社會保障的項目。此見解主張把外在管制當作是自由競爭社會下安全網的問題，並且必須單獨考慮這個問題。假如我們把這兩者牽扯在一起，同時還混淆它們的話，則將易於誤認爲說，因爲會發生外在管制的問題，所以就要不分青紅皀白地強化市場管制。

再另外一種想法則是，爲確保市場永續公正運作，不只要注意到市場的「初始條件」（即涉及主體、資訊以及交換關係等），還有必要考慮到市場的「過程條件」（即涉及如何規律交換關係、對這個關係設下什麼樣的界線、什麼被看成是公正型態的契約、商業交易或公司營運等等），以及市場的「結果條件」（即涉及到市場功能失調，或相關於如何矯正歧視、貧富差距等的倫理問題）。這也就是說，尤其是相對於市場的自由競爭機制而言，如何在道德上對過程進行控制，並對結果進行修正，這些都是重要的。

簡言之，有必要善用市場的優勢，並抑制市場的缺失。正因爲如此，我們可以說，如何看待法律所能扮演的角色的這個問題，其實有賴於人們如何評價市場體系，和如何接納它的弊害。但爲了要抑制缺失，不可或缺的是，考慮到像是市場的「結果條件」，或至少「安全網」的問題。關於這一點，涉及到下述平等的問題。

4　平等

所謂的平等對待

法治意含著法律前的平等對待。所謂「等者等之」這個平等的要求，也曾是正義的基本概念內容之一。除此之外，福利國家主張要依據法律，創造出盡可能平等的福利條件。

那麼，所謂法律前的平等對待，或依據法律的平等對待，究竟說的是什麼呢？爲什麼我們必須平等對待呢？平等有著形式平等、實質平等、機會平等、結果平等、資源平等和福利平等等。這些形形色色的理解方式，究竟各自的意義爲何，又有何差異，以及相互之間有什麼關聯呢？

在思考到有關於法律和正義的平等問題時，首先必須先釐清上面的這些問題。

平等的理念

人與人之間都不是平等的。容貌不同，性格也不同。體力、智力、藝術天分等，無論在哪一點上都會因人而異。人種相異，性別也相異。信念或價值觀絕非相同。關於職業、地位、收入、家庭關係、家境，也人各有異，並各自有各自的境遇。這才是眞實的情況。儘管存在這樣子的差異，爲什麼法律前，基本上還是要以平等對待爲目標呢？

雖然有人可能會這麼說，從功能的觀點看的時候，平等對待將比較容易管理。但是從規範的觀點看的話，則會指出自市民社會成立後，平等原則在歷史上擔負起重要地位。與前述之自由的情況相同，在封建制度下，人們會因身分階級不同，而受到差別待遇。一旦人們從身分階級中解放出來，並廢除身分特權的時候，就開始追求作爲市民的平等。這也宣告了近代平等原則的萌芽。不過這個近代平等原則所要追求的，並非完全的平等化。直至今日人們仍不斷地爭論，有關於平等的各式各樣問題。雖說這些問題各自不同，但卻共通於涉及到歧視。歧視之所以備受爭議，是因爲它傷害了人的尊嚴。從而平等原則的主旨就成爲，消除那些傷害人之尊嚴的歧視，並對於相等之人要給以相等對待。

若論及相等者要相等對待的哲學根據究竟何在的話，首先可以舉出的是，人在自然條件上平等的這個見解。所有人都具備了大致相同的身體上、精神上的功能。或至少所有人都同樣容易受傷，都在同樣有限的環境和條件下生活。因爲在自然條件上所有人都是平等的，所以有必要透過法律給予平等的保護。其次可以舉出的是，人在道德人格價值上是平等的論述。縱使身體上、精神上的功能有所不同，或者是社會環境上、文化環境上有差異，但人由於作爲人格存在（或者也有人主張說，人由於作爲由上帝創造出的人），所有人皆具有相等的道德價值（或者說在上帝之前平等）。因是之故，每一個人都可以主張，作爲人的平等權利。此外還可舉的另一種見解則表示，不是從某個同等的屬性，而要從社會目的的共有中，去尋求平等對待的根據。換句話說，因爲無論任何人，都是作爲共同社會的成員去參與形成、發展社會，所以爲了創造出能以相等資格去參與合作的條件，就有必要透過法律去達成平等照顧。

法律前的平等

那麼，所謂在法律前要平等對待人，又是指稱什麼呢？

達到完全的平等不僅是不可能的，實際上也未曾出現過。從而自古以來，就是以「等者等之」的形式正義的概念，去把握法律平等的要求。也就是，對於能夠說是「相等的」，就要「相等地」對待。但問題是，在什麼點上可以看作是「相等的」呢？還要注意到的是，什麼樣的對待方式，才可以看成是「相等的」對待方式呢？關於此，有必要區分為三個層次討論。

第一，公平適用法律的這個意義下的平等化。譬如說，有時適用，有時卻又不適用作為公共標準的法律，或者明明已承認出現某個符合法律規定的要件事實，但卻不去適用那個法律規定的效果等等。如果這麼做的話，都是違反法治。從而只要合乎法律規定的話，就必須平等地對待予法律所規定者。法治的要求中，本來就包含了這個意義下的平等。

第二，矯正正義的概念所意味的平等化。譬如說，若因某人的不法行為，導致他人發生損害，或是契約關係中的當事人，單方面不履行債務，從而使他方當事人受有損失等等。在這些情況下，對於造成他人發生損害的一方，命令其賠償損害。換句話說，使利益與不利益回復到均衡的狀態，從而在此意義下去達成平等。

分配正義

此外第三，法律前的平等也是追求分配正義的平等化。正如同「把屬於他的東西給他」（suum cuique〔tribuere〕）這個公式說的，分配正義要求在法律制度下，不論是權利或義務，還是機會、資源或服務等，都要把屬於各個人的「他的東西」分給他本人。使他得到「他的東西」就構成平等對待。在多數情況下，一旦人們對於如何分配這些東西有所爭議的時候，歧視的問題也常常隨之出現。因此我們也許可以這麼說，分配正義構成了透過法律達成平等的最爲實質的部分（→ 99～105 頁）。

例如說，不同選舉區間的票票不等值、在僱傭關係中或家庭關係中男女間的不平等、外國人的參政權或社會保障的問題、婚生子女與非婚生子女間的法定繼承額的差異，以及刑事被告或受刑人的處遇問題等等。在上述問題中，「他的東西」是什麼？對他來說什麼才是適合屬於他的呢？這些都正是分配正義要問到的問題。

到現在爲止，我們基本上是以下述方式，考慮分配正義所要追求的平等的問題：也就是說，若根據一定的屬性爲差別對待的話，這就違反了平等原則，但如果有必須差別對待的合理理由的話，就不違反平等的要求。例如說，日本憲法第 14 條規定，任何人不因「人種、信仰、性別、社會身分或門第」而受歧視。參照本條規定來看，如果只是因爲非在婚姻關係存續的狀態中出生，從而就把非婚生子女，完全排除在繼承對象之外的話，這的確違反憲法。但是有人主張，在法律婚主義下，爲維護已確立的現行家庭制度，從而法律上對婚生子女規定了比起非婚生子女較爲有利的繼承方式。因此可以這麼說，在這裡的差別對待有其一定的合理性，所以不違反憲法上平等的要求。

從而如果檢討向來發生的許許多多的平等問題的話，我們可以看到，重要的是要如何理解分配正義的要求。另外，分配正義的要求也相關於市場中的貧富差距、「安全網」，或福利國家中社會保障體系等。接下來就檢討這些問題。

分配正義的想法

因為分配正義意味著分配中的平等，所以分配正義的概念中，或多或少包含著「把屬於他的東西給他」的這樣一種實質上的考慮。在這裡，重要的是，所謂「他的東西」是什麼呢？我們要基於什麼去判斷，某個東西才是適合給他的東西呢？等等。

如同前面提到過的，分配的對象包含了像是權利、義務、機會、資源和服務等等。但如果要嚴格說的話，成為分配的對象有，權利、機會、服務等正的財，以及義務、刑罰、租稅等負的財。那麼，什麼樣的財才足以構成分配的對象呢？這會受到分配的種類，或者是系爭問題的分配狀況等，而有所不同。

有問題的是，要如何確定「他的東西」呢？這正是人們爭執不斷的點。一個基本做法是，我們可以把亞里斯多德的「幾何平等」的要求，當作為判斷時的一個端緒。也就是，按照某個比例去定「他的東西」。例如說，按照戰勝的貢獻度分配戰利品。換言之，先立下某種標準，然後依據這個標準分配一定的財。

不同的想法會訂定出不同的分配標準。比方說，「按照地位」、「按照年齡」、「按照功績」、「按照勞動」、「按照需要」等。我們可以舉在共有農地上共同耕作，然後分配收成的情況為例說明。首先可能有的分法是，不分大人和小孩，也不分辛勤工作的人和偷懶的人，一律平等地按照人頭分配收成。不過在大多數的情況下，爲了使分配能相稱，所以會在分配方法上納入某些實質性考慮。譬如按照共同體內的地位分配。地位高的人分得較多，或者是最辛勤工作的人，也就是貢獻最多或收穫最多的人，分配到較多的收成。再或者按照需要分配。如大人分得多，小孩分得少；或大家庭分得多，小家庭分得少；以及如果沒有人分給他的話，就沒有糧食來源的病弱者分得多，較能自行取得糧食之身強體壯的人分得少等等。但因爲「地位」本身，就多按照功績而做出安排。而「年齡」則可反映所謂的資歷，也就是與功績相關的概念。至於「勞動」，亦可被看作是一種功績。所以最大的差異還是在於，究竟是要根據「功績」（merit/ desert）分配，還是要根據「需要」（needs）分配。這兩種分配方式就是一般最常見到的分配方式的原型。例如說，按照比賽獲勝的結果、按照資格考或入學考的成績等，這些都是依照功績分配的例子。又像是說社會救濟金、補助金和研究資助金等，這些乃是依照需要分配的例子。

其次就分配正義來看，若說到財（正的財）的分配方式的話，則想法上可分爲「機會平等」和「結果平等」。前者要求平等保障獲得財的機會，後者要求的不是機會平等，而是結果上財的平等分配。打個比喻，我們可以說，機會平等是起跑點的平等，結果平等則是終點的平等。換言之，以賽跑爲例來看時，所有人參加競爭的機會是平等的的話，或在起跑點上是平等的的話，這就是機會的平等。當論及競爭的結果的時候，若不是依據最先到達的人的順序，給予第一名、第二名和第三名等的獎賞，亦即不依順位，而是給所有人同樣的獎品的話，這就是結果的平等。

機會平等和結果平等不必然無法共存。這是因爲可以先讓人們競爭，等達到目標之後，再給予平等對待（只不過這時會產生一個疑問，究竟是為了什麼競爭？）。但大多數的場合中，作為財的分配方式而言，要麼依據機會平等，要麼選擇結果平等。此外在這個情況下，機會平等又可連接到按照功績分配，而結果平等則可連接到按照需要分配。這是因為「結果」常常意味著最終的滿足，或者是說意味著最終的利益狀態。

若擴大到從社會整體來看財的分配方式的話，大多數的情況下，「機會平等」是透過以自由競爭為原則的市場體系，去從事財的分配；「結果平等」則是經由福利國家統治機構的重分配，去從事財的分配。正是針對這一點，有關分配正義和平等，出現了各式各樣相互對立的見解。像是說，究竟是要採市場分配，還是政治分配呢？原則上根據機會平等會比較好嗎？還是說基本上應當考慮結果平等呢？

多樣的平等論

現今有關於平等的討論，乃以「機會平等」論和有限的「結果平等」論為左右兩端，然後在這兩端間，可以看到形形色色的各種見解。

如同前述，近代意義下的平等，其原則的出發點是摒棄以身分階級區分人。無論是什麼人，基本上在市場體系中都不應受歧視，並且能自由參與競爭。也就是說，至少必須保障這個意義下的機會平等。另一方面，過去馬克思主義曾主張，無論從事什麼樣的工作，無論擔負起什麼樣的責任，也不論是否努力，各個人「從搖籃到墳墓」，都按照他的能力分配工作，並依據需要決定他能獲得的配額，同時透過這個分配方式，保障所有人皆平等生活。但在今日，已經少見人們主張此種體系有其意義。

現代的各種類平等論，大致可以分爲下列三種（圖 4-1）。也就是，形式的機會平等論、實質的機會平等論以及福利平等論。

福利平等論重視的是，透過統治機構實現結果上的平等。相對而言，無論是形式的機會平等論，也無論是實質的機會平等論，都強調以市場體系爲基本根據，並且看重自由。若從別的角度看的話，正如同圖 4-1 所顯示般，我們能視三種平等論的差異在於，統治機構能在多大程度上，對於市民生活提供優厚的公共支援，以及這麼做，是爲了矯正多大程度的差異。

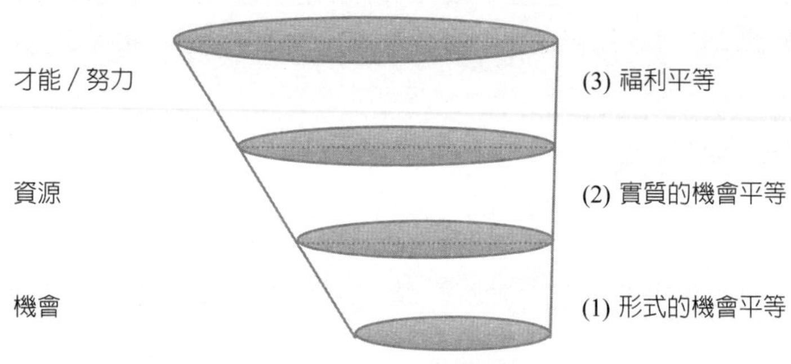

圖 4-1　平等化的種類和層次

機會平等

第一，形式的機會平等論提倡，平等保障參與市場競爭的機會。

如同先前提到的，形式的機會平等論要求，無論什麼人都能自由參與競爭，且不因性別、種族、貧富狀況等不同而受歧視。在這個意義來說，形式的機會平等論又稱爲「立足點的平等」論。另一方面，如果在參與競爭以競逐成果的時候，能夠動員自己已經握有的全部資源的話，在這個意義上，可把形式的機會平等論稱爲「自然的平等」論。

在形式的機會平等論中，自由競爭的結果，亦即個人努力的成果，會被評價爲功績。且只有當分配是依據這個功績時，才被認爲是合於正義。所以任何事先排除參與競爭的歧視，以及任何限制參與市場競爭的規定，原則上都不被認爲是妥當的。此外形式的機會平等論重視的是，透過競爭以發揮出最大實力，以及這個實力在市場機制中能獲得適當評價。比起其他的理論來說，形式的機會平等論最不倡議統治機構的角色。這是因爲正如前面在自由意志主義及自由市場論中提到的，形式的機會平等論要保障的只是平等的機會，並且它著重在確保市場體系的安全，以及確保市場體系的運作不會發生障礙（→ 156、162～168 頁）。

資源平等

第二，實質的機會平等論強調必須保障的，不是機會的形式平等，而是機會的實質平等。

我們可以舉運動競技爲例。把男女分開比賽，或依體重設定組別，就是爲了要使選手們盡可能地在平等的條件下競爭。與此相同，爲了達到公正的競爭，單單保障立足點的平等是不充分的，還必須考慮到身體能力上的差異，以及經濟條件上的差距等。在可能的範圍內，塡平造成障礙的有形因素，以使人們能夠在競爭中發揮個人眞正的實力。因此可以採行的舉措像是，資助殘障人士取得並使用輔助設備、對經濟貧困的人們提供經濟上的支援、給予破產的企業或失業的人們救助、在薪津中增列撫養親屬津貼，或者是對於因爲過去曾受到歧視，以至於陷入社會經濟上不利條件的人們，給予積極優惠措施（優惠性差別待遇、積極平權）等等。爲了使人們能以平等的態勢面對競爭，從而承認官方在資源面上可提供一定的援助。並就此範圍來說，實質的機會平等論還能夠證成財的重分配。正因爲這個緣故，這種平等論又稱作爲「平等主義式機會均等論」或是「平等主義式自由主義平等論」。

但要保障機會的實質平等到什麼程度呢？這個問題會隨著人們如何看待，要在什麼程度上把競爭所需的「資源」視爲平等化的對象，而有各種不同的見解。代表性的理論如，透過假想的拍賣以填補初始差異，並把此當作爲目標之一的「資源平等」（equality of resources）論（羅納德．德沃金）；或是認爲只填補初始差異，仍不足以解放貧困，從而提倡更進一步的實質平等化的「可行能力平等」（equality of capabilities）論（阿馬蒂亞．森）等等。

福利平等

第三，福利平等論主張，僅追求機會的實質平等，根本上仍不足以解決貧富差距的問題，因而提倡各個人的福利平等化。福利平等論以結果平等爲目標，所以相較於實質的機會平等論，它更加要求統治機構提供優渥的官方照顧和支援。

在福利平等論中，認爲成爲問題的是才能和資質。根據福利平等論，不管多麼努力去填平那些造成障礙的有形因素，並且也不管達成多麼公正的競爭，凡是競爭就必有輸贏，而導致輸贏結果的，則是才能和努力。如果我們把才能和努力合在一起的話，也可以把這個東西叫作廣義的才能，或叫作資質。在市場上，某些人因爲天賦資質，從而能獲取顯赫的成果，但也有人因爲自己天生具有的資質，只能鬱鬱不得志地度過一生。這才是社會經濟差距的來源。例如羅爾斯曾表示，才能是個人的幸運，努力則大多有賴於幸運的家庭環境和幸運的社會環境。他還說，因爲這些都是超出自我選擇的，或者是超出人皆同意的偶然因素，所以沒有人能夠對於這些幸運主張權利。因此福利的平等論提議，應當盡可能地消弭作爲結果之福利上的不平等。

我們又可以把福利平等論大別爲二種想法。第一種是，如同羅爾斯的差異原則所表現出的，一方面重視市場體系和尊重個人自由，另一方面則要促進社會基本結構的「公正」化。爲了達到這個目的，在公共資源許可的範圍內，要提升社會處境最不利的人們的利益狀態。另外一種想法則不再追問社會基本結構的問題，而是直截了當地去追求，盡可能平等化個人福利。無論哪一種，雙方的目標都是，促使所有人的福利盡可能的平等。就這一點，福利平等論又可稱爲「民主主義式平等」論（→ Column(39)〔321 頁〕）。

「平等化」批判論

如同前面說過的，平等論當中包含了多樣的見解。但是因爲平等理念本身，與法律的根本部分息息相關，所以對於透過法律以實現正義來說，實現平等就成爲重要課題。從而當我們在思考平等問題之際，除了理解前述各種有關平等的討論外，也有必要去考慮到下述反對平等化的討論。

首先必須舉出的，特別是有關於福利平等論的批判。福利平等論追求的目標，不是立足點的平等，而是到達點的平等。在這一點上來看，它與機會平等論之間存在著根本上差異。此外，福利平等論要求去填補那些造成初始差距的不利條件，並且它要保障的，不是各個人在生活上及在活動上所共通需要之最低限度的一定的財，而是要滿足每一個人在需求、偏好和滿足上，能達到相同程度。然而論及如何在量的層面上，使被供給的財能夠達到「相同程度」的話，由於各個人的職業、責任、志向和其他各點都不同，從而不太可能適當地回應各個人的需要。另一方面，如果要在質的層面上滿足各個人的需要，並且還要達到「相同程度」的話，那麼問題就變成爲，什麼程度才可以說是「相同程度」呢？對這個問題的回答，將會極其曖昧和難以確定（我們不認爲這個批判可適用到差異原則上，但是所謂「最不利處境中的人們」指的是誰呢？或是說，在什麼意義上可以說，那些人就是「最不利處境中的人們」呢？假如有人爭執這一點的話，差異原則也將會直接面臨同樣的難題）。

其次經常被指出來的問題是，在平等化中欠缺實現自我的誘因。在市場體系中，人只要努力就可提升成果，並就此能獲得評價，且反映在財的分配上。縱使對於市場來說，會發生這個評價恰當與否的問題，但是這已經成爲基本機制。如果像福利的平等論所說的，不管有多少成果或多麼努力，都要給予相同分配的話，將會導致失去激發創意和努力的誘因。因此人們批評，不管是基於差異原則而來的平等論，也不管是基於實質的機會平等論，凡運用具有權力的統治機構去重分配的時候，當其規模愈大，誘因效果則將隨之遞減。

優惠性差別待遇的問題

另外常常被舉出有關於平等化的問題是，它無法與功績原則相整合，並有可能招致所謂的逆向歧視。法律平等要求「把屬於他的東西」分配給他，而這個分配方式可以區分爲依據「功績」，即依據功勞分配，和依據「需要」，即依據需求分配。實質的平等化論和福利的平等化論等，即是基於「需要」去試圖證成某些優惠性差別待遇（像是爲補償過去的歧視，或爲矯正現在的不利益狀況，或考慮到未來的多元文化共生而事先安排）。

但是人們批判以這種方式達到平等化，不只違反了功績原則，還將引發逆向歧視。優惠性差別待遇違反功績原則的理由是，若在僱用或入學考試等上以這個方式進行分配的話，這個分配既不認眞考慮制度本來的旨趣，也未基於符合制度旨趣的功績標準，而只根據了那些外在於制度的需要。另一方面，優惠性差別待遇引起逆向歧視的理由是，若某人根據功績而當然應接受到分配，卻只因爲他不屬於受優惠的族群，從而被排除在分配之外的話，這就是基於他自己無法決定的自然屬性去歧視他。反過來說，假若不存在某項優惠性差別待遇，則某些人就不可能接受到分配的話，這個優惠性差別待遇將促使社會滋生一種歧視意識。換句話說，那些受到優惠待遇的人，其實是實質上缺少功績的存在。因爲這個緣故，優惠性差別待遇被批判爲，不只傷害受優惠待遇之人的自尊心，還有可能會助長不平等。

5 共同體和關係性

社群論

在立憲民主制之下，人們會在法律制度的許多領域中，具體化自由和平等這兩項基本的法律價值。自由和平等不只被看作爲基本人權的內容，它們也與法律中立性及寬容並列，共同勾勒出自由主義法律秩序的特徵。

不過有人對上述自由主義法律秩序聲表異議。他們不只指出自由社會的弊病，質疑以平等自由權利爲基本原則的法律秩序型態，同時還從根本上批判，支持此種法律秩序的自由主義正義理論。這個想法即是社群論。社群論尖銳地點出自由主義理論所依據的基礎和它的前提，同時也使我們將目光轉向另一個，我們經常在不知不覺間忽略掉的，法律和政治在實踐上的重要次元。

自由社會的弊病

看重共同體和社群關係的社群論（communitarianism）批判地指出，自由社會雖尊重個人，並且看重個人之所以爲個人而有的自由和平等，但這個社會不只造成共同體衰退，也使得在歷史和傳統中培養出來的社群價值淪喪，同時這個社會還稀釋了人際關係。各個人的身分認同本來應當是豐厚的，但卻在這個社會中變得淺薄。結果自由社會創造出來的，是人們無法眞正地以主體的立場，去處理共同體事務或公共問題的這個狀況。

社群論看到自由社會中存在著有如下述般的病症。

在市場中，有力量的大企業爲了擴大自身的勢力，藉由自由競爭去合併或驅逐小規模營利事業。另一方面，福利國家企圖保護弱勢而推動平等化，結果反而爲了達成這個目的，卻又不斷擴大官僚機構和自身的權力。個人一方面被市場權力所操控，一方面在尋求國家的庇護下又失去力量。無論於公、於私，在強大的權力面前，零散的個人沒有靠山，於是不得不成爲被動主體。權力集中終究帶來的是，削弱各個人的對抗能力，以及使得人們喪失主體性。

另一個可見到的病灶是，共有價値的擴散、消失和一元化。在市場中，透過供需決定出的貨幣價値變成爲基準，經濟效率和追求財富則成爲支配原則。因是之故，不管是色情影片，也不管是人的器官，甚至不管是會毀損他人名譽的東西，只要是能賣的，就一個接著一個出現在市場上。呼應上述現象而來的是，會連結到特定共同體的文化或傳統，以及基於這個文化或傳統而來的功績等，也就是所謂的共有價値，因爲無法轉換爲市場價値，所以就漸次荒廢。原先在共同體中，支持著地域上人際關係的相互扶助體系，也被簡便的市場服務取代。醫師、木工等專業人士無法維持自己的使命感、氣概和榮譽等，公民也失去信賴、勇氣和誠意等德性。市場自由競爭容易招來的，不是價値的多元化，而是價値的一元化。另一方面，例如我們可以在同化政策中看到者般，福利國家在推動平等化的同時，也就是企圖消弭歧視的同時，換來的卻是有其特殊傳統、文化的共同體的解體。這是因爲此種福利國家體系，雖然使得國民能夠同等享受一定福利，但它並不以共同體內部相互支持爲必要。不只如此，這個體系還有能力將自身轉變爲管理體系，從而將人們置放在有效率的和普遍的管理下。

共同體解體

另外，社群論者主張當今可見的傾向是，共同體關係消失以及共同體本身崩解。在市場體系下或是在福利國家體系下，地域共同體和民族共同體等中的人際關係，自然而然變得稀薄，甚至於在作爲基本共同體的家族中，也呈現相同的趨勢。這是因爲即便是家庭成員，也被認爲要尊重其作爲一個個人，從而能夠平等且自由地追求幸福。但因這個緣故，人們在追求著各自形形色色的幸福的同時，換來的卻像是離婚、去虐待未如己願的子女，或遺棄成爲自己在自由地追求幸福的路上，成爲絆腳石的雙親等。假如依賴公共福祉的話，人們的確就可以從養育子女和照顧雙親中解放出來。但是就在人們依賴公共福祉的同時，作爲家族成員的責任感也隨之消失，家庭關係中的連帶也跟著鬆解脫落。

一旦家庭關係崩解，可能發生的情況是，小孩子被剝奪掉家庭這個「繭」，或說是家庭這個「社會化的場所」。私人生活領域中個人自由的增長，人們對公共事務抱持著事不關己的態度等，不僅助長歧視，還相關於竊盜、毒品、暴力，甚至是青少年的犯罪和非行的增加。

對自由主義正義論的批判

社群論主張自由社會的弊病，正是保障平等自由之自由主義法律秩序的一個歸結。社群論還批判地指出，引起此弊病的根本原因中，很大部分來自於支持此種法律秩序的自由主義正義理論。本書接下來透過概觀正與善的區分、「無拘無束的自我」的觀念，以及缺少關係性等三點，說明社群論批判的要旨。

正與善的區分

不管是採取功利主義理論、自由意志主義，或是平等主義福利國家論，凡是根據自由主義正義論的話，都會主張在保護自由平等權利（再一次提醒的是，在不同見解的基本想法中，這個自由平等權利的內容是彼此有異的）的公共法律架構下，各個人皆能夠自由地追求自己的幸福。換言之，如果用理論來說的話，作爲公共架構的「正」的原則，提供人們有可能去追求多樣的「善」的基礎條件。在這裡，關於正與善的關係，包含了三種假定。也就是，正和善是有所區別的、正優先於善，以及正不只不依賴於任何特定善的觀念，並且能夠獨立地且中立地被規定出來。

例如說，一般咸認爲羅爾斯的正義論（→ 12 頁），最佳地表現出上述的這個關係。爲了要保護每個人的個別性，以及保障他們追求善的多樣性，羅爾斯提示出正義的二個原則，以作爲規定社會的公平基本結構。正義原則涉及到如何安排社會的基本善。而社會的基本善，則對於不管是追求什麼樣的善來說，都是必要的。由於特定的善會相關於自然的、社會的偶然，爲了避免這些偶然影響到正義原則的內容，因此，正義原則就必須在滿足了確保公正判斷之程序條件的情況下，譬如在無知之幕的這個情況下推導出來。因爲這個緣故，不管人們抱持著什麼樣子的良善生活的遠景，正義原則既不促進也不限制，既不肯定也不否定這個遠景。在這個意義上來說，正義原則被認爲是中立的。正義原則是自由平等權利的體系，並作爲在公領域中規律社會關係的秩序原則，從而成爲形塑公正社會的東西。

然而，社群論批判上述看法。社群論者質疑，眞有可能規定出一個，不依賴任何善的觀念之中立的正的原則嗎？社群論者如此質疑的理由是，自由、平等、公正、寬容等本身就是爲了實現「善」，也就是爲了實現良善生活的價值。若從這個意義來說的話，某些特定的善，其實是被當作爲正。如果正與善是相連結的話，那麼自由主義理論的基本命題，換言之，正與善的區分，從一開始就是不成立的。

除此之外，人們如果對於除了選擇的自由或公正程序等以外的其他價值，出現了重大爭執的話，此時仍否有必要維護那些，被看作爲「正」的自由主義價值呢？我們可以舉有關言論自由的例子說明。就自由主義來說，除爲了因應公共必要，而可以針對場所或型態做出限制外，應當在最大程度上保障言論的自由，且不能以它的內容好壞爲由限制言論。並正是在這個意義上，要去維護法律的中立性。因爲如果基於內容做出判斷的話，這個判斷就是要去促進、限制具有特定內容的言論，並因此涉及承認或否定特定的善。但問題是，例如說某個言論是侮蔑特定民族的歧視性言論，那麼是否還能維持上述意義下的中立性呢？也就是說，如果可以證成對歧視性言論設下限制的話，那麼就無法維持中立性原則。反過來說，如果把歧視性言論看作屬於言論自由，並容許這種言論存在的話，則又將會違反了平等的要求。

其他還可以舉出的爭議，像是從倫理的觀點限制經濟活動的自由，以及非基於個人選擇或同意之團體責任的問題等。這些問題都被批評爲，不只無法用正的原則說明，並且僅依據正的原則，也不可能做出恰當的處理。

Column(20) 政治自由主義

雖不必然是社群論的批判所引發的直接結果，但社群論關於善的社會重要性的主張，對羅爾斯的自由主義正義論的轉變，帶來不容忽視的影響。

羅爾斯在《政治自由主義》（1993 年）中明確表示，當各自以特定的善觀念作爲基礎的各種全面性學說，彼此相互對立的時候，在這樣一個狀況下，「作爲公平的正義」並非對各自擁有不同價值觀的人們，提供形上學基礎的道德哲學學說。「作爲公平的正義」全然只是爲了這些人從事社會合作時，確保所需的公正條件爲目標之，基於政治性正義概念而有的東西。譬如說到「社會基本善」的清單時，羅爾斯表示，它不是基於特定秩序構想下平均人的需要，然後以一種原理的觀點規定出來的東西。這個清單反而應當交付由彼此相異之全面性學說之間的「交疊共識」決定。羅爾斯主張要根據「公共理性」以形塑出適合正義的秩序，並且位於這個秩序核心中的，是所謂的「憲政核心要素」。

我們可以這麼說，羅爾斯的想法到此時已轉變爲，基本上一方面維持著正義原則的方法論上基礎，一方面回應多元主義狀況，以務實地關懷社會統合和秩序安定。他站在合理多元主義的立場，企圖開拓出立憲民主制自由主義的新的可能。

無拘無束的自我

根據社群論者表示，在自由主義正義理論中被視爲前提的是，不受任何東西拘束的選擇主體。例如說，契約論式自由意志主義者把各個人理解爲，存在在自然狀態中之自然權的所有主體。透過此種掌握主體的方式，自由意志主義提倡最大限度尊重自由權，以及最小限度約束自由權。此外站在平等主義立場的羅爾斯，則在他的正義論當中指出，由於特定的屬性將會連結到追求特定的善，所以在一個人們無從得知自己屬性的「無知之幕」的假定下，原初狀態中的各方當事人，將會同意採納正義原則。從而就關於自由來說，透過無知之幕將推導出的是，在能夠相容於他人擁有之同樣的自由範圍內的，最大程度平等的自由權利；就關於平等來說，將推導出的是，要求機會平等原則和要求差異原則的廣泛的平等權利。

邁可．桑德爾把自由主義正義理論中，作爲前提的人格概念稱爲「無拘無束的自我」（unencumbered self），或者是「唯意志論的自我」（voluntarist self）。也就是說，不受到任何實際上制約之純粹的選擇主體。換言之，原子論式的自我。關於這一點，正如同阿拉斯代爾．麥金泰爾說的，我們都是某人的子女，某個國家的國民。我們都是作爲擁有特定屬性，像是家族、地域共同體、國家、民族、宗教等的存在。我們共同擁有著，來自於歷史、文化、傳統等各個不同屬性的正遺產、負遺產，並且是帶著這些特定的刻印而存在。從而，人的本來型態不是無拘無束的自我，而應當說是「情境化的自我」（situated self），或者是「敘事性的自我」（narrative self）。

社群論者對「無拘無束的自我」觀念提起的質疑，並不只是在於它與實情不合，還因爲這樣一種人的理解方式，將導致我們無法瞭解像是說，我們作爲家庭的成員、作爲公司的一份子，以及作爲特定的國民，通常背負起廣泛的道德上、政治上責任的意義。在「無拘無束的自我」下，一切責任的根據都歸咎到自我選擇或同意。除此之外，在這個自我中則找不到任何可以自我約束的根據。這個自我所確立出來的認同是稀薄的，所享受到的自由是空虛的。這個自我不僅不會成爲自律的基盤，反而容易受到環境條件影響，或受到游移不定的感情左右，從而不得不說這只是他律的自我。因爲這個緣故，「情境化的自我」、「敘事性的自我」，才眞正能夠成爲我們身分認同的實質基礎，並且也才能眞正足以作爲確立豐富人格主體性的基盤。

缺少關係性

在自由主義正義理論中，是用正的原則去描述權利，同時作爲這個理論之前提的人格概念，則是沒有拘束，或者說沒有「負擔」的自我，所以這個理論基本上有著權利基底理論的性格。權利被看作是個別化的政治目的，具有一定的分量。權利是不得被輕易地拿去與公共利益衡量比較。所以在許多的情況下，正因爲權利是作爲一種權利，它就具有優先地位。

例如說，言論自由因爲作爲一種權利，所以不管這個言論的內容是什麼，都必須受到廣泛保護。又例如說，提供給身體殘障人士的輔助設備，也是作爲一種塡補不利條件的平等權利，因而原則上必須受到保護。

但是如同前面提到過，假如歧視性言論變成爲爭議問題的時候，或者像在高爾夫比賽中，就是否承認僅限身體殘障選手，得違反規則使用高爾夫車，人們有所爭執的時候，無論在哪一個例子中，我們是否還能認爲，只因爲權利就是權利，所以給予保護呢？這眞的恰當嗎？

根據社群論，在這些場合中重要的是，首先就第一個事例來看，有必要考慮的是，言論自由的行爲和這個行爲（換句話說，歧視性言論）所針對的對象間，有著什麼樣的關係；在第二個事例中，有必要考慮到的是，高爾夫車的使用和高爾夫這個競賽間，或和高爾夫比賽的基本性格間，存在著什麼樣的關係。一方面，歧視性言論所針對的對象，會因為那個言論而受多大的傷害呢？社會上的人們，又在多大程度上承認這是重要問題呢？這些都是息息相關的。另一方面，在什麼程度上，高爾夫車會被認為是必要的呢？假若使用高爾夫車，被認為是基本規則的例外的話，那麼承認可以使用高爾夫車是否會、或不會改變競賽的性格呢？這些都有慎重考慮的必要。若排除掉這樣一種關係性的實質考量，而認為不管什麼狀況下，都應該把權利當作為權利而加以保護的話，自然會發生很多問題。

共同善

從而基於上述批判來看，社群論所要主張的，不是與善有所區分的正的秩序，而是共同善的秩序。同時也不是中立地規定出什麼是權利，而是把關係性列入視界中的，基於實質性考量所形成的秩序。此外，若論及個人人格的理解方式的話，社群論亦不認同自由主義理論的做法，也就是把人格理解為不受拘束的存在。社群論主張人格帶有特定歷史的、文化的刻印，並鑲嵌在「共同體的敘事」當中，所以具有倫理固有性，並應當理解為「情境化」的存在。

另外關於規範判斷的根據，亦非如自由主義理論般，把這個根據看作來自於各個人的自由意志和選擇意思。社群論重視的是，社群關係中隨著歷史而形塑出的，並代代相傳下來的實質善。也就是共有倫理價值。這個主張得出的歸結是，在各個人追求各自的善的時候，各種規範不被認為是中立的。各種規範被看作為，能促進人們擁有更好生活方式，以及推動更好社會的這樣一種東西。換言之，各種規範必須考慮到共同善，並且必須基於目的論考慮，而是實質妥當的。我們認為，自由主義理論和社群論二者間，在想法上的差異可呈現如下述：

自由主義理論以個人主義、唯意志論作爲其重要思想依據；社群論則以共和主義、歷史主義作爲其重要思想依據（表 4-1）。

我們有必要注意到的是，對於如何看待「共同善」，在社群論的想法當中，又可區分出兩種不同的傾向。第一種傾向是，把共同善看成爲鑲嵌在特定的共同體文化和歷史當中，並且是被給定的東西。這一派重視的是，維持和發展這個共同善，所以顯現出保守的歷史主義傾向。另外一種傾向是，把共同善看成爲相對的，並且是人們能夠共同發現的，或者是能夠共同創造出來的東西。從共同參與公共事務中，以及從民主的自我統治中，尋求共同性的連帶，並重視在關係性中，陶冶作爲公民的德行。從而這一派顯示出，有著參與民主主義式公民共和主義的傾向。一般區分前者爲基礎主義（foundationalism），後者爲非基礎主義（non-foundationalism）。

表 4-1　自由主義理論和社群論

	自由主義理論	社群論
秩序原理	正	共同善
	權利	關係性
核心價值	自由	善
人格概念	無拘無束的自我	情境化的自我
	唯意志論的自我	敘事性的自我
規範根據	選擇、同意	歷史、文化
	意志	脈絡
法律判準	中立	目的論
思想基盤	個人主義	共和主義
	唯意志論	歷史主義

對社群論的辯駁

最後在此處我們要說明的是，站在自由主義立場時，常會對社群論提出的三種辯駁。

第一，在一個強調道德固有性，並有著強烈連帶的共同體當中，容易發生偏見和不寬容的問題。內在於共同體歷史或傳統中的價值，如果被認爲具有優越性的話，很容易就會把這個價值當作是標準，並否定和排除不合於這個標準的價值。或至少說是，會變得對其他價值不寬容。這是因爲，這個價值涉及到的是共同體的基礎。此外在共同體中，爲了維持共同體的紐帶本身，或爲了維持共同體內連帶本身，容易發生使用共同體價值，去強迫人們加入共同當中。爲了保持共同體的一體和安定，則導致對外做出限制，或對內做出管制。

關於這一點，社群論也因此被說成是蘊藏著通往極權主義的危險。假如透過標榜特定歷史、文化、傳統所培育出的價值，並強制國民必須信仰這個價值，以推展有機的、實體的國家型態的話，則各個人都將很有可能被看作是整體當中的一小部分，且成爲遂行國家政策的道具。正是因爲如此，重視共同體和共同體關係的社群論，被認爲內含著通往極權主義的危險誘惑。

共同體和多元社會

第二，如果採取非基礎主義的立場的話，則共同體的共有價值，將被看成爲是相對的，但即便站在這個立場，社群論也不太可能搖身一變成倫理多元主義。換句話說，假如不承認共同體價值具有約束人的權威的話，就必然會發生爭執，共同體到底應當維持的實質價值是什麼呢？同時一旦發生對立的話，那麼到底是誰，又要以什麼方式去決定共同體的價值呢？這些都會成爲問題。如果規範判斷的考慮，變成爲涉及實質倫理的考慮的話，則隨著實質倫理的成分增加，意見也會變得更多樣，而且對立衝突也會更加嚴重。因是之故，單只依靠參與民主主義下的討論，仍被認爲不足以形成維持秩序的方法。

第三，社群論企圖復興共同體，並喚醒共同體關係及價值。但這個企圖被批判爲，不合於當今時代現況。現代的民族國家，再也不是古代希臘的城邦國家。不只規模變大，共同體內部也充滿著複雜和多樣、多元的要素。這是因爲隨著人類歷史發展，平等自由的基本人權早已被當作，並且也被納入國家的基本制度中。站在今日的這個時代來看，提倡一種相對同質且安定的，並且統合成一體的共同體的話，這樣一種強調共同體有其存在意義的主張，不只是非現實的，同時還會被人認爲充其量只是沉湎於過往共同體有著活躍生命力的時代。

6　論證

依據論證

當透過法律以實現正義的時候，若人們對於正義的意義與內容，在見解上彼此相互對立的話，論證作爲協調手段的一種，就有其重要意義。尤其是在現代社會當中，由於價值觀多元化，以致人們對實質價值難以出現一致意見。所以這個時候，論證的重要性就更不可言喻。但不是說只要討論過了，就可以視爲解決問題。重要的是，要以相互瞭解和形成共識爲目標去論證。問題是，爲了要能夠相互瞭解並取得共識，則應該如何論證呢？

論證理論即是為了上述目的，企圖提示出達成的條件。「理想的言談情境」、「原理融貫性」、「普遍化可能性」等，都是為了能公正地論證，並在可能的範圍內，達到所有人都能接受的共識，所必須要有的理性論證的條件。

由於注重程序已經成為現代法的一個重要趨勢，故在今日，有必要明示出理性論證的條件的意義，並重新確認存在於法律論證的基礎中的東西。

程序途徑和論證

如果我們想要對於那些造成爭論原因的事項，或有可能引發爭論原因的事項，做出一個結論以了斷的話，可能的決定方法有下列數種。例如說，為了決定新的領袖，我們可以抽籤決定，可以依照演說的能力決定，或可以交付給大家信賴的、有權威的人士去決定，甚至也可以用一種常用到的正式方法，也就是透過成員投票決定。但是在社會實踐上，通常最常被用到的決定方法是，由成員討論協商。縱使說是以投票的方式決定，在進行到投票為止前，人們還是會在許多不同的層面上討論協商。在討論協商當中，人們也有可能把決定方法本身，拿出來作為討論的主題。

相同的事情可以用在人們爭論有關許可建造飛機場的條例的情況，或者是說，爭論制定防止歧視女性、外國人的言論的規定等等。毋庸多費唇舌也當會瞭解，若用抽籤的方法，去解決有關公共事業、言論管制等問題的話，這個方法絕不會是恰當的。

從而一旦人們對於法律正義的意義，以及對於它的內容發生爭議的話，便經常試著採取協商的方式解決。透過討論和協商，人們試圖找出一個彼此能夠充分接納的決定。在這個情況下，說不定存在著「正確的」的決定，也說不定不存在。但作爲一個共同做出的努力，總之我們嘗試透過討論和協商，以好找出能稱作爲「正確的」的決定。

說到接近正義的方法，一種是把什麼是正確的，拿來當成我們直接檢討的對象，從而定出判斷正義的標準。這也就是所謂的實體途徑。相對於此，另一種方法強調的，不在於結論的正確性，而在於得出結論的過程的重要性。這也就是所謂的程序途徑（→ 109 頁）。透過討論協商，也就是依據論證以試求解決，這個方法就完全屬於程序途徑。

論證的重要性

作爲一種程序途徑，「論證」的重要性，可以舉出下列數點。第一，在公共決策中，屢屢可見到利害對立與意見相左的情況。在這種情況下，不是遵照獨立標準去判斷決策的正確性，而是以盡可能公正的方式窮盡論證，然後把共同得出之有共識的內容當作爲結論，則人們將接納這個結論並暫定它爲正確的。在價值觀多元化的現代社會中，實體性價值判斷標準難以取得衆人一致同意，從而在這個時候，論證被當作爲和平地解決問題的方法，因此有其意義。

對立 ——————→ 共識＝「正」

第二，論證的動態也常被提出討論。論證即是一個說服的嘗試。爲了說明特定決策是好或壞，我們會引用並解釋實體的價值判斷標準。針對許許多多的問題點，在形形色色的層次上，我們會努力使對方，或使聽衆接納這個判斷標準和解釋。從而在論證當中，必然會納入有關實體的考慮。當我們窮盡論證，並與他人達成共識的時候，這必然將對實體的規範體系添加新的要素。另外，經由共識達成之暫定的「正確」，則會因爲情事變遷等，在同種類的其他事例中以不同的型態又再次出現。不只如此，人們也會持續不斷地把這個暫定爲正確的東西拿回論證中論辯。

第三，在說明社群論的時候，我們指出實質性考慮有可能引發人們爭論。然而人們仍有可能透過論證，充分地檢討這個實質性考慮。特別是在法律論證中，一旦倫理問題變成爲論辯的對象時，不管要問的是，相對於原則的例外是什麼，也不管是否要修正原則本身，作爲一種原則判斷，人們將透過檢討某個主張的根據爲何，以共同地探求實質性理由。論證是一個過程。在這個過程中，所有相互對立的見解都向下深入探討，以至於達到能形成共識的這樣一種理念的，或者是正義觀的層次，從而得出所有人都能立足於其上的，且足以構成意見一致的這個點。在這個過程中潛藏了一個可能性。也就是透過這個過程，去塡補難以跨越的鴻溝，克服難以克服的對立。

論證過程的公正性

雖說人們爲了要說服他人而展開論證，但無論這個論證是如何地基於實體的和實質的考慮，並不保證只要參與了討論和協商就能解決對立，或只需論證就能達成共識。反過來說，縱使有了共識，但假如這個共識是單方面使用權力而促成的話，這個時候仍不能認爲已經窮盡論辯了。從而缺少充分接納和相互瞭解的話，不能說這個共識是眞的共識。因爲這個緣故，爲了要能達到眞正意義下的共識，因而產生了要盡可能公正地執行論證過程的這項要求。

針對論證過程的公正性，哈伯瑪斯提示出所謂的「理想的言談情境」（ideale Sprechsituation）理論。「理想的言談情境」要求的是，作爲一種「對話倫理」（Diskursethik），在滿足了同時也是倫理條件之合理條件的情況下去從事論證，從而找出以相互瞭解爲目標的溝通行爲理性。至於什麼才是合理論證所需的理想條件呢？則可以指出有如下述：

(1)無論什麼時候都可以開始或繼續討論。
(2)針對主張，要提出說明或證成，或者是提出質疑或反證。
(3)各個人要誠實地陳述自己認爲對的事項，不得做出虛僞表示。
(4)對於主張和反證，要保障完全對等的機會。

這些條件要求的是，保障參與論證之人不受限制的對等性，以及藉由提出主張時要出示理由等方式，以確保論證內容的實質性。因爲這些條件規定了，透過論證以使彼此能不受阻礙地、順利地表達意思，所以它們就是爲了使參與人，不受到像是來自外部的作用，從而導致他們的論證受阻，以及不會因內部強制等影響，導致他們參與論證的對等性受限等的條件。換言之，這些條件意含著使參與人，不受來自外在的和內在的障礙影響。此外，由於在參與論證這一點上，這些條件要求完全的相互性和對稱性，所以它們也必然推導出，參與論證之人彼此要相互承認和尊重，其他所有參與人各自擁有獨特的利害關係或人生目標，以及其他所有人都是有相等判斷能力和責任能力的自律人格主體。

從而在理想言談的條件中所意含的東西，已經超過遵從事先決定好的論證程序，然後公平地相互主張的這樣一種單純的程序公正。這是因爲「對話倫理」所要求的內容，是要能透過論證以達到相互瞭解。從而上述這些條件，正是爲了這個目的而被提示出來的。

原理融貫性

為了要能透過公正的論證，以獲得相互瞭解和共識，這時所需的條件，除了程序性的過程條件外，還要再加上的條件是，有關於主張內容的實體形式上的要件。這也就是，原理融貫性和普遍化可能性。

所謂原理融貫性指的是，在提出主張的時候，要盡可能地基於共通的論據，或者是基於共享的知識，以證成主張。若主張涉及到規範內容的時候，譬如說涉及到法律論證的話，則我們在組織和建構自己的論證時，要盡可能地與實定法或判例等，亦即要盡可能地與存在於法律判斷的基礎中的法律原理，也就是實質的價值判斷標準相整合。舉例而言，假如有人主張說，歧視他人的言論是屬於言論自由許可的範圍，那麼此一主張所援引的根據，就有可能舉出日本憲法第 21 條，以及存在於這個條文基礎中的精神自由的優先性，或思想的自由市場論，或政府管制的中立性等等法律原理。但是，在什麼意義上要與什麼樣的原理相整合呢？這會成爲問題。不過，無論如何，一旦我們依據的是作爲共通論據的原理的話，就能創造出論證的共通基礎。並且藉著把爭點限縮在法律原理的解釋上，就有可能使論證朝向達成共識的方向前進。

普遍化可能性

所謂普遍化可能性指的是，我的主張非單以自我爲中心，也並非只相關於特定的利害關係，而是我的這個主張有可能普遍化。也就是說，我的這個主張，是已預備好某種普遍性的這樣一種東西。如果普遍化是可能的的話，那麼作爲一種理性論證來說，我們就可以要求對方接受這個主張，且這個主張將具有一定的倫理力量。

但是人們對於普遍化可能性本身，也有著多樣的理解方式（→ 108～109 頁）。例如說，「你希望別人怎樣待你，你也要怎樣待人」的黃金律，或者是作爲它的逆令式的「己所不欲，勿施於人」格律。以這個方式掌握普遍化可能性的話，即是意味著，即便站在對方的立場時，也能夠接納這個主張。所以又可稱爲「立場的互換性」。

此外，若是以功利主義的立場去掌握的話，則會認爲所謂之普遍化是可能的的這個說法，即表示多數人們能夠接納（譬如說，R. M. 黑爾）。這即是表現出，把最大多數的最大幸福，當作爲對的標準的一個想法。反過來說，如果多數人們無法接納的話，就不具有普遍性。

另外，也可以從義務論的立場，去掌握普遍化可能性。代表例可舉出康德的定言令式。康德透過下述的令式，表達出實踐理性的普遍性要求。也就是，「不論做什麼，總應該使你的意志所遵循的格律，永遠同時能夠成爲一條普遍的立法」。在這個令式中，既不包含站在對方的立場想，也不涉及多數人們的幸福或接納。它純粹是形式的要求。雖然說「普遍的立法」究竟指的是什麼，是有疑問的，但是就作爲形式要求而言，它具備了一定的規範力量。

關於普遍化可能性，雖然有著多數相異的理解方式，但是無論哪一種，都是要發展出一個能夠具有普遍性的主張，而這應該是使得理性共識成爲可能的條件之一。

法律論證

如同前述，爲了達成相互瞭解和形成共識，所以人們從事理性論證。而爲了達到這個目的的必要條件則被認爲是，使論證過程公正，以及論證的內容必須是更接近共識等。此種理性論證的條件，以及在這個條件背後的程序途徑的想法，對於我們要去理解法律而言，將開拓出什麼樣的視野呢？（→ Column(35)〔273 頁〕）

首先要說明的事實是，法律制度規定了各式各樣論證規則，並不斷地追求制度化理性論證。立法或審判的程序，以及行政上決定政策的程序等，這些程序規範當然是論證時要依據的東西。但不只如此，即便說到憲法、民法和刑法等實體法律規範，它們也可作爲論證的根據。另外像是國會法或法院法等，所謂的組織規範，因爲規定了論證的場所和機會，所以也能夠等同視爲是以論證爲目的的規則。在法治下，程序規則應不受到權力的扭曲，且盡可能地保障參與議論的當事人間的對等性。實定法和其解釋論，透過指明法律原理是什麼的方式，不只在法律原理的共通基礎上，使得公共論證得以成立，它們同時還提供了此種論證所需的重要資源。此外，規定法律論證之機會的組織規範，因爲把議會或審判等場所設定爲，對公衆開放的正式的公共論證場所，所以我們可以說，組織規範創造出了，能夠進行理性論證的環境條件。

但是，因爲制度化，所以法律論證也顯露出它有著一定的侷限。既不可能像理想的論證情境般，在尚未獲得充分的共識前，都可以不受限地持續論證。此外，在論證的過程中也不可能說，要提什麼樣的主張或反論都行，或者要舉什麼樣的問題出來討論都好。限定參與人、限定主題、多數決，或者是審判期日、事實認定、一事不再理、既判力及其範圍等等，處處可見到制度限制。法律論證完完全全都是在法律許可的範圍內論證，在法律給定的框架下操作。但另一方面，法律論證也有其優點，因爲法律論證一次只解決一個具體的問題，從而留下日後繼續論證的可能。這也是法律論證被說成是，「實踐論證的特殊事例」的理由。

論證和法律

法律透過許多方式以制度化論證的同時，法律還超越了制度化。因此可以說，法律本來就是論證的。之所以會說法律是論證的，是因爲不管是程序規範，也不管是實體規範，法律本來就是在出現了利害對立，並進而從事對話的論證情境中，所產生出來的東西。並且對有可能發生歧異的地方，人們達成共識，要對這個情況劃定一定界線。如果有修改法律或廢除法律的必要的時候，則人們會對存在於法律規定的基礎中的法律原理，進行論證。一旦能確認社會的需求，並對這個需求有新的共識的話，就能夠重新劃定界線。在法律中規定了，要給予自律的人格公正的顧慮和尊重，並把它當作爲基本的人權。這麼做的目的是，爲了確保有可能參與法律過程的主體。此外，我們可以把出現在判決理由中的法律論證的形式理解爲，整理重要爭點上相互對立的主張，然後對於質疑一定判斷，或有可能質疑一定判斷的主張，嘗試給予具有法律基礎的說服性論證。因爲上述這些事項，所以我們可以說法律本來就是論證的。

作為論證程序的法律

一旦我們指出了，法律本來就是論證的的話，這將會對要如何掌握法律秩序整體，呈現出一定的視野。如果法律是論證的的話，我們就能夠把法律系統本身，理解爲存在於論證過程中的東西。換句話說，作爲一種論證程序的法律。

例如有學者主張，要把審判定位爲公共論證的論壇，並把法律系統整體看作是制度化下，由論證、程序和共識所共同構成的「對話理性」（田中成明）。在此說到的「對話理性」是，「證成有關實踐問題之規範陳述的這樣一個標準。它的基本特徵是，在依據作爲基礎的背景共識的同時，又基於公正程序，以進行討論、對話等論證，並把藉由這樣子的論證所形塑出的理性共識，當作爲識別合理性、正當性的核心標準」（田中成明《法理學講義》〔有斐閣，1994年〕42頁）。換句話說，在審判中，於公開法庭上，針對有著高度公共關心的爭點，當事人們遵照公正程序，依據作爲背景共識之法律規範或法律原理，對等地推展論證。法官基於雙方當事人的主張，同樣地依據背景共識，做成一個能被當事人與公衆都接納爲，在內容上有理性共識（不只是公正論證，還有原理融貫性及普遍化可能性，都被認爲是理性共識的要素）的判斷。判決被看作是共識下的產物，且還會替法律系統帶入新的要素。把理想的論證要素納入結構中的這樣一種審判，就被認爲是位處於法律系統的核心地位。同時藉由這個方式，法律系統整體就被看作是，制度化下的「對話理性」。

如果我們把法律當成爲，本質上是基於共識所形成的，然後又把法律系統看作是，能夠促進理性共識的論證制度的話，在我們的想法當中就孕育著另外一個看法：也就是說，法律正是作爲一種，基於論證動態所形成的論證程序。法律存在於論證的過程中。法律論證爲了要能達到理性共識，所以不得不依據公正程序進行。參與論證的法律主體，藉由加入作爲共識下的產物之法律的論證中，得以在法律系統中找到身分認同，並且在加入共同體資源的同時，還促成法律系統的運作。由於在法律系統中進行的論證，乃是以法律共識爲共通基盤，所以法律系統的統合性將不會受損。在法律系統中，人們熱切地爭論有關法律的公共論證，並且在此同時，於法律系統中所陸續形成出來的共識，則又逐次地改變法律和法律系統本身。所以我們可以認爲說，法律本來是論證的，但同時又是存在於論證過程中的，這樣一種東西。

尚待解決的問題

最後，提出有關於法律的理性論證的兩點問題。

第一，法律制度化的問題。不管理論上人們如何描繪一個理想的論證情境，實際上要如何制度化那個情境呢？這將會成爲一個大問題。舉例而言，在理想的言談情境中，規定了當事人間立場必須完全具對稱性，但問題是要如何確保這個對稱性呢？如果只是平等地給予主張和反論，或證明和反證的機會的話，並不能滿足這個條件。這個時候有必要的是，平等化論證能力，和論證中平等化責任分擔等。譬如說，委任律師的權利、公平分配舉證責任等等。此外，若說到論證的資源面的話，爲了要能理性論證，資訊公開也是不可或缺的條件。

另外或者是，爲了能理想地進行論證，這個論證必須不受到外在的與內在的阻擾的影響。但是，雖說有可能在某程度上，藉由制度化以去除外在強制力所造成的阻礙，譬如說，保障審判獨立或保障審判程序等，然而縱使這麼做，仍有困難去排除掉來自內部的障礙，譬如說，社會權力關係或權力結構的影響、人的觀念中存在著同儕壓力或排除異端的傾向，或是因爲感受到怨恨或羞恥等人的情感的影響等。

這些影響不只扭曲了理想的論證，還創造出眞正意義下的共識難以形成的情境。那麼，要怎麼做才能防止這些影響呢？這就成爲問題。

第二，就論證理論來說更重要的是，要如何透過程序，以進行證成的問題。如同前面提到過的，論證理論的特徵是，把法律正義的問題，當成爲論證程序的問題去思考。既不實質地，也不直接地，去處理判斷或決定的正確性的問題。換句話說，假若論證過程是公正的的話，透過此一過程而得到的共識，就被看成爲，儘管是暫定的，卻是正確的。也就是說，這是一個正義問題的程序途徑。因此若依據事先規定好的方式，公正地執行程序，或說是公正地執行論證過程的話，論證理論就推論說，結果具有正確性。由於結果正當性的問題，全面地被轉換爲滿足程序的問題，且對於作爲結果的共識內容，論證理論則不予聞問是好或壞，並藉此逃避了被批判的可能，以致仍留下難題。

純粹程序正義的事例，或說是程序的正確性，將保證結果正確性的事例，的確有可能存在。例如說，在將蛋糕切成兩份，然後分給兩個人的情況中，如果規定切蛋糕的人，只能拿取對方剩下來的蛋糕的話，就符合純粹程序正義。然而論及法律論證的時候，與第一點的制度化問題相關的是，要制度化一個可說是完全公正的過程條件，顯然是不可能的。如果理性論證的制度化是不完全的的話，就有必要從程序問題以外的方面去找出，作爲結果的「理性共識」的理性性或正確性。縱使說程序正確性是結果正確性的必要條件，但它絕非充分條件。從而仍有必要從事，處理結果正確性的實體論證。

第 5 章

法律思維

在本章中，我們把出現在審判中的法律思維，當作是法律思維的核心事例，然後檢視法律思維的各個面向。首先我們思考的對象是近代法治國家，藉此再一次確認第 2章（→ 25 頁）中提到過的，有關法律思維和審判之間的關係。其次則更詳盡地說明法律解釋及其適用手法。最後我們將批判地檢討「法律和經濟學」的發展動向。本章中處理到的法律學方法論，同時也是前幾章中提過的，法律一般理論和正義論的一個應用部門。從而那些在本質上，同於法哲學中其他問題領域的各項論點，又會再度出現在法律思維的層面中。

1　法律思維是什麼

1 限定檢討的對象

假如把「法律思維」定義成，所有參照法律而有的思維的話，法律思維要檢討的對象恐怕就變得極爲廣泛。因爲在這個情況下，不只是審判中法律專家的思維，也不只是法律學者的思維，就連遵從行爲規範（→58頁）之一般公民的思維，也都被包含在法律思維的範圍內。不過我們在本章中要檢討對象，將會是有所限定的。以下先說明這一點。

法律思維和審判

人們對於法律抱持著許多不同的看法。同樣地，對於法律的思維也有著多樣不同的看法。但是現代的法律人說到「法律思維」時，常強烈意識到它和審判之間的聯繫。

法律當然不是只侷限在審判中才發生作用。透過審判以解決爭議的這項功能，僅只是法律所擔負起的功能中的極小一部分。審判規範也只是法律規範中的一環（→58、71頁）。如果所有相關於法律的爭議，通通都被送進法院的話，那麼法院恐怕早就被「訴訟洪水」所淹沒，再也發揮不了任何作用。因此我們應當把審判看成是法律的病理現象。至於法律，則是在審判發生前，或是在法院外發揮它的正常功能。

雖然我們提出上述般的說明，但大致上還是可以認爲，法律所特有的思維將會是顯現在審判中的法律思維，或是呈現在針對審判而來的法律思維當中。這麼說的理由是，如果我們從執行法律工作之人的這個面向，對法律思維下定義的話，法律思維即是法律人的思維，並且一般而言，是法律人針對審判所從事的思維。或者至少我們可以認爲說，所謂的法律人指的就是，以專家的身分參與審判，具有法律思維的技術能力的人。

但像是在美國這樣子的社會中，因爲法律人，尤其是律師通常會深入行政或企業的組織內部，並從籌劃階段即加入各項企劃案中，所以對於法律人所要求的能力，不只是判斷在什麼樣情況下，要使用狹義的法律思維才是恰當的這個能力，還擴大到使用法律去思考和去談判的能力。從而法律人不是只有法律知識就足夠了，他還需要作爲一個通才的法律人，才能擁有恰當地活用、運用法律知識的能力。但不會變的是，即使是在這般廣義下的法律思維當中，以審判爲焦點之狹義的法律思維，仍是不可或缺的構成要素。

基於以上的理由，在本書下述部分，我們將限定以狹義的法律思維作爲檢討對象。

作為擔負起運用法律思維責任的法律人

即便我們說，審判和法律思維的終極目標，在於有益於全體公民使用，但在近代法律制度下，直接擔負起運用法律思維責任的人，仍是職業法律人。法律人是由法官、檢察官、律師以及法律學者等組成。前面三者在日本稱作爲法曹，他們是直接參與審判的專家，並以審判爲中心從事活動。

審判的功能和法律思維

審判擔負起的功能是，對於民事爭訟或刑事爭訟做出決定。在近代的審判中尤其要求做到的是，決定必須附上理由（例如說，日本刑事訴訟法第 44 條、日本民事訴訟法第 312 條第 2 項第 6 款都有相關規定）。

比方在日本，審判原則上規定要以適用法律的方式為之，對於理由的最低限度要求，則是要指出判決適用的條文。但是除此之外，有必要說明為何如此這般解釋或適用該條文。另外關於如何認定該條文所適用之事件的事實，也同樣有必要說明理由。因此所謂審判中的判決理由，指的就是陳述有關於法律問題和事實問題雙方面的理由。

作為呈現法律思維的判決理由

從而我們可以認為，判決理由中所表現出來的法律思維，就是審判中的法律思維的基本現象型態。判決理由直接來說，即是法官思維的呈現。另外，律師和檢察官都是以勝訴作為自己當前的目的，故就此為限來說，他們都必須以法官能夠理解的形式，對自己的主張賦予理由。因此法曹三者間，自然而然就存在著共通的思考模式。

發現和證成

判決必須附有理由。同樣地，包含學說在內的法律主張，一般而言也都有必要說明理由。說理這一件事，就稱為證成（justification）。

有部分的邏輯實證主義者（→ Column(18)〔123 頁〕）把自然科學的理論區分為，理論的發現和理論的證成。這些學者主張科學方法論要問的，不是如何發現到理論，而是怎麼樣才能證成理論。舉個例子來說，牛頓是否眞的看到蘋果從樹上掉下來，因此發現了萬有引力的法則呢？但如果從科學看的時候，重要的不是這個問題。問題應當只是，這個法則能否透過實驗確認。

在法學中也同樣有人主張，重要的不是如何發現判決與其他法律主張。重要的只是，要如何才能夠證成這個判決或法律主張。與這個看法相對照的是，有部分的美國唯實主義法學（→ Column(21)〔214 頁〕）專注在判決的發現過程。他們還提出另一種見解表示，就判決的形成而言，法律規則幾乎不具任何意義。

上述兩種觀點都僅只強調了某一個面向。我們無法否認的是，法律中的發現過程和證成過程實際上是緊密嵌合著的。但問題是，法官是如何達到判決與其他法律主張呢？如果只以判決理由爲線索的話，是無法解析這個心理過程或認知過程。這是因爲在判決理由中所未明示出來的要素，影響了判決的發現過程。

在本章中以判決理由和法學著作等，即是以透過語言明白表現出來的法律思維，作爲主要的檢視對象。也因此我們將偏重在說明證成的過程。

但我們也有必要注意到的是，在某個意義上來看，判決理由中未明白表現出來的思維，特別是發現的思維，其實對於法律思維說不定是更加地重要。例如說，爲了把法律適用到事件上，首先必須判斷應當適用什麼樣的法律規範。這就屬於發現的過程。但這通常不會明白表示在判決理由當中。

Column(21) 唯實主義法學

係自1930年代起，至1950年代止，在美國有著強大勢力的法學革新運動。

處在這個運動中心的理論家，是卡爾．盧埃林和傑羅姆．弗蘭克。他們都強調下述事實：在判決形成的過程中，相較於判決中未明白顯現出的主觀偏好、政治意識形態，法律規則實則未扮演重要角色。他們因此推展出，稱爲規則懷疑主義的見解。

弗蘭克還進一步稱，不應該把研究的對象侷限在處理規則問題，亦即處理法律問題的上級審法院判決。他極力主張，也應當注意到事實審。他這麼強調是因爲，由於律師會訴諸情感以說服陪審，從而審判中的事實認定其實是不可靠的。他力主在沒有改善之前，應該反對陪審制度，並且同時要注意到研究事實認定的重要性。這樣子的想法，又稱爲事實懷疑主義。

一般而言，擁護唯實主義法學的人，在立場上傾向支持新政的社會改革立法。此一新政改革的背景是，自19世紀末到20世紀初，由保守派大法官所構成的美國聯邦最高法院，以傳統的所有權絕對原則和契約自由原則爲後盾，接連地對革新立法做成違憲判斷。在這個緣由下，被歸類爲唯實主義法學派的學者們，其大多數抱持的信念是，如果要以法律推動社會改革的話，這個工作不應當交由司法，而應當交由立法來擔任。

法學教育

法律思維的模式，是透過法學教育所培育出來的。法律思維的內容在相當程度上，會受到各個國家法學教育型態的影響。

在此我們將忽略一些特殊的事例。譬如從中世紀到近代，英國大學中的法學教育教的不是英國法，而是羅馬法。我們將把法學教育的焦點，限定在教導現行法律的教育上。

英國的法學教育在傳統上，是由被稱爲「法曹學院」的法曹自治組織擔任的。相對於此，德國、日本或美國等的法學教育，主要是大學的法律系或法律專業學院所負責的。若說到日本的大學中的法學教育，它的特色之一是，大部分的學生從一開始，並不必然預定日後要從事職業法律人的工作。

德國或日本有司法研習的制度。也就是說，通過司法考試後，原則上仍要經過司法研習所的實務教育，才能取得法曹資格。由於現在日本的司法考試非常困難，有些補習班會針對司法考試，提供專門爲通過這個考試而設計出的法學教育。我們可以看到最近的一個趨勢是，人們提出改革司法制度的方案之一，即是把大學中的法學教育重心，從大學部轉移到研究所階段。

因此可以知道的是，現今日本的許多機關都從事著法學教育。但若是從「法律思維」養成的觀點來看，可以認爲人們期待著大學（或者是研究所）擔負起核心任務。從而可以把法律學者定義爲，在大學中從事法學教育和研究的人，或者是以此爲目標的人。

眾所周知，稱爲「法律解釋學」的這個領域，構成了大學中法學教育的中心。法律解釋學的主要內容是，解釋憲法、刑法、民法、行政法等各項現行法律條文，並同時加上說明判例動向，且對法律解釋或判例提出建言。

法律制度、法學教育、法律思維

法律思維的存立有賴於法學教育。另外，法學教育的存立則又有賴於法律制度的現實。另一方面，從事法學教育的法律學者們，除了批判檢討現行法律制度實際上的運用狀況，還進一步推動改革法律制度的規範內容或運用方式。

法律照理而言應當要存立於社會中，因此社會一旦變遷的話，勢必將帶動法律制度的變革，同時還造成法學教育和法律思維的變化。另一方面，法律思維發生變化的話，也會推動法律制度的內容、運用上的變化，藉此又進一步推動社會的變遷。

在檢視法律思維的時候，我們有必要留意到，存在於社會當中的這樣一種，法律制度、法學教育和法律思維之間的相互依賴關係。

法律思維的共通性

法律思維的內容會相應社會而隨之變化。因應各國法律制度的實況，法學教育及法律思維的內容互異。從而我們若抽象地假設，存在著「法律思維一般」的這個東西的話，恐怕會是誤導的。

儘管如此，如果在一個社會當中，有所謂的「法律人」這種職業或階級的話，事實上我們仍可在這些法律人的思維裡，見到一定的共通性。尤其是採用近代法律制度以及審判制度的國家當中，法律人對於審判所抱持的想法，其基本特徵大抵是一致的。這是因為如同第 2 章曾解說過般，關於近代的法律和審判方式，存在著共通的理解，或者是說存在著共通的意識形態（→ Column(22)〔217 頁〕）。

Column(22) 意識形態

若要對意識形態下定義的話，一般而言藉由比對眞理和利益的方式爲之。自己的主張明明不是眞理，但爲了自己的利益，或爲了自己所屬集團的利益，而堅持那就是眞理的話，則那個主張即成爲意識形態。

科學主張也有可能是意識形態。比方面對反核人士的質疑時，電力公司的技術人員回說，「這座核電廠絕不可能發生事故」。他這麼說的話，這個主張就是意識形態的主張。如果他以「發生事故的機率爲多少百分比，計算上的誤差又是多少百分比」的方式回答的話，則不成爲意識形態。

若站在非認識主義（→ 120 頁）立場思考的話，所有的道德主張因爲都不具有眞理值，所以若有道德主張標榜爲眞理的話，這個道德主張就變成爲是意識形態的。如果不把這個道德主張當作是眞理，而是提出作爲建議或規勸的話，這個道德主張就不成爲意識形態。

縱使我們採取認識主義的立場，也就是承認道德主張有眞理值的立場，也要注意到，如果有人一方面標榜某個道德主張爲眞理，但另一方面這個主張卻又是爲了他本身的利益的話，這個道德主張也會成爲意識形態。

上述針對道德所提出的觀點，也同樣適合於法律主張。價值相對論法律實證主義被歸類爲法律學上的非認識主義。相對地，自然法論則被看作屬於法律學上的認識主義。

法律中的意識形態

「意識形態」這個字，被視爲是把自己的利益僞裝成眞理，並在眞理的名義下提出，因此這個字總是夾帶著負面的評價。但意識形態也可以看作是，用作爲從集團幕後，管制其成員的思想和行動的東西，從而意識形態擔負起，使團體內部互動更加圓滑和更加容易的重要功能。從這個意義來說，法律意識形態也在法律人團體內部扮演著積極的功能。

法律意識形態大致上可區分爲，實質的意識形態和形式的意識形態。所謂「實質的意識形態」，係直接相關於實定法學所教導的實定法的內容。以日本的憲法學爲例，法律之前的平等和尊重人權等的價值觀，即相當於實質的意識形態。

被認爲歸類爲「形式的意識形態」者，可以舉出像是法律人在思考，應當如何適用和解釋法律時的思維方式。或者也能認爲是一種法律人的傾向，比方只依據規則思考，或只爭論權利義務存在與否，卻不太考慮依比例分配權利義務等。雖說是「形式的」，並不意味著完全沒有內容。所謂「形式的」，僅只意味著不直接與實定法上的結論相連結而已。

與實質的意識形態相比，形式的意識形態較少依賴各個法律人的正義觀或倫理觀。所以在法律人間，相對較爲共享形式的意識形態。當我們在本章中提到「法律思維」的時候，原則上焦點都放在「形式的意識形態」。

2 依法審判

依法審判

最能表現出在法律中之形式的意識形態的是，「審判必須根據事先存在的實定法」的這個要求。雖說就什麼是實定法這一件事，實定法主義國家和判例法主義國家之間，在看法上仍有若干差異，但在信奉「依法審判」理念的這一點上，雙方則是一致的。

「依法審判」不必然是近代所獨有的想法。但是近代以後的法律體系之所以強調「依法審判」，其目的就在於，第一，防止國家權力的恣意專斷；第二，確保可預測性和法律安定性。通常會認爲透過準據實定法，可以同時實現這兩個目的。

另外在近代法治國家之下，尤其會強調「依法審判」。但是「法治國」這個用語，特別是被用作爲強調，防止國家權力恣意專斷的這個目的。

法治國

在近代，國家原則上禁止國民自行行使暴力或實力，並承認只有國家擁有行使物理實力的正統性。尤其重要的是，縱使是爲了自衛或實行自然權，或者是爲了實現矯正正義，也都禁止各個國民行使實力。即便是爲了實現權利，或者是爲了實現正義，而有行使實力之必要時，都應當由國家替代各該國民行使。

因爲國家獨占正統行使實力的權限，所以對於國家有恣意行使權力之疑慮時，就有必要準備好防禦策略。其中之一就是「法治國」的理念。也就是說，要求國家必須根據事先存在的實定法，才能行使權力。法院也屬於替國家擔當起行使權力當中的一環，從而人們也要求法院必須「依法審判」。

除此之外，比起立法和行政等，司法有著或多或少獨立的地位。

因此當立法部門及行政部門「依法」行使權力的時候，法院就負起任務去審查，這個權力行使是否眞的依據（包含實定憲法在內之）實定法。

可預測性

如果我們想要預測他人如何行爲，或預測國家如何行使權力的話，則會因爲私人或公家機關係依據實定法而行爲的這一件事，從而提升對他們的行爲的可預測性。因此不只是要經由公布法律等手段，以使人們事先周知法律，還有必要存在某些機制，以促進守法行爲，或減少違法行爲。比方對於違反行爲課予刑罰、損害賠償等的制裁，這些做法就是這個機制的代表例。

不過若提及遵守法律規範和活用法律規範的話，我們不能忘記的是，法律規範的內容，在某個程度上要合乎道理，並且因爲其他多數人們都遵從法律規範的這個事實，所以我也才遵從法律。也就是說守法律和活用法律，都受到互惠的正義感支持。如果以爲只要法律規範帶有制裁，就可以確保它的可預測性的話，這樣的想法是錯的。

法律的安定性

法律安定性這個用語，既意味著法律是安定的，又意味著確保人們透過法律能夠預測的、能夠期待的安全性。在本書中，把後面的這個意義理解爲，同義於法律的可預測性。我們的確可以這麼認爲，法律若沒有頻繁變更的話，在這個意義來說它是安定的，並且比起法律頻繁變更的情況來說，這麼做更容易預測人的行爲。但是就保障此處定義中的可預測性而言，重要的不是法律變更的頻率或程度，而是變更時，周知和促進遵守的方法。

審判和可預測性

若就「依法審判」來看的時候，審判也必須遵從事先公布的法律。但暫且先不論刑事事件，以民事事件來說，假定透過事先存在的法律，即能夠完全預測結果，那麼如果雙方當事人對於事實沒有爭議，且爭點限於法律問題的話，我們可以預期，這個時候幾乎不會有人向法院提起民事爭議案件。因此我們可以認為，由於雙方當事人對於依法律所產生的結果，彼此之間的預見是不相同的，所以在這個意義上來說，法律可預測性的保障其實是不足夠的，並因此導致人們提起訴訟。

另外一方面，一旦下了判決的話，將來在同種類的事件中，也必須基於同樣的法律規範做成判決。只要審判回應這種形式正義，或者是說回應這種普遍化可能性的要求（→107～108頁）的話，以此為限，也能確保對未來的可預測性。

如果我們注意到這些點的話，就可以認為說，縱使事前的可預測性低，但審判還是扮演著，提升了事後的可預測性的功能。

3　判決三段論法

判決三段論法的結構

所謂依法審判，它所採用的方式是，把制定法條文當中，以一般的、抽象的文言所表現出來的法律規範，適用到個別的事件上。透過這個方式，形成所謂的法律的三段論法，或是判決三段論法的獨特法律思維模式。這個思維模式顯現出的是，在審判中法律判斷的基本形式結構。

在法律人之間普遍地認爲，法律規範的標準型態，具有由要件和效果所構成的規則結構。這個東西也被稱作爲法律準則，或法律規則（→ 60 頁）。以下我們統一用「法律規則」這個用語稱呼它。

判決三段論法有著如下的結構：以法律規則爲大前提，並把事實涵攝到法律規則的要件上，然後藉此導出結論。因此我們說，法律規則是大前提，要被認定的事實是小前提。

例如說，原告 A 基於侵權行爲，向被告 B 提起損害賠償請求訴訟。根據原告的主張，B 在駕駛汽車時，因爲行動電話的鈴聲響起，從而疏於注意路況，撞上 A 駕駛之 A 所有的汽車。結果 A 的車輛受損，而 A 本身也因此導致頸脊髓創傷。爲了要簡化起見，先讓我們假定法院基於當事人的辯論和證據，認定了上述事實。法官這時把日本民法第 709 條，「因故意或過失致侵害他人權利者，負賠償因此所生之損害的責任」的規則，當成大前提，並且把事實涵攝到第 709 條所規定的要件上。在本件中，B 因爲駕駛中使用行動電話而欠缺注意，所以他的行爲有過失。B 的過失行爲的結果，可以用下述形式說明：也就是，B 的行爲侵害了 A 的身體及汽車等權利客體，並導致損害發生。法官認定，在本件中，因爲要件滿足，所以導出 B 對於 A 發生了損害賠償的債務。在進一步判定受損金額後，法官判決 B 必須對 A 支付某金額的判決。

涉及部分要件的三段論法

判決三段論法不只是用在如同上述般的情況中，也就是不只用在和判決直接相連結的這個情況中。判決三段論法有時也用在下述情況：如果存在某個命題，而它乃是定義或具體化法律規則中的部分構成要件要素的話，這個命題就成爲下層規則；並且在判決三段論法中，就把這個下層規則當成大前提，然後以同樣的方式展開推理。我們可以舉個例子來說明。如果某項解釋命題指出，日本民法第 709 條所說的「權利」，不只是狹義的所有權等的權利，還包含「法律上值得保護的利益」的話，這個解釋命題就是上述說明中的下層規則。我們可以指出來的是，當想要知道在什麼情況下，法律會承認侵權行爲和損害之間有因果關係的話，就有必要去找出下層規則。

關於判決三段論法有著什麼性格的爭論

在法律人之間，一般而言，會把判決三段論法看作是邏輯演繹。但是反對這個看法的主張，也是強而有力的。

如果把三段論法看作是邏輯推論的話，以下的說明就是可能的：在判決三段論法中，從普遍前提（大前提）以及個別前提（事實）導出個別結論（判決）的過程中，起作用的邏輯法則乃是，凡能適用到全體的話，也必能適用到當中的一個。

相反地，如果站在否定判決三段論法是邏輯說明的立場的話，則這個立場所持的根據如下：在法律思維中，不可能存在邏輯意義中的普遍前提，即不可能存在所謂的全稱命題；出現在法律思維內的，那些被人們稱爲「普遍的」法律規範，其實只是容許例外存在的「一般的」規範，或甚至只是大致上妥當的蓋然性規範。

如果說到這一點和正義論（→ 97、107 頁）之間的關係的話，那麼肯定判決三段論法有著演繹性格的立場，將會對應到形式的正義，或普遍化可能性的要求；如果是否定判決三段論法具有演繹性格的立場，將會對應到法律的一般性和衡平的關係。

針對判決三段論法的邏輯性格而引發的爭論，其實它的眞正爭點在於，現實存在的實定法上的法律規則，究竟有著什麼樣的性格呢？的這個問題。如果我們把現實存在的法律規則看作爲普遍的、全稱的東西的話，就會視判決三段論法是可以以演繹的方式說明的；但如果我們認爲法律規則只是一般性的東西的話，那麼要以演繹的方式去說明判決三段論法時，就會變得不恰當了。

有必要注意到的是，縱使認爲可以演繹地說明判決三段論法，邏輯關涉到的部分，也只有如何從大前提和小前提這二個前提，推演到結論。至於如何確定大前提和小前提這一件事，就不是邏輯的本分，而是屬於和邏輯有所區別之法律思維的領域。

反過來說，縱使認爲法律規範，只不過是一般性的東西，但如果對照個別事件，而做出普遍化可能的判斷的話，就此爲限而言，還是能夠以普遍規則的型態，去公式化法律規範的內容。也因此，在這麼做之後，仍有可能以演繹的方式說明判決三段論法。如果我們能如此思考這個爭論的話，有關法律三段論法有著什麼邏輯性格的爭論，就會因此而解消了。

一旦考慮到前面提過的那些論點，那麼就有關於法律規範性格的問題來說，我們可以認為，以自然語言表現出的規則，是允許例外存在的一般規則。至於法官的角色，就是把這個一般規則對應到個別事件上，並用普遍化可能的形式，去具體化這個規則。如果說規則是用自然語言（→ Column(23)）表現出來的東西的話，那麼以此為限來看的時候，規則是一般性的東西。但如果我們著眼於規則具有普遍化可能性的話，規則也能夠看作是普遍性的東西。在本章接下來的部分，如果用到「規則」這個字的時候，原則上是把它用作為具有如此般的雙重性格。

Column(23) 自然語言和人工語言

我們通常使用到的語言，像是日語、英語等，是稱作為自然語言。相對地，在邏輯學或數學中用到的語言，以及電腦中的程序語言等，則稱作為人工語言。人工語言和自然語言的差別在於，語言的規則（文法和語彙）究竟是人們有意識地創造出來的呢？抑或是在使用語言的人們間，自然而然地形成這個語言規則的呢？的這一點上。

說到「日常語言」這個字，在哲學史中原本就存在著「日常語言學派」。因此我們可以知道，這個字是和「邏輯語言」相對立的，並且意味著在普通的人們之間通常使用的語言。不過如果把它拿來和「自然語言」相比較的話，則「日常語言」這個字的定義又變得不明確。然而我們還是可以認為，所謂的「日常語言」，要麼在其外延上與自然語言同義，要麼它指稱的是，僅用在特殊專門領域中的自然語言以外的語言。

人工語言是為了特定目的，而特殊化的語言。在人工語言中用到的記號，原則上沒有解釋的餘地。換句話來說，對於在某個人工語言中用到的記號，如果人們改變了它的解釋的話，那麼必定是有意識地如此做。像是避免不同的記號使用者，對這個記號提出不同的解釋。相對於此，在日常會話或文學等中，人們會使用自然語言，但這時並不保證，其他人皆能正確地理解說話者或書寫者的意圖。在自然語言中，語彙的意義或文法等，是自然而然地發展出來的。法律學中用到的語言是自然語言，所以有著解釋和無意識變化的空間。

事實問題和法律問題的交錯

在判決三段論法的結構中，法律判斷可以區分爲，相關於如何確定法律規範的法律問題，以及相關於如何確定事實的事實問題。我們大致上可以這麼說，在審判當中首先要先決定事實問題。一旦確定事實之後，則選擇應當適用的法律規範，和確定這個規範的解釋。若是採行陪審制的話，事實問題和法律問題在前提上，是有可能分離的。這是因爲陪審通常僅擁有決定事實問題的權限。

但是在實際的法律判斷中，尤其若我們是從發現過程的觀點來看的話，會有困難去完全切割事實問題和法律問題。並且不管是從事實認定的這一端來說，或者是從法律問題的那一端來說，我們都能指出爲什麼是困難的理由。

若說到審判中的事實認定的話，其目的當然不是從各種觀點，去正確地重現發生出來的事實。事實認定的目的在於，弄清楚法律上重要的事實。換句話說，僅在於明白地呈現出，合於法律規範要件的事實。所以事實認定的前提乃是，有必要在某程度上，先確定可能適用的法律規範的內容。所謂審判中的事實，是在參照法律規範後，從法律觀點看的事實，而不是從非法律觀點看的事實。

若說到法律問題的話，第一，在適用法律之前的那個階段當中，如果事實未能確定到某個程度，則不可能選擇出應當適用的法律規範；第二，在審判中要去適用法律規範的時候，對於應當如何解釋規範的這個問題，與其認爲是純粹的法律問題，不如認爲很大部分依賴於該當事件的事實（→ Column(24)）。

讓我們稍加具體地說明這一個問題。例如我們可以舉前面提到過的那個案例。假定 A 帶著自己飼養的愛犬同車出遊，並且因爲車禍造成他的愛犬死亡，同時 A 還飽受驚嚇。這個時候，假若 A 除了物上的損害之外，還就精神上的損害請求損害賠償的話，法官就有必要判斷，這個精神上損害賠償請求，是否爲「法律上值得保護的利益」。法官若承認這一點的話，他應該就會解釋說，因過失導致車禍的結果，導致同車動物的死亡，並因此造成飼主精神上的損害，而日本民法第 709 條則承認，得救濟這樣一種精神上的損害。

另外或者是，就同樣的這一個事件，法官可能下另外一種判斷：A 的精神上的損害和車禍間說不定有（科學上的）因果關係，但是從 B 的觀點來看的話，這個因果關係超出了可預見的範圍，因此它不是值得法律救濟的因果關係。這樣子的判斷是關於法律規範的判斷，但也與事件的事實判斷密切連結。

Column(24) 目光往返和法律詮釋學

德國的刑法學兼法哲學大師卡爾．恩吉斯，從 1930 年代起即指出，透過應適用的法律規範和「生活事實」間的目光往返，決定判決三段論法中的事實。

這個想法對後代的德國法律解釋方法論，帶來莫大影響。憲法學者馬丁．克里勒運用這個想法，主張透過制定法規範和作為其解釋方案之規範假設間的目光往返，會決定應當採用的解釋。

克里勒和民法學者約瑟夫．埃塞爾，均屬於自1960年代起西德有力之「法律詮釋學」（juristische Hermeneutik）陣營。他們二人亦是這個陣營的代表性法律學者。「法律詮釋學」在立場上被認為是，受到海德格和漢斯．伽達默爾等的「哲學詮釋學（解釋學）」影響之法律解釋方法論。不過這個法律解釋方法論，並非把哲學詮釋學主張的「詮釋學循環」和「視域融合」等想法，原封不動地運用到法律學上。正確來說，法律詮釋學是在受到哲學詮釋學啓發之下，從法學內部的觀點出發，去處理法律解釋學中的下述傳統問題：要怎麼做才能既遵從制定法，然後又能在具體事件中實現正義。這樣子的法律詮釋學的特徵在於，未嚴格區分證成和發現。或是總的來說，它重視的是發現的過程。

4 事實認定

事實認定

事實認定乃是法律思維在審判中，要擔負起重任的場所。然而日本的大學法學教育，全面地專注在法律問題上，至於事實認定的教育和訓練，幾乎付諸闕如。縱使進了司法研習所，也未能充分接受到關於事實認定的教育。我們可以這麼說，法官是在任官之後，透過實際接觸才學到事實認定。

但是在實際的審判當中，就大多數的情況來看，關鍵地決定了判決走向的，與其認為是法律問題，不如說是事實問題。此外，縱使在上級審中，通常也難以推翻下級審認定的事實。

在審判中，認定事實的決定主體是法官。如果是在辯論主義下，負有提出證據責任的是當事人。如果是在職權探知主義下，負有這個責任的則是法院。在德國或日本等，由於採行了自由心證主義，所以原則上由法官判斷證據的評價，或由證據推論出的事實等。

法律學者有時候會基於法官認定的事實，對他的判決提出批評，但是法律學者並不從事事實認定。這一點可以說是，法律學者和法官間最大的差別。同時這一點也是大學法學教育中，疏忽事實認定的教育的原因之一。

儘管事實認定構成了法律思維中重要的一環，但法學教育之所以輕忽事實認定，還有著其他更多的理由。先不論事實認定這個東西，其實是從法律的觀點出發而有的這一件事。在人們普遍的想法中，會認爲事實認定並無不同於一般事實的發現或證明，所以法學教育也沒有必要刻意地把事實認定當成問題處理。

不過若論及所謂的「經驗法則」的話，我們要注意的是，由於在民事訴訟中，違背經驗法則會被當作法律問題，並成爲上訴理由，所以訴訟法學者會討論這個問題。我們在下述，儘管不完全依據訴訟法學者的見解，但在相關於經驗法則下，試著以較爲邏輯的方式，去思索什麼是事實認定。

經驗法則

不可能對事實做出完美無瑕的證明。

我們舉殺人案件來看。例如說爲了要證明「A 持鈍器殺 B」的事實，縱使提出了「鈍器上面殘留A的指紋」的事實，並且這個事實爲眞實，但問題是，「A持鈍器殺B」的事實，仍不必然爲眞實。我們這麼說的理由是，即使說「A使用該鈍器殺B的話，鈍器上面應當殘留A的指紋」是成立的，但反過來卻不必然會成立。

「如果嫌疑犯的指紋殘留在鈍器上的話，他肯定就是犯人」，這是稱作爲蓋然性的經驗法則。所謂「蓋然性」意謂的是，大致上爲眞，但也可能爲僞。既然在邏輯上不可能得到完全的證明，所以法官不得不依據各種經驗法則，從某個事實去推論出、推測出另一個事實。

經驗法則具有的蓋然性程度，是因事而異的。例如說，「有殺人的動機的話，很可能會殺人」的經驗法則，比起上述例子中的經驗法則，在蓋然性程度上較低。「出現在凶殺案現場的人，可能是殺人犯」的經驗法則，則其蓋然性程度又更低。科學法則的蓋然性程度相當高，但不容諱言的是，科學法則仍舊是一種經驗法則（→Column(25)）。

在定義上，經驗法則不必然是眞的命題。不過如果法官採行某一蓋然性命題爲經驗法則的時候，一旦某一方當事人否認，因適用該經驗法則而可能被認定的事實的話，此方當事人就對於事實負有舉證責任。在這個時候，反證被要求具備有的證明度，將會與該經驗法則的蓋然性程度成正比。

Column(25) 可證偽性

邏輯實證論者（→Column(18)〔123頁〕）認爲，歸納法可作爲科學的方法。但卡爾·波普爾則反對之。他提倡可證僞性，以作爲區分科學和僞科學間界線的標準。

根據歸納法，如果我們透過實驗或觀察，把某個引起爭論的理論或法則，適用到多數的個別事例上，並且若適用後的結果，與該理論所預測的結果一致的話，則認爲這個結果將證明該科學理論爲眞。

相反地，波普爾主張科學理論是由法則組成的，也就是由普遍命題組成的。所以不管累積多少個別事例，也不能證明理論爲眞。關於科學理論，我們能做的，就只是去證明它是錯的。

這個主張的根據是邏輯的。例如說，關於「烏鴉都是黑的」的這個普遍命題，不管我們累積了多少件觀察到黑烏鴉的結果，都不可能成爲這個普遍命題的證明。但如果有人觀察到一隻不是黑色的烏鴉的話，就成爲這個命題爲誤的證明。換句話說，這就變成了反證。成爲反證之根據的個別命題，或是上面例子中的「某隻烏鴉不是黑的」，則稱爲基本命題或是基本陳述。

根據波普爾，如果某個理論無法指出，在什麼樣的條件下出現什麼樣的結果的話，則理論本身是錯誤的，並因此這個理論就欠缺可證僞性，從而不是科學的。他還把這個原理運用到社會科學的領域上，並藉此批判柏拉圖、黑格爾和馬克思等人的理論。他稱這些理論屬於「歷史法則主義」，既不具備可證僞性，且是有害的意識形態。

實際上，波普爾重視邏輯和實證，就這一點來看時，他與邏輯實證主義的維也納學派間，有著親近的關係。但是在相信證僞主義這一點上，他的主張不是站在工具主義的立場，而是站在科學實在論的立場。從而他的主張又與維也納學派相異。波普爾把自己的立場，稱作爲「批判理性主義」。

以不在場證明反證

一般而言，要反證一件事實，會比起積極證明這個事實更容易。例如說，比起要去證明「A 殺害了 B」的事實，如果能提出 A 不在場證明的這個事實的話，更容易否定 A 殺害了 B 的事實。假定 A 有不在場證明，在邏輯上就必然否定掉 A 殺人的事實，因此在這裡用到的不是蓋然性經驗法則。但如果那個不在場證明的事實，是由比方說目擊者 C 的證詞所「證明」的話，則要由法官判斷這個證詞的證據能力。因此法官要進一步對照經驗法則，評價那些能顯示出，像是 C 和 A 之間是否有利害關係，或 C 是否誠實或經常說謊等的證據。

5 制定法主義和判例法主義

法源制度

審判是以適用實定法的方式進行的。就如同前面提到過的（→ 218 頁），針對審判中應當適用的實定法的不同，又可以分爲採行制定法主義的國家，和採行判例法主義的國家。制定法、習慣法、裁判先例、學說、法理等，這些實定法的存在型態，又稱作爲法源。

假如我們以日本爲例來說的話，在這裡所謂的制定法，指的是國會制定的「法律」（在此要認爲包含了憲法）和基於法律授權，由內閣或各部會發布的「命令」（政令、部令、規則等），以及條例。在某些情況下，人們會把「法律」這個字，用作爲等同於這個意義下的制定法。

一般而言，德國、法國和日本等大陸法系（羅馬法系）國家，多採用制定法主義；英國和美國等英美法系（普通法系）國家，則多採用判例法主義。但是有必要注意到的是，法系的不同涉及到的是法律在內容上的不同。法系的不同和法源制度的不同是兩回事。譬如說，印度屬於英美法系，但它也是採行制定法主義的國家。

制定法主義

在制定法主義下又分成爲，審判中只允許適用制定法，以及首先應當適用制定法，例外的情況下才允許援用其他種形式法律。日本的法源制度，明白地是站在制定法主義的立場。但問題在於，沒辦法判斷究竟採取的是只允許適用制定法，或例外得援用其他形式法律。日本的實定法學者，原則上不承認制定法以外的法源，縱使說例外承認其他法源的時候，也多從制定法條文中求取這個法源的根據。換句話說，以承認制定法爲限下，才承認其他的法源。若是這樣子的話，實質上是同於前面那一種嚴格的制定法主義。

判例法主義

在判例法主義下，過去的裁判先例被視爲是主要的法源。所謂這個「主要的」，並不意味在優先順序上有最高順位。在現代議會民主制下，議會的制定法當然優先於裁判先例。所謂「先例是主要法源」表現出來的思想是，即便在有制定法的情況下，法律原本即是在審判中，作爲解釋、適用那個制定法的先例。從而在這樣的思想下，在審判中如果要解釋制定法時，就會認爲要徹底透過考慮先例的方式去做到。

只有當法律人階級，向來就在相當程度上獨立於國家而存在，並且法官是在法曹一元制之下，由法律人階級供給來源的這種國家，比方說英國，才可能成立此種思想。不過與其認爲是今日英國的法曹，不如認爲在美國的法曹間，更相對地強調此種「司法權優越」的思想。

相比之下，大陸法系的法官相對地突顯出，他們乃是作爲國家官吏的這個面向。例如說，日本的法官原則上與高級行政官僚相同，都是經由培訓升遷系統養成的。所以在美國的法官中可以見到的，與總統及議會相比，至少有著同等地位的這種意識，在大陸法系法官中就被認爲較薄弱。

我們將在下一節當中，更深入檢討制定法主義下的法律解釋和適用。以下我們會先概略地解說，判例法中的法律思維的特徵，並留意到它和制定法主義下的法律思維之間的異同。

先例

有必要注意到的是，判例法主義中被視爲主要法源的「先例」，與日本稱作爲「判例」的東西間，不論是在意義上，還是在地位或角色上，都有著若干差異。

日文中的「判例」，典型上是表現在「已經確立的判例」的這個說法中。也就是說，它意謂的是，在累積了好些個先例之下，所形成的法律規範。但英美法中的「先例」則是不同的。英美法中的「先例」指的是，在過去的某一個事件中，曾經被採用過的法律規範。此外，日文中的「判例」，多指的是最高裁判所的判例。相對地，在判例法主義中，若「先例」是與下述（→ 235 頁）的判決先例拘束原則相連結，並在這個脈絡下思考的話，則它指的是同一法院的先例。要注意到的是，「先例」的定義和審級制度並不相關。

與這一點也有關的是，在英美法中若引用到了先例的話，會傾向在觀點上把它視爲是，替現在的事件尋找可供參考的例子，而不是去尋找應當遵守的法律規範。因此引用先例不成為審級間上下關係的問題，也不成為法院管轄的問題，而是專考慮內容上的相關性和說服力。所以先例的引用也就比較自由。在美國，某個州的法院有可能把另外一個州法院的先例，或甚至是外國法院的先例，援引作為參考例。

先例是規則？還是事例？

如果先不論所謂「作為參考例的先例」的這個面向，則「先例」大致上可以定義為，「同一法院在過去事件中採用過的法律規範」。在這裡，已先暗中假定了「法律規範」具有規則的性格。不過，也有人反對把先例看成為規則的這種見解。

根據這個反對意見的話，判例法思維的特徵和制定法主義下思維的特徵是不同的。也就是說，判例法思維的特徵不在於準據規則，而是徹底地著重在個別事件中的具體事實上。這樣一種思維可以稱為「準據事例型思維」。

毋庸諱言，判決必定是關聯到一定事實後做成。所以若能從某個觀點，去一般化或普遍化事實的話，就能建構出規則。以此為限來看時，準據事例型思維和「準據規則型思維」是可以並存的。

判決理由的體裁

我們應當很容易理解，假如某個見解強調的是，準據事例型思維是不同於準據規則型思維，或作為準據事例型思維的判例法思維，有其獨特性的話，它會注重判例法主義中實際的判決理由的寫法，尤其是著眼於引用先例的技法。

英美法中判決理由的標準型態，經常是舉出與本案相關之各式各樣的先例，（另在不時伴隨著實質理由的說明下）指出本件與先例之間在這一點上相同，然後又在那一點上不同，並且不斷地重複這樣子的說明。

這一點是與英美法中的「判決先例拘束原則」密切相關。也就是說，對於同種類的案件，要求做出與先例同樣的處理。因爲這個緣故，如果法官要對手邊的案件下一個判決，且他的判決會不同於那個乍看之下相似的先例的話，這時對於證成判決來說重要的是，把相類似的先例和手邊案件做出「區別」的這個技術。當然，「判決先例拘束原則」並非絕對的。先例在某些時候，也有可能被「推翻」。也就是說，使這個先例喪失作爲實定法的效力。但無論哪一種情況，在判決理由的體裁上，詳盡地論述本案和過去先例之間的異同，是沒有二致的。

乍看之下，這樣一種體裁所傳遞出來的印象，是不同於制定法主義下的，解釋一般的、抽象的法律規則的手法。但是譬如說日本等，在採行制定法主義的審判下，尤其是最高法院的判決，在判決理由中也經常會引用「先例」。如果要指出它和英美法判決理由間，在體裁上的不同的話，制定法主義下判決理由的寫法，會更傾向引用眼前的案件應當準據的先例，而不是說明這個案件所無法適用的先例。

先例的解釋

有必要注意到的是，如果在英美法的判決理由中，要援引先例做成判決的話，這個先例並非從審理舊案件法官的眼光去看的東西，而完全是從審理眼前案件的法官所看到的先例。

判決乃是對應到事實後做成的。爲了能更清楚地說明，我們把先例案件中的事實，簡化爲只有由 a 和 b 兩個要素所構成。另外我們還假定說，做成先例的法官重視事實 a，並據此下判決。援引先例的後來的這位法官，有可能做出同於先例之重視事實 a 的解釋，但也有可能做出不同的解釋。例如說，他可能重視事實 b，也可能重視事實 a 加 b，並下一個外觀上同於先例的判決。在英美法中，不管是採用哪一個解釋，都認爲未違反先例拘束原則，且皆是遵從先例的解釋。

直到 1966 年爲止，英國的最高法院，也就是上議院，均否認可以推翻先例。但因爲先例的解釋有著前述的結構，所以即使在判決先例拘束原則下，要實質變更先例仍是比較容易的。由於先例完全是現在的法官所解釋出來的先例，所以就這一點來說，判決先例拘束原則對判例法的發展，實際上未造成很大的障礙。

判例在日本的地位

日本法中的「判例」在通例上指的是，最高裁判所的判決理由當中，選取出有關制定法解釋的部分，並把它公式化成爲規則後的東西。在援引日本最高裁判所判例的時候，日本的法官很少會從事同於英美法的做法。也就是說，在詳盡地重新檢討先例中的事實和判決的關係之下，一方面標榜受到先例的拘束，另一方面又運用技術，以實質變更先例規則的解釋。假若日本的法官要重新解釋判例規則的話，他會把這個判例規則看成爲彷彿是制定法條文，然後用同於解釋制定法的方法去解釋判例規則。

經常可見到有關於日本的判例法源性的說明是，「具有事實上的拘束力，但沒有法律上的拘束力」。這意味著大多數的法官，都不希望自己的判決在上訴後，被上級裁判所撤銷，所以他們實際上會考慮最高裁判所的判例。不過這也同時表明，縱使下了一個違反最高裁判所判例的判斷，並不會只因爲這個緣故，就當然違法。這麼說的理由是，因爲最高裁判所的判斷有可能是錯的，最高裁判所本身也有可能變更判例。不只如此，就形式上來看的時候，日本憲法（第 76 條第 3 項）也僅規定了法官「只受憲法及法律拘束」，而並未寫說「受最高裁判所判例拘束」。

相對於此，若論及有關於法律的時候，假定法官做出違反法律的判斷的話，除非該法律是違憲的法律，否則法官的判斷違法。但是當法律有解釋的餘地的時候，所謂「依據法律」指的就僅只是，「依據」自己認爲是正確的「法律解釋」。因此有必要注意到，就這一點來看時，法律的（規範上的）「拘束力」和判例的拘束力一樣，都是相對的。

說到日本最高裁判所判例的地位時，如果要對它下一個適當的定位的話，不只是要把它連結到法源制度下去思考，並且如同後面提到的（→ 275～278 頁），還要把它連結到判決的證成下去檢討。這是由於在多數可能的法律解釋當中，判例具有優先於其他解釋的地位，並且要推翻判例的話，就必須要具備足夠推翻它的強有力理由。

Column(26) 判決理由和附帶意見

在英美法裡，判決理由中又區分爲兩種。一是直接相關於判決主文的理由，稱作爲 ratio decidendi；另一則是附帶的意見，稱爲 obiter dicta。過去在法理學上曾引發爭議的問題是，只有前者能作爲先例，並具有規範拘束力呢？還是說後者也有規範拘束力呢？在這裡，我們把 ratio decidendi 譯作爲「（狹義的）判決依據」，而 obiter dicta 則譯作爲「附帶意見」。

附帶意見多以「如果有這般的或那般的情事的話，則不在此限。然而本件中因爲不存在此般情事，所以……」的方式表現出來。但假若有狹義的判決依據的話，也就是有「本件中因爲存在這般的或那般的情事，所以就如此」的話，就沒有證成判決附帶意見的必要了。

只有承認先例具有法源性或規範拘束力，然後區分狹義的判決依據和附帶意見才是有意義的。不只如此，與其把先例看作是規則，不如說採取先例是在事實中見到，或先例是在事實與判決的對應關係中見到的這個看法，更能突顯出區分判決依據和附帶意見的意義。這是因爲，這個時候才容易達到結論說，具有作爲先例之拘束力者，是與先例的事實直接相關的部分，或只限定在狹義的判決依據上。

日本的法官在判決中，也常常寫出如同上述附帶意見般的形式的理由。日本的法律學者有時也會討論某些問題，而這些問題乍看之下，是相同於英美法中區分狹義的判決依據和附帶意見的問題。但這不代表說，日本就用等同於英美法中的意義，去處理判決依據和附帶意見之間的區別。

首先，站在不承認判例具有法源性的立場看的話，從一開始就沒有所謂的，針對規範拘束力去區分判決依據和附帶意見的這個問題。另外，若主張判例只有事實上拘束力的話，狹義的判決依據和附帶意見之間的影響力，就變成了事實問題或程度問題。實際上我們可以認爲，不管是狹義的判決依據，也不管是附帶意見，它們在事實上的影響力並無有意義的差別。

規則、一般標準、原則

就法律規範的種類來說，美國的法學在羅斯福新政之後的變化是，除了要件與效果較爲明確之規則外，還更強調「一般標準」（standard）和「原則」（principle）等的存在。這個變化乃是，當國家運用法律以積極推行社會政策之際，法律學界對於需求富有彈性的處理方式所做出的回應。

所謂「一般標準」指的是，就該當問題做出法律判斷時，列舉應當考慮的一連串觀點，但對於個別觀點各自有著什麼樣的權重的問題來說，交由對該當問題有處理權限之人或機關，針對各該事例做出裁量的規範。在處理多樣管制的行政法規範當中，即包含了許多這種一般標準。

所謂「原則」指的是，與一般標準相同，在要件與效果上並不明確，但是比起一般標準又更加抽象，且如果沒有其他必須考慮的情事的話，則指示出應當如何處理的規範。反過來說，若有其他應當考慮的情事的話，具體的處理方式是，必須比較衡量這些情事後下判斷。從而可以認爲「原則」是，有著「必須盡可能地做這個那個」的結構的規範。關於原則的例子，我們可以舉出如（當其他情事相等的時候）「任何人不得因自身的不法獲得利益」，或如（當其他情事相等的時候）「危險商品的生產者，對該商品的消費者或使用人負有特別責任」。

無論是在判例法當中，或在制定法當中，都能發現到這些規則以外之規範的存在。此外，在現今來說，不只是在英美法當中，連在大陸法當中，這些規範的角色愈加顯現地重要。在日本，被稱爲法律的一般原則，或制定法上的一般條款，再或者如憲法中的人權規定等，都相當於具有此種原則結構的規範。

Column(27) 一般條款

日本的法律學者頻繁地使用到一般條款的概念。他們對這個概念的大致輪廓，雖說有一致的意見，然而若要對這個概念下一個嚴密的定義的話，卻又不是那麼容易。

我們可以舉出民法學上的例子說明。若說誠信原則（日本民法第 1 條第 2 項）和權利濫用禁止法理（同法第 1 條第 3 項）是一般條款的話，應該是沒有人會提出異議的。但是若說到公序良俗（同法第 90 條）或侵權行爲（同法第 709 條）等規定是否是一般條款時，則會出現爭議。其理由之一是，後面這二者，雖然和前面這二者相同，都是適用範圍非常廣泛的條文，但與前面二者不同，後面這二者在規則結構上，都對要件和效果訂出明確的規定。誠信原則和權利濫用禁止的條文，都能夠適用到所有的私法關係上，所以可以認爲是私法當中最爲一般性的規範。但是幾乎所有的條文都是用抽象的、一般的文言表現，所以若僅著重一般性的程度的話，或僅著重適用範圍的廣泛程度的話，並不能明確定義一般條款。

問題是，如果我們把是否具備要件效果的結構，或者把是否至少要件效果構成其結構的一部分，當作區分的標準的話，有否可能就將通常的法律規則和一般條款區分開來呢？當然僅依靠這一點的話，是無法區分一般條款和原則。然而要注意的是，一般條款有可能是本書定義下的原則。正因爲如此，這個問題就不是那麼關鍵的問題。

如果將討論的範圍，限定在日本的民法學的話，可以指出廣中俊雄曾就一般條款，提示了一個值得我們留意的說明。根據他的說明，在一般的看法中會認爲，如果某一個狀況下，原本能適用另一個具有明確要件效果結構的條文，但爲了要避免適用這個條文後導出的結論，這時就應當使用一般條款。根據廣中俊雄表示，法院實際上在某些時候，會以這個形式適用誠信原則，或禁止權利濫用法理等一般條款，然而在另外一些時候，法院之所以援引一般條款，只是爲了給某些規範命題一個權威，而這些規範命題其實是以別的理由作爲其基礎。

另外，本書中提到的「一般標準」的概念，它的條文文言可能被認爲在形式上與一般條款相類似。但一般標準的這一種規範型態，主要是用在各種行政法規中。譬如說，像是照顧公衆或勞工的福利等的管制性立法或稅法等。一般標準在功能上來說，和「命令」，也就是由立法指示出一般目的或方針，然後在這個上層立法之下，由負責實施的行政機關所發出的東西，是相同的種類。

原則和政策

美國代表性的法哲學家德沃金，在進入 1970 年代時，強調規則和原則間，有著如同上述般在規範結構上的差異。他同時還對以往未能明確區分的原則和政策（policy），提出內容上的區別，並倡議把這個區別看作是，同樣屬於廣義的原則當中的下層區別。

德沃金表示，所謂狹義原則指的是，在廣義原則當中，以擁護個人權利爲目標的原則；所謂政策指的是，在廣義原則當中，以實現社會整體的目標爲目標的原則。德沃金強調以下兩點：第一，當（狹義的）原則和政策在審判中競合的時候，原則必須優先；以及第二，審判必須是基於（狹義的）原則的，所以法官沒有裁量的餘地。

伴隨著積極國家的形成，爲了允許行政官僚或法官等能從事裁量，以及同時爲了要束縛他們的裁量，於是人們開始注目到，規則以外的原則或政策等規範。問題是，如果我們把德沃金的理論放在這個脈絡來看的話，由於他否定了審判中裁量的可能，所以導致他的理論變得令人難以理解。不過德沃金的意圖，非在完全否定基於規範以形成判斷的餘地，而是在強調法官做成的法律判斷中說理的融貫性和正當性。另外，若將他的理論放在正義論的脈絡下看的話，則他反對的是，擁護積極國家的功利主義思想，而他強調的則是，個人人權具有優越性。

2　制定法的適用和解釋

在本節中，我們將檢討採行制定法主義的大陸法，特別是以日本的法律制度爲主，去說明有關制定法的解釋和適用的各項問題。

1　法律解釋是什麼？

法律推理和法律解釋

就有關於如何思考法律問題的這個法律思維，我們可以把它分成兩個部分。一是有關於法律推理問題的思維，另一則是有關於法律解釋問題的思維。如果認爲事實認定中用到的推理，其實也是透過法律的觀點形成的話，那麼以此範圍爲限，我們可以說這個推理也是「法律推理」。不過本書接下來的部分，焦點將放在有關法律問題的法律推理上。

「法律推理」這個字指的是，根據論據以推導出法律主張，或是說這樣一種推論的方法。法律推理就其作爲「法律的」推理來說，必定有著其他種推理不具備的要件。這個要件是，爲了推導出法律結論，至少必須有一個論據是法律規範，或者是法律規範的解釋命題。相對於此，所謂制定法的解釋指的是，於提出此種論據時所必須進行的工作。簡而言之，制定法的解釋即相關於解讀條文這件事。

判決三段論法是法律推理的代表例。在三段論法中，爲了提示出大前提，於是通常就有解釋法律的必要。此外相反地，爲導出法律的解釋命題，有時候也會用到某種「法律推理」。但是這時候，這種法律推理又有可能被稱爲「解釋」，以至於就很難分辨這兩者。爲了避免混亂，我們在此更稍加詳盡地說明「法律推理」和「解釋」這兩個用語。

法律推理

在審判中，或在法律學中，若某項主張受到人們的質疑的話，主張者有必要提出，因爲「是這樣子或那樣子」，所以「就是某個樣子」，透過這種形式以證成自己的主張。在這裡所謂的「是這樣子或那樣子」的部分，就稱之爲理由或論據。「就是某個樣子」的部分，則稱之爲結論。

論據不限於只有一個。從論據推導出結論，這就稱爲推理。從論據向著結論發展的這個形式結構，則稱爲推理方式或論法。

如果推理是邏輯性的東西的話，則論據又特別稱爲「前提」。就如同我們在前面曾提到過，有關於判決三段論法般，有些學說會把法律推理看作是邏輯推理。不過審判中或法律學中用到的推理，一般來說不是邏輯必然性的東西。所謂邏輯推理指的是，前提完全爲眞的話，結論也必然爲眞的推理。相對地，在法律推理中，不管是關於論據，也不管是關於論據向結論發展的過程，我們要認爲它是蓋然性的東西才比較恰當。

就這一點來看的時候，法律推理在邏輯上是「含糊加減的」推理。但從別的觀點來看的話，也能說法律推理是追求「適度剪裁的」推理。從以前開始，人們就企求從法律思維中得到某些意義上的「合理性」（reasonableness）。我們可以把這個「合理性」理解爲，正意味著「適度剪裁的」、「合理的」的東西。

不管如何，法律結論不僅相關於推理方式，也就是所謂的形式的面向，同時也相關於構成這個結論的論據或前提，也就是它的實質內容的這個面向。從而有必要留意到，在這兩個面向上，都有可能對法律結論的證成提出批判。

Column(28) 歸謬法

在法律推理中，有時候會用到邏輯推理。代表性的邏輯推理是，稱作爲「歸謬法」或者是「反證法」的論法。在別的領域中也經常會用到此論法，以好反駁對方的主張。在此種論法中用到的是，若從某個前提邏輯地推導出爲僞的結論的話，則這個前提亦爲僞的這樣一種邏輯法則。若結論與前提相矛盾的話，則結論在邏輯上爲僞，並且這可說就是最嚴格意義下的悖理。但縱使結論在邏輯上並未悖理，可是主張者卻不得不承認結論爲僞的話，這時就能夠使用歸謬法。

關於法律推理中使用到的歸謬法，我們可以舉出如下述例子。「一旦採用某個解釋的話，就必定出現矛盾的或不合理的結論的時候，比方這個結論違反法律明文規定，或這個結論違反經由判例、學說等所確立出來之法理等，這時就不能採納這個解釋」，或者如「採用某個解釋會招致不好的結果，因此不能採納這個解釋」。另外在律師的辯護活動中不可欠缺的工作是，不論是事實問題，或是法律問題，要去點出對方主張中的矛盾。

與歸謬法相同，不只在法律推理的領域，在其他領域中也同樣會用到的，還有被稱爲類推或類推解釋、反對解釋，以及當然解釋等推理方式（→261～265頁）。雖說語尾都有「解釋」這個字眼，但它們仍舊是推理方式。所以稱它們爲「論法」才是較正確的。

然而有必要注意到的是，類推、反對解釋、當然解釋等，它們和歸謬法不同，都不是邏輯推理。從亞里斯多德以後，傳統上它們都被定位爲修辭學上的技法。

法律解釋的定義

所謂「法律解釋」指的是，解讀法律文言以明示它的意義。或者是說，若我們要避開「意義」這個不明確字眼的話，「法律解釋」指的是，把法律文言用別的表達方式說出來。這個工作就構成了法律解釋學的核心。

所謂「在解釋上有爭議」指的是，某個文言A可以換成B、C、D等方式表達出來，並且B、C、D的意義被認爲是彼此不同的這個狀態。

對19世紀德國法學帶來最鉅影響的法律學者，可以說是薩維尼。他把法律解釋定義爲「立法者思想的重現（復原）」。他的這個定義也同時是關於解釋目標（→ 248 頁）的定義，並且比起上述的定義，在內含（→ Column(29)）上要廣泛得多。

「解釋」這個字是多義的。既可以指涉解釋這個活動本身，也可以指稱解釋的方法或論法，還可以指稱解釋的結果導出的命題（解釋命題）。不過大多數的情況下，我們都能從語境脈絡中得知，究竟指的是哪一種意義。

Column(29) 內含和外延

在定義概念的時候，一種做法是說明它的內容，另外一種做法是列舉屬於這個概念的下層概念。前面的這一種稱爲內含的定義，後面這一種稱爲外延的定義。這樣子的定義論，乃是對應到亞里斯多德的邏輯學及存在論。

例如說，若我們把焦點放在內含的話，則說動物是有感覺的生物，植物是沒有感覺的生物。若焦點在外延的話，則可以指出動物的外延是牛、馬、人類等等，植物的外延是橄欖、松樹、草等等。內含和外延之間的關係是，內含若愈大的話，則外延將愈小；內含若愈小的話，則外延將愈大。

如果根據著名的類與種差的定義，並使用上述例子來看的話，我們可以做出如下說明：也就是，生物的這個類，在外延上二分爲動物和植物的種；動物和植物在內含上的種差，是有感覺的或沒有感覺的。

亞里斯多德的邏輯學並未處理個別物，所以譬如說「人」的外延，就不包含個別的人。雖說另存在著視概念的外延爲個別物的看法，然而這個看法並不把概念當作普遍名詞，而是把概念看成爲個別物的集合，並且這是近代邏輯學中的想法。

解釋的必要性

之所以有從事「法律解釋」的必要，是因爲法律文言的意義，不盡然都是清楚明白的。爲了知道法律文言的意義，首先有必要留意到的是，在法律人間一般是如何理解法律文言中的用語或表達，還有就是某個法律文言和其他法律文言間，有著什麼樣的關係，以及在什麼意圖下訂出那個法律文言等等。關於這樣子的解釋方法，我們在後面會更詳細地說明（→ 258 頁）。

解釋的對象和目標

說到解釋法律時，究竟要解釋什麼東西呢？換言之，也就是說到關於法律解釋的對象是什麼的這個問題的話，從解釋的定義來看的時候，這個答案就會變得很清楚。法律解釋的對象是制定法的文章，也就是法律文言。

然而若問到以法律文言爲依據，究竟要釐清什麼東西呢？也就是問到所謂的解釋的目標是什麼的時候，答案就不是那麼的明確了。有人把解釋的目標放在立法者的意思上面，也有人把它放在法律的客觀意義上，這兩者之間還出現對立。前者稱爲立法者意思說或主觀說，後者稱爲法律意思說或客觀說。

立法者意思說

立法者意思說中的「立法者」，究竟指的是什麼呢？關於此問題，有多樣的看法。有人把立法者看作是，等同於有權立法之人，也有視爲包含了實際的法案起草者在內之所有涉及到立法的人們。

我們可以從法律制度，輕易地特定出是誰，或什麼機關才是立法權人。但問題是，立法機關如果是由多數人組成的話，就不是那麼容易分辨出，所謂立法者的意思指的是誰的意思。如果法案是由官僚等起草，並經議會贊成通過的話，官僚對於這個法律文言的理解，不必然會等同於議員對它的理解。如果說到個別議員的話，也有人只是遵從所屬政黨的方針投票，完全無視法律文言在說什麼。一旦我們考慮到這些點，就似乎只能認爲所謂的「立法者」，乃是法律文言之擬制的制定主體。

無論如何，爲釐清立法者的意思，首先要解讀法律文言，其次參照法案起草者的立法理由書，或立法過程的議事錄等。再接著要調查立法當時社會的、政治的、經濟的情勢，並且在這麼做的時候，有必要充分弄清楚，立法者尤其把什麼東西看作是問題，或對過去的法律添加了什麼，或想要改變什麼等等。從而立法者意思說多被認爲是，與考慮到了立法沿革、歷史狀況等的沿革解釋或歷史解釋（→ 267 頁）相連結的東西。但是若我們不顧文義解釋（→ 258 頁）的話，是不可能釐清立法者的意思。

法律意思說

如果以薩維尼來看的話，因爲法律的意思就是立法者的意思，所以無法想像主觀說和客觀說的對立。但是在薩維尼之後，以釐清立法者的心理意圖爲解釋目標的立場，被看作是立法者意思說。另一方面，解釋的目標在於弄清楚法律本身的客觀意義，並且縱使完全置立法者心裡所想者於度外，也應當發現這個客觀意義的學說，變得更爲強而有力。至此時，人們開始認定立法者意思說和法律意思說乃是對立的。

不過在今日，之所以刻意區分立法者意思說和法律意思說的意義即在於，確認法律解釋是要以立法時點爲基準呢？還是要以適用時點爲基準呢？的這一點上。

制定時客觀說和適用時客觀說

除了上述說明外，還有另外一種看法。根據這個看法，即使我們根據法律意思說解釋法律，這個解釋的基準時點其實還是立法時點。讓我們仔細想想，如果把法律類比爲同於契約般的東西的話，那麼勢必很難想像，如何可能把適用法律的時點，當成爲我們解釋法律的基準時點。因此根據這種法律意思說，應當把解釋的基準時點，放在法律制定時點上。不只如此，此種法律意思說還運用了意思表示解釋中之意思說和表示說之間的對立，然後建構了一個類似的對立關係。也就是，它把主觀說對應到意思說，把客觀說對應到表示說，從而把這個意義下的客觀說，稱爲「制定時客觀說」，把先前提到過的原本意義下的客觀說，稱爲「適用時客觀說」。

所謂「制定時客觀說」可以認爲是，法律解釋應當依據制定時點的法律文言的客觀解釋，且不能超出此而去探求立法者的意思（不過還有另外一種理解客觀說的方式→266 頁）。在這個思想背後存在的是，已成立的法律應當和立法理由或法案審議過程有所區分。此外縱使法律文言已經確定，但如果這個文言和立法者意思間發生齟齬的話，根據此說則會認爲，要負責任的人是立法者，所以在解釋的時候，不應考慮這些情事。不過一旦如此掌握法律解釋的話，這個法律意思說到頭來，實質上仍舊無法與某種類型的立法者意思說區別。這是因爲根據此類型的立法者意思說表示，只要我們把解釋的目標放在立法者的意思上的話，在從事解釋時必須要做的，就是從法律文言的客觀意義當中，去求得唯一的且最大的線索。

主觀說和客觀說的實質異同

從而在本書後述說明當中，我們把立法者意思說的立場理解爲，以釐清制定法律時之（擬制的）立法者的意思爲解釋目標。並且如果沒有特別聲明的話，我們把法律意思說的立場理解爲，以尋找適用法律時之法律文言的合理意義爲解釋目標。換句話說，這就是適用時客觀說。

很快地看過上述定義之後，讀者說不定會產生一種印象，這二說應當會對同樣的法律問題得出相當不同的結論。但是如果我們考慮到立法和適用之間的角色分擔，或者是考慮到議會和法院之間的角色分擔，或它們之間不同的功能正統性的話，在某個意義上來說，把制定法的解釋對準到適用時點，乃是理所當然的。縱使站在立法者意思說的立場，一旦發生立法者未預料到的事件的話，法官只有把制定法的解釋對準到適用時的時候，才有可能把這些事件，當成適用時點清楚浮現出的「法律漏洞」（→ 254 頁）的事例。並只有如此做，才能持續不斷地發展法律。

相反地，如果從立法者意思說來看法律意思說的話，會認爲之所以出現法律漏洞，其實是法律意思說把法官實際造法這件事，歸結爲所謂的法律意思。從而法律意思說擔負起的作用，只不過是隱蔽了法官造法的這個事實。無論如何有必要注意到的是，不管是採行立法者意思說，或是採行法律意思說，關於法律問題的最終結論，並不當然會呈現很大的差異。

外行人難以瞭解法律文言意義的理由

從非法律人的角度來看的話，會認爲法律文言尤其艱澀難懂。關於這個疑惑，可以舉出如下數點理由。

第一，法律文言中使用了獨特的專門術語和表現方式。譬如說「善意」這個字，在法律上僅只意味著「不知道」。

第二，在許多現行法典中，採用了總則、分則的編排方式。比方我們想知道買賣有著什麼樣的規定的話，僅限於民法典來看時，不是只參照買賣的條文就可以，還要去看關於契約一般的條文、關於債權一般的條文，甚至關於法律行爲一般的條文等。

第三，對法律人來說是不證自明的事項，或是僅從法律狀態來看，不待立法即當然的事項，都不必然會有明文規定。例如說，雖然禁止一切私人契約的法律體制，在理論上是有可能的，但不會因爲這個緣故，日本的民法典即必須明白寫出「可以締結契約」這般的條文。

以上的第一點與第三點，源自於法律文章的專門技術性格。同樣的情況，或多或少也適合於其他專門的、技術的領域內的文章。這樣一種專門術語的長處是，不只使得簡潔且正確的表達成爲可能，一旦人們精通這套專門術語，也能使正確且迅速的理解成爲可能。有人主張，應當以外行人也能懂的方式寫法律文章，但是若考慮到上述這一點的話，問題就不是這麼簡單了。

解釋和持續不斷發展

外行人難以理解法律文言的第四個理由，同時也是有必要由法律專家解釋法律的最大理由，是當面對實際發生的個別具體事件時，對於審判而言，不當然所有必要的事項都已寫在法律當中。我們可以列舉出下述數點說明：

(1) 縱使在立法者的念頭當中，已經考慮到若干的具體事件，或考慮到某些類型的事件，但在立法技術上，由於要以一般抽象的形式表現法條，所以從一開始，就把具體適用與解釋法條的工作，交付由判例去負責，或者是交給支援這項工作的法律學去負責。

(2) 儘管立法者在立法時，並未考慮到會在法院出現某種爭訟事件，然而某項法律條文就它的文言意義看來，其實是有可能適用到這種事件上。

(3) 某個事件是立法者完全沒預料到的，並且看來也不存在可適用的法律規定，然而卻實際發生了。

在這些情況中，若依照「所謂解釋，就是立法者思想的重現」的這個傳統的法律解釋的定義的話，則還能夠用「解釋」去應付嗎？抑或是，因爲這些情況是「法律漏洞」，所以應當由法官自行造法，或說由法官持續不斷發展法律的方式處理呢？我們把前面的「解釋」，稱作爲狹義的解釋。對於狹義的解釋，再加上爲了填補漏洞而持續不斷發展法律的話，就稱爲廣義的解釋。不過，如果站在解釋其實都是造法的這個立場的話，就不會特別去區分解釋法律和持續不斷發展法律了。

法律漏洞

所謂「法律漏洞」指的是，法院已經開始審理事件，但卻未能在既有的法源中，尤其是在制定法中，找到應適用的法律規範的情況。這也是法律解釋學上的專門用語。在採行罪刑法定主義的近代刑事審判中，若不存在制定法的話，則被告無罪。

與刑事審判相同，在民事審判中，如果出現法律漏洞的話，原告敗訴也不無可能。但是在近代民事審判中，若制定法中出現漏洞的話，通常都是運用擬制和類推等塡補漏洞的技術，以創造或發現應適用的法規。以下我們將以民事審判爲主要的思考素材，以說明這個主題。

就如同曾經提到過的，人們對於什麼情況才稱得上有漏洞，其實是有爭議的。沒有爭議的情況是，我們可以以狹義解釋的方式，處理上述 (1) 的場合，從而這個情況是沒有漏洞的。但是如「正當」、「相當」等，這些評價性的不確定概念的規定，或者像是一般條款（→ Column(27)〔241 頁〕），都是立法者從一開始就替法官留下造法的空間，所以它們也可以看作是有意的漏洞。

相對地，什麼樣的情況下會認爲法律中存在漏洞，從而法官有必要持續不斷發展法律呢？關於此，有一種看法認爲，上述 (2) 及 (3) 皆屬於此一情況，另一種看法則認爲只有 (3) 才合於這個情況。前面這一種看法，容易與立法者意思說連在一起。後面這一種看法，容易與（重視法律文言的這一種）法律意思說連在一起。

無論如何，狹義解釋和塡補漏洞間的界線是模糊的。一般說來，若把法律規定所適用的範圍，限定於專就制定此法律之立法者所考慮到的事例的話，法律漏洞的範圍就會擴大。反過來說，不拘泥於立法者的意圖，把一般地、抽象地規定出的法律規定，完全按照文字解釋爲普遍的、全稱的東西的話，法律漏洞的範圍就會縮小。此外，法源不限定在制定法，還擴及至判例法、習慣法、法理等的話，一般而言，法律漏洞的範圍就會縮小。

Column(30) 有權解釋

又稱作機關解釋。原本指的是，由有立法權人自行解釋法律，並且是與由法官或法律學者做出的解釋，也就是學理解釋相對立的概念。查士丁尼大帝和拿破崙等人原則上禁止他人去解釋或註釋自己制定出的法律，只許可自己或自己授權之人的解釋才有權解釋。雖然說今日被稱爲有權解釋的東西，已隨著統治型態的變化而不同，但其原本是從這個歷史意義轉用來的。無論如何，我們有必要注意到，所謂有權解釋（以及學理解釋），不是關於解釋的內容或方法的概念，而是關於解釋權限的概念。

值得注目的是，凱爾森認爲有權解釋，並非依據法律規範決定的規範概念，而是有賴於誰的解釋在事實上有實效性。換言之，這是一個事實概念。舉個例子來說，假定日本政府創設了「內閣總理大臣臨時代理」的職位，且這個職位看起來缺少憲法上或法律上的根據的話，或說雖可從日本內閣法第 9 條中找到這個職位的根據，然而它的指名程序看起來有瑕疵的話，即使能夠使這個職位的程序和機關的存在無效，但只要這個權限未被實際發動行使的話，以此爲限來說，不管法律規定如何，日本政府若做成「（這個）內閣總理大臣臨時代理，在法律上是有效的」的政府解釋的話，這個解釋將會是有效的有權解釋。

狹義解釋和填補漏洞的區別

在近代法律制度之下，法官的使命是適用法律，尤其是適用立法部門制定的法律。人們對於這一點應當是沒有反對意見的。同樣地，法官在適用制定法的時候，有權限解釋制定法。關於這一點，也幾乎見不到人們提出異議。因此法官對制定法的解釋，擁有有權解釋（→ Column(30)〔255 頁〕）的權限。

相對於此，當說到塡補漏洞的時候，如果我們從「法官應當遵從立法」的觀點來看的話，塡補漏洞將有損法官在行使權限時的正統性。但另一方面，若從要求審判應實現衡平的觀點來看的話，則能證成法官行使塡補漏洞之權限的正統性。大陸法系的法官間一直有著一種強烈的傾向，即是把他們和作爲國家官員的法官的這個圖像綑綁在一起。因此一般而言，大陸法系法官會傾向於重視法官應當遵從立法的這個觀點，並且即便實際上有顧慮衡平之必要，他們也不太願意承認存在漏洞。這是因爲，如果法官從事的是（狹義）解釋的話，那麼很清楚地，他行使著正統範圍內的權限。

與此相關的另一件事是，在官員型法官中可見到的傾向是，他們想要儘量塑造出，依據制定法以做成判決的外觀；若沒有制定法的時候，則他們尋求去塑造出，服從某些事前存在的，並有著一定的正統性權威的外觀。

例如說，當窮盡制定法與習慣法的這個時候，則會舉出「法理」作爲必須援用的法源。在「法理」這個字當中，也含有自然法的意義。但作爲一種審判法源，法理所擔負的功能就在於，當沒有制定法，也沒有習慣法的時候，標榜法官仍是遵從某種正統的權威，而不是自己的恣意判斷。必須注意的是，這裡所謂的官員型法官的傾向，是與民主制或美國型態的三權分立相互獨立的。這是因爲，在民主權力分立形成之前，這樣子的傾向就已經存在了。

若從實現衡平的觀點來看的話，我們仍有必要注意到，縱使在有可能證成填補漏洞之正統性的情況中，關於系爭案件，或者是關於與其同種類的案件，人們對是否存在著法律漏洞，總有可能做出不同判斷。那些主張法律中有漏洞的人，通常至少在其主張中也暗地意味著，應當填補有利於原告（或被告）的規範。反過來說，主張不存在漏洞的當事人，也同樣在其主張中暗地意味著，立法者或法律的眞意是不應救濟原告（或被告）。

Column(31) 反制定法解釋

關於法律解釋的邊緣事例，我們可以舉出稱爲「反制定法解釋」的東西。本書前面提到過的 (1) 或者 (3)（→ 253 頁），均不該當於這種解釋。從而「反制定法解釋」不同於狹義解釋或填補漏洞。

所謂「反制定法解釋」指的是，雖然不存在法律漏洞，但得出來的解釋卻與條文的（主觀說意義下的）歷史意義內容相反，或者是與（制定時客觀說意義下的）客觀意義內容相反。要言之，本來就已經存在某一個規定，並且做成的解釋將與這個規定相反或矛盾，但仍舊刻意做出明顯違反這個意義的解釋，這個情況就稱爲「反制定法解釋」。我們可以認爲只有在採取適用時客觀說，並且在例外的情況下，才能夠許可此種解釋。

毋庸諱言，「反制定法解釋」乃是解釋者造法。同時「反制定法解釋」也是審判功能正統性的邊緣事例。我們無須多加說明也可以明瞭，刑事領域中是不允許這樣子的解釋。縱使是在私法等其他法律領域中，也只限定在當遵循狹義解釋去適用系爭法規時，顯著欠缺妥當性的場合，或者隨著社會經濟情事的變遷，以修正或廢止法規爲妥當時，但立法部門卻怠於如此做的場合等，才能許可這一種解釋。

日本最高裁 1968 年 11 月 13 日大法庭判決（民集 22 卷 12 號 2526 頁），對日本的利息限制法做出的解釋，即是關於「反制定法的解釋」的著名事例。

2 解釋的技法

以下將從一個比較統一的觀點，整理傳統上被視爲是解釋方法的各種技法，並概述它們之間的關係，以及各種技法的內容等。

文義解釋

無須特別說明就可以知道的是，法律解釋要從解讀法律文言開始。這個工作稱爲文義解釋或文理解釋。然而說到這個意義下的文義解釋，我們可以認爲，與其說是關於解釋的技法或解釋的根據的概念，不如把它想成是關於解釋的對象的概念。

但如果是在繼受羅馬法的地域的話，因爲要把相當久遠時代前的法律文言，當作是現行法而做成解釋，所以這個解釋將會非常的困難，因此就有相當的理由去從事「文義解釋」。另外，雖說是現行法律，但卻是有著一定年代的法典的話，譬如日本民法典，則也會發生同於前述的情況。如日本民法典是繼受外國法而成立，且包含了許多的翻譯用語和法律學特有表達方式等，故在某程度上也適用上述繼受羅馬法地域的情況。

有人把文義解釋又二分爲文字解釋和文法解釋，但這沒有多大意義。

在今天，文義解釋之所以有著特別的意義，是因爲文義解釋就包含著，解釋必須限縮在語意的可能範圍內，或盡可能照文字字面解釋等等的要求。但什麼是可能的語意、什麼是照文字字面的意思，這些其實都是有爭議的。此外，若援用像是法律的目的等其他根據的話，也有可能得到相反於（或者相等於）這個意義下的文義解釋的解釋。

正因爲法律解釋和解讀法律文言，有著密切不可分的關係，所以那些通常被認爲不同於文義解釋的解釋技法，像是論理解釋或目的論解釋等，甚至都有可能被看作是，歸類在文義解釋下的解釋技法。

但下面會提到的擴張解釋和限縮解釋，則直接與解讀法律文言相關。在這一點來說，這些解釋技法能定位成，明白地歸屬於文義解釋的解釋方法。至於類推解釋或反對解釋等，因爲它們與文言的解讀方法相關，就此範圍來看的話，它們也有可能定位爲文義解釋中的一種。

就後面將涉及到的那些解釋技法，如果說到它們和文義解釋之間的關係的話，我們可以先指出下面幾點。擴張解釋和限縮解釋，由於直接相關於法律文言的解讀方法，所以就這一點來說，它們應當視爲是文義解釋上的規則。類推解釋、反對解釋和當然解釋，有些人也許會抱持同於上述的理解方式，即它們都應當視爲是文義解釋上的規則。論理解釋和目的論解釋，與其是解讀個別的文言或條文，不如說是解讀該當法律整體，或說是解讀包含這個法律在內的法律體系整體的文言，因此在此一點上，與文義解釋之間有著若干差異，但基本上仍有可能視爲是文義解釋上的規則。歷史解釋，因其工作大半都是在研究法律文言以外的東西，所以與文義解釋之間的關聯性最低。

擴張解釋和限縮解釋

如果我們以一種，比「通常的」意義更加廣義的方式，去理解或解讀出現在法令中的文言或用語的話，這就稱作擴張解釋或擴大解釋。相反地，狹義地去理解或解讀它的話，這就稱作限縮解釋或限制解釋。所謂「通常的意義」，雖然有可能指的是一般人之間普通通用的意義，但一般而言多指的是，在法律人之間認爲的「通常」的意義。

關於擴張解釋的例子，可以舉出如「共同正犯」（日本刑法第 60 條）中，未直接實行而只有共謀之人的例子，以及把因侵權行爲而受到侵害的「權利」（日本民法第 709 條），解釋成「值得救濟的利益」的例子等。

關於限縮解釋的例子，像是不動產物權變動中，未經登記不得對抗「第三人」（日本民法第 177 條）的範圍，要排除背信的惡意之人的例子。再者，在這個情況中，若是站在未登記之權利人的立場看的話，則得以對抗之人的範圍將擴大。

擴張解釋及限縮解釋涉及的是，法律文言的「眞正意義」和它的表現方式之間的齟齬。若法律文言中使用到的表達方式，比起它的「眞正意義」還要狹隘的話，則這時應當使用擴張解釋；若它的表現方式，比它的「眞正意義」還更廣泛的話，則這時應當使用限縮解釋。

如何確定法律文言的「眞正意義」呢？不管是站在立法者意思說或法律意思說，也不管是依據目的論解釋、論理解釋、歷史解釋等解釋方法，還是依據類推解釋、反對解釋等推理方法，都是基於解釋者的判斷。

有必要注意到，不論擴張解釋或限縮解釋，都是有關於解釋結果的概念，而不是有關於解釋的根據或推理方法的概念。

另外，當說到「刑法以嚴格解釋爲原則」的時候，這個「嚴格解釋」表面上看來與限縮解釋相似。不過嚴格解釋的定義的出發點，並不是法律文言的眞正意義看似不同於這個意義所使用到的文言。嚴格解釋是爲了防止國家權力的恣意專斷，從而導致被告受到不利，故不論法律文言的眞正意義爲何，應當盡可能地狹隘地解釋文言的表現方式。嚴格解釋正因爲包含了這樣一種思想在內，所以和限縮解釋是有所不同的。

類推

如果認爲適用於某事項的東西，也可以適用於相類似事項上的話，這就稱作爲類推。類推不是法律學所特有的思考方式，它是傳統修辭學上的技法。類推運用到法律解釋上的時候，也被稱作爲「類推解釋」。

比方說，在法律文言中如果列舉出一組類似字眼，而我們解讀這個法律文言後發現，這組字眼並非單純的列舉，而是在其旨趣中，還包含其他未舉出之相類似的事項的話，這一種解讀方式就是類推解釋。

不過，類推解釋不是只能被理解為與法律文言直接相關的解讀方式。也有人把類推解釋理解成是推理方法。但如果視它為一種推理方法的話，則應稱為類推論法才比較恰當。理論上來說，後面的這個情況更加重要。這是因為，作為一種推理方法的話，類推就有可能與單純的文義解釋相區別。

若把類推解釋看作是推理方法的話，它的推論圖式是，(i)「若 p 的話，則 q」（p 是要件，q 是效果），(ii)「p 和 p' 類似」，因此 (iii)「若 p' 的話，則也 q」。要注意的是，從 (i) 及 (ii) 移向 (iii) 的時候，這個轉換並非邏輯上必然。另外在法律類推論法中，放在 (i) 的是現有的法律規範。

雖然說是否允許類推，是有賴於能否證成命題 (ii)，也就是說有賴於兩件事項是否類似。不過更正確地說明則是，是否允許類推的關鍵，在於應否把這兩件事項解釋為相類似，並給予相同的法律效果。為了判斷這一點，則要參照法律的目的或體系關聯，並且考慮到法律正義的想法。

要附帶說明的是，所謂擬制指的是，把不相類似的東西刻意看成為相同的。

Column(32) 類推適用

不管在審判中或在法律學中，實際上很難見到前述之原本意義下的類推解釋。我們反而常常看到的是，由於對系爭事項找不到應適用的條文，也就是出現漏洞的這個情況，所以借用現有的法律規範，以適用到該事項上。人們多把這種情況，稱為「類推解釋」或「類推適用」。

例如說，由於在法條（日本民法第 709 條）中，並未規定因侵權行為而發生之損害賠償額的範圍，所以把此種情況類推適用債務不履行的規定（日本民法第 416 條）。在這個例子中，人們其實不太討論侵權行為是否和債務不履行類似，而只是問應否做出部分相同的處理。這個意義下的類推，實際上就等於是在沒有明文規定「準用」的情況下，填補了這一個法律文言。

「類推適用」這個詞，還可以用在不同於上述意義的事例當中。這也就是把類推適用這個字，用在應稱為「歸納一般化」的情況中。我們可以舉「通謀虛偽表示」的規定（日本民法第 94 條第 2 項）為例，加以說明。也就是，把「因為和相對人串通而成立的意思表示，它的無效是不能對抗善意第三人」的這個規定，「類推適用」到其他的事件上。藉由這項民法規定以及其他的規定（如日本民法第 93 條、第 96 條第 3 項、第 109 條至第 112 條等等），歸納地形成了外觀法理的一般規範。當發生使用外觀法理的情況時，人們不說「適用」這個一般規範，而是說「類推適用」法律上已經有的明文規定。不過這個適用的範圍，則是更加限定的。

反對解釋

所謂反對解釋指的是，儘管有可能做出類推解釋，但否定適用類推解釋的這個論法。例如說，「如果公務員收受賄賂，則懲戒免職（的法律規範是有效的）的話，那麼某公務員收受賄賂後，儘管又返還賄賂，但他仍將被懲戒免職」的解釋，就是類推解釋。反過來說，「雖然公務員收受賄賂將被懲戒免職，但收受賄賂後又返還賄賂的公務員，則不被懲戒免職」的解釋，就是反對解釋。

反對解釋的推理方式是，如果存在「若 p 的話，則 q」的法律規範的時候，則以非邏輯的方式，從這個法律規範推導出「若非 p 的話，則非 q」。關於反對解釋的根據，在前述類推一節中曾提過的東西，也同樣可用到反對解釋上。

但就如同前述類推解釋一般，人們把反對解釋理解爲，相關於解讀條文方法的一組規則。我們可以舉出文義解釋上的規則，作爲這種規則的代表例。像是如果某個法律文言當中，出現了如「僅只」、「以此爲限」等限定詞的話，對於屬於這些文言以外的事項，就應當在謂語中使用到否定的語詞。譬如說，通常會使用反對解釋去解讀「法官僅受憲法和法律的拘束」（日本憲法第 76 條第 3 項）的條文，從而得出像是「法官不受判例拘束」等。

此外，當條文中列舉出一組類似事項的時候，如果對於未被列舉到的事項，則不賦予該條文的法律效果的話，這樣子的規則也是屬於文義解釋上的反對解釋的規則。先前在討論到有關於類推（→ 261 頁）的時候，我們曾舉例指出相反於反對解釋之文義解釋上的規則。透過指出此種對立，我們可以得知，對於某個條文究竟應當採行類推解釋，還是應當採行反對解釋，這個問題是無法僅從文義解釋就得出判斷的。不過正如衆所周知，信奉罪刑法定主義的近代刑法，是以反對解釋爲原則。

當然解釋

當然解釋是基於比較量的大小，或基於比較程度大小的推理方式。當然解釋和類推解釋或反對解釋等相同，它們都不是邏輯性的東西，並且自古以來，都被當作是修辭學上的技術。有人把當然解釋看作是類推中的一種，但當然解釋不必然著眼於類似性，所以這個見解並不是那麼的恰當。

「如果公務員收受十萬元賄賂，則懲戒免職的話，若某公務員收受一百萬元賄賂，他當然要被懲戒免職」的這個推理方式，就是當然解釋的簡單事例。必須注意到，這種解釋之所以能成立，在它的背後存在著一個社會通念。也就是，收受一百萬元賄賂比起收受十萬元賄賂，還要更壞。

幾乎不可能在法律文言中，使用到能明白地顯示出當然關係的字句。但也並非不可能把當然解釋看成是，相關於解讀法律文言之文義解釋方法上的一個規則。

論理解釋

法律學者經常會用到「論理解釋」或「邏輯解釋」這個詞，但卻各自以不同的意義使用著它。

第一，有人表示說，所有的法律解釋都不能違反「邏輯」，尤其是不能違反矛盾律，因此所有的法律解釋，都必須是論理解釋或邏輯解釋。

第二，儘管照邏輯學者說的意義來看時，反對解釋或類推解釋等論證方法都不是邏輯的，但我們仍舊視它們爲論理解釋或邏輯解釋。

第三，有些人把論理解釋，用作爲與文義解釋或立法者意思說相對立的用語。在這個意義下，所謂「邏輯」指的是，考慮法令的各條項之間的體系性關聯，或者說考慮到它的語境脈絡。從而論理解釋又可稱爲體系解釋。在這裡，我們先採用第三種定義作爲論理解釋的定義。

這個意義下的論理解釋，我們可以舉出下述情況。例如說，「胎兒，……視爲已出生」的規定（日本民法第721條、第886條），如果不與「私權的享有始於出生」（日本民法第1條之3）的規定合在一起看的話，將無法充分理解這麼規定的意義。其他像是總則和分則各自做出規定的時候，也會發生同樣的情形。不過在這個情況下，如果依據文義解釋或立法者意思說的話，也會得出同樣的解釋，所以論理的、體系的解釋，不必然就是相對立於文義解釋或立法者意思說。因此甚至可以把論理解釋看成爲是，「法律文言必須以考慮語境脈絡的方式解讀」的這樣一種文義解釋上的規則。

概念法學客觀說

應當注意的是，如果按照法律解釋學所確立出的概念體系，將導出稱之爲「邏輯必然的」解釋的話，在這個情況下，體系解釋將有可能和文義解釋或立法者意思說產生對立。我們可以舉個例子來說明。財產權被認爲如果不是物權，就一定是債權，並且只會是其中之一。所以就有人主張，如果把日本法律中的借地權（譯注：根據日本借地借家法規定，借地權具有地上權和租賃權的雙重性格）或借家權（譯注：根據日本借地借家法規定，借家權雖然是無地上權的租賃權，但因爲基於公示而變動，故變成具有接近物權的性格）解釋爲，具有物權性格的債權的話，這個解釋在邏輯上就是不可能的。假如按照這種主張的立場來看時，結論是「邏輯」的問題，和法律文言或立法者的意圖無關，並且「邏輯」具有絕對優先地位。經常使用這樣一種想法的，多是所謂的「概念法學」。

從這一點，可以得出第三種型態的法律意思說，我們能夠稱它為「概念法學客觀說」。根據這個學說，解釋的基準時點既無關於立法時點，也無關於適用時點。這個學說的想法是，如果參照法律解釋學所建構出的概念體系的話，我們就可以確定出法規的客觀意義。

歷史解釋

假如我們想要釐清確定制定時點的立法意義，除了解讀法律文言，還要參照法案起草者的理由書，以及參照立法過程的議事錄等等，此外再加上調查立法當時的社會狀況、政治狀況和經濟狀況，不只如此，還有必要去充分檢視當時的立法者，究竟特別關注什麼問題、他們想要修改的是什麼，以及他們對於以往的法律又加上了什麼東西等等。這樣的工作稱為歷史解釋，或是沿革解釋。因為要做的是相當耗費時間的歷史學式調查，所以這個工作與其說是交給法官，不如說是交給法律學者去擔當的任務。

在大多數的情況下，歷史解釋是連結到立法者意思說下去思考。但即使是採取適用時客觀說，也有必要確定立法時點的意義。或者說如果能確定這個意義的話，至少將會明顯地有所助益。此外，在思考現在這個時點的適合性或正當性之際，非但有必要知道該當法律的制定背景或立法時的目的，還必須加以考慮，與該法律直接或間接相關的，其他的法律或判例的日後發展狀況。我們雖然可以認為，後面的這一種考慮是屬於廣義的歷史解釋方法，但又可以把它特別稱作為「社會學解釋」。

儘管很少被人提出，但是尚存在著另外一種理解歷史解釋的方式。這個解釋方法，只出現在以下的情況當中。也就是說，如果過去曾採用過並實施過某一個法律規範，且這個法律規範和現在引起爭議的解釋方案幾乎相同，限於這個情況下，則會用到這種少見的歷史解釋方法。假如說過去的這個事例，是一個成功的例子的話，則成為證成現在的解釋方案的根據。假如說過去的這個事例，是一個失敗的例子的話，則變成反駁這個解釋案的根據。但為了這麼做，也必須同時舉證說，被比較的兩個法律規範，它們的過去和現在的適用狀況，在重要的點上並無不同。

這個意義下的歷史解釋，被歸類到稱為「比較解釋」的這樣一種上層概念的下位。比較外國的法律規範和本國的法律規範，以決定某一個解釋的良窳的時候，用到的就是同於這種論法的東西。這又可以稱作比較法解釋。日本的法解釋學者在學術論文中，經常用到的就是這樣一種論法。

表 5-1 解釋的目標和方法之間的關係

根據解釋的目標區分		解釋時的重要著眼點	容易相連結的解釋方法
立法者意思說（主觀說）		歷史中的立法者的心理 立法沿革	歷史解釋
法律意思說（客觀說）	制定時客觀說	法律文言	文義解釋
	適用時客觀說	法律文言 其他法律或其後的立法 現在時點的融貫性和正當性	目的論解釋 論理解釋 社會學解釋
	概念法學客觀說	法律的客觀概念體系	論理解釋

Column(33) 利益法學

利益法學指的是，從 20 世紀初期到 1930 年代左右，以私法學者菲利普・赫克為中心的一群理論學者所發展出的，在德國具有優勢地位的法律解釋方法論。就反對概念法學的這一點上來說，以赫爾曼・坎托羅維奇和埃利希等為中心所推動的自由法運動，是和利益法學相一致的。但赫克自己也曾經大力主張「效忠法律」，他並藉此區別利益法學和自由法運動。自由法論使用了「自由」這個字眼，從而給了人們激進的印象。相比之下，利益法學強調服從法律為自身的基本態度，因此受到當時的德國審判實務接納。直至今日，利益法學的基本想法依舊有著莫大的影響力。

根據赫克表示，法律乃是界定各種可能相對立的利益間界線的命令，但法律本身同時又是各種利益的產物，是為了獲得承認而相互爭鬥之各種利益的勢力匯合。從而立法者首先要思索，社會的利益狀況和利益對立，並為了裁決社會對立，從而去從事利益衡量或評價。其次透過概念和語言，賦予這個衡量或評價一個形式，並發布命令。法官在解釋法律之際，則必須從事逆向於立法者的工作。也就是說，從法律的表達方式出發，到立法者的意圖，也就是立法者的思索和價值判斷，然後再上溯到成為原因的各種利益。赫克稱這個工作為「歷史利益的探究」。他強調解釋法律時，研究立法史有其重要性。

根據赫克表示，在制定法律的時候，立法者是不可能綜覽現在的，乃至於將來的全部利益狀況。此外，立法者也不總是能正確無誤地將自己的意圖表現在法律字面中。這些都造成了漏洞。因此直接面對事件的法官，不僅必須自行去認識有爭議的各種利益，並且還要比較衡量這些利益。同時關於什麼是需要受保護的利益的這個判斷，必須受到透過檢討歷史利益，而認識到的法律上的價值判斷的束縛。但若無法從現有的法律整體當中，找到適合該當事件的價值判斷的話，赫克例外地承認，對於這種少見的事例，要依據社會上具支配地位的價值判斷做成判斷。但如果連這個具支配地位的價值判斷也不存在的話，則依據良心做出判斷。

目的論解釋

以德國「利益法學」（→ Column(33)〔268 頁〕）學者和日本「利益衡量論」（→ Column(34)〔271 頁〕）學者爲首，當代許多法律學者大力推崇「目的論解釋」的解釋方法。問題是，這個解釋方法的內容卻是曖昧模糊的。目的論解釋大多只是漠然地反對文義解釋和論理解釋等，並力陳解釋時必須重視法規的目的。

與其他解釋方法相同，目的論解釋也能視爲文義解釋上的規則。也就是「法律文言應當以考慮它的目的的方式解讀」。

在這裡所謂的「目的」，如果限定爲明確記載於法律中的目的的話，則可以對應到制定時客觀說；如果限定在所謂「邏輯地」導出的目的的話，則可以對應到概念法學客觀說；如果解釋爲歷史上立法者在他們的意圖中的目的的話，則可以對應到立法者意思說；如果解釋爲現在時點的法規的客觀目的的話，則可以對應到適用時客觀說。

另一方面，我們也可以把目的論解釋看成是一種推理方法。在這個看法中，目的論解釋指的是，解釋者在解釋法律文言的時候，他所採用的解釋顯示出，該解釋對於要實現的法規目的而言是合適的這樣一種論法。這個時候，有必要確定法規的目的，並且有必要證明，這個目的和應當被採用的解釋之間的因果關係。

關於如何確定法規的目的這一件事，有人主張不只是參照該當法規，還要參照其他的規定或上層規範，或者是從法律秩序整體當中，擷取出該當法規的目的。但不管怎麼看，關於什麼才是目的的這個問題，最終仍仰賴解釋者的判斷。

在審判中或在法律學中，於選擇法律解釋時，要受到的制約是，應當選擇最不侵害其他法律上的目的的解釋（這稱做「比例原則」）。但是眞要說到實現目的和解釋之間的因果關係的話，經常多省略掉嚴格的經驗科學上的檢視。

Column(34) 利益衡量論

在日本，利益衡量論是有著衆多支持者的法律解釋方法論。它強調在從事法律判斷時，要比較衡量相對立的「利益」。利益衡量有時又會以利益考量、利益較量等字眼表示。這個理論受到德國的自由法論以及利益法學（→ Column(33)〔268 頁〕），還有美國的唯實主義法學（→ Column(21)〔214 頁〕）等的影響。

民法學者來栖三郎批判所謂的「概念法學」，主張解釋者應當負起責任，以及強調社會學研究的重要性。經由他點出問題所在後，從 1950 年代前半起，在日本法學界展開了一場「法解釋論爭」。再經過 60 年代中期，民法學者加藤一郎和星野英一提倡民法解釋的方法論。一直到今日，仍舊有許多的日本民法學者支持利益衡量論。

加藤一郎思考的問題是，在具體的爭議中如何適用法律。他表示法官在建構出以法規爲基礎的理論結構前，就會形成一個不顧法規爲何之基於利益衡量的結論。他從而發展出，唯實主義法學式的主張。

相對於加藤一郎，星野英一思考的問題是，在尚未適用到具體事件前，法律學者是如何從事法律解釋。他提示了一個法律解釋的步驟。首先，透過探討條文的文義解釋、論理解釋、立法者意思等，先導出一個暫定的結論。其次，透過利益衡量加以檢討上述結論的具體妥當性，然後再修正、變更結論。

星野英一還相信，在從事利益衡量或價値判斷的時候，存在著應當依據的自然法論客觀價値秩序。但另一方面，他也重視詳細分類利害對立的狀況。對於促進類型化手法的發展來說，利益衡量論有著相當大的貢獻。

利益衡量論的最大問題點，在於利益的概念並不明確這一點上。所謂的「利益」，可以認爲相當於目的論解釋中的「目的」。但在這當中，包含了從極爲抽象的東西，像是人性尊嚴、交易安全等，到極爲具體的東西，像是個人的或團體的經濟上、精神上的利益等。問題是，究竟要如何比較衡量這些多樣且異質的利益呢？然後還有的問題是，法院或法律學究竟具備了多少必要的能力和資源等，從而能夠進行比較衡量呢？

進入 1980 年代後半，民法學者平井宜雄點燃了「第二次法解釋論爭」的戰火。他特別是從法學教育的觀點出發，批判利益衡量論對這個教育造成危害。此外他還對「論證」提出獨到的見解，並提示作爲一個好的法律論，應當具備「反論可能性」的必要條件。

3 解釋技法的使用方法

在實際的法律解釋中，究竟該如何使用上面舉出的各種解釋技法呢？我們接下來將檢討這個問題。

證成和討論

如同本節一開始（→ 243 頁）提到過的，當人們對於如何解釋，在意見上有所歧異的時候，若某個人主張某一解釋方案的話，他就必須證成自己的見解。反過來說，反對者只有在聲明異議的情況下，或是說反對者只有對於表明反對的論點，他才要證成。如果人們不爭執某些論點的話，就可以視為暫時意見一致。透過這樣子的做法來進行證成。

這就是把解釋的證成，定位在所謂的辯論式討論的架構中，或說是定位在對話的架構中。縱使是只有自己獨自一人，如果要去檢討解釋方案恰當與否的話，也要假定一個討論的場面，交替地站在贊成者和反對者的立場，以重複進行思想實驗。

Column(35) 法律論證理論

我們可以認為德國法哲學家羅伯特・阿列克西，以及他在 1970 年代後半提出的「法律論證理論」，或稱為「法律論辯理論」，對於普及視法律證成為討論過程的看法，有著極大貢獻。

在本文中所採取的，從討論和推理的兩個面向掌握法律證成的看法，以及論證責任的想法等，雖然加上了若干修正，但基本上都是依據阿列克西的見解。

阿列克西表示，只有在沿承一定合理的（reasonable）程序去從事論證的情況下，才能證成規範。他還依據了哈伯瑪斯，提出了在上述這個情況中的「論證程序合理性」的想法。關於其概要，可參考本書第 4 章 6〔→ 197 頁〕。

早先於阿列克西，同樣引起人們注意到論證的法律理論是德國法哲學家 Th. 菲韋格提倡的法律論題論，以及比利時的哲學家 Ch. 佩雷爾曼提倡的新修辭學。

這兩位學者都主張，應當注意到古代至中世紀盛行的修辭（辯論術）或是論題（發現論據的技法）。他們致力於在現代法學當中，復興這些算不上是邏輯，但作為一種說服的技巧而有其意義的東西。

法律證成的推理結構

另一方面，我們可以從推理的觀點看法律證成。

凡是在要求「依法審判」，並且預設了審判的情境，以從事法律證成的情況下，法律推理最終來說，都必定採行三段論法的形式。也就是如同前面提到過的，具備了作爲論據的法律規範以及事實，再加上結論的這樣一個結構。

如果有人對法律規範或是事實提出異議的話，主張那個結論的人就必須證成它。在審判中的證成事實的結構，除了受到證據法限制的這一點外，基本上與科學領域中，或與日常中的證成事實的結構並無二致。在接下來的討論中，我們將限定在檢視法律規範的證成。

法律規範證成的結構

在證成判決三段論法中的法律規範的時候，會用到我們上面曾經提過的各式各樣解釋技法。要再一次強調的是，幾乎所有的解釋技法都具有推理形式的這個面向。並且與判決三段論法相同，推理形式各自都是由多數論據和一個結論的結合所組成的。

如果對推理形式中的多數論據之一，有人表示反對的話，那麼援用這一論據，以作爲自己如此解釋之理由的人，就必須證成這個論據。假如爲了證成這個論據，而又援用別的推理形式，並且如果人們再對此聲明異議的話，則要重複相同的過程。

例如說，這個情況可能如同下述順序般。主張者 A 爲了證成法律

規範 N_1 中的某個解釋，於是他使用類推論法。他主張「本件事項 p，和已經確立之無爭議的法律規範 N_2 的要件 p'，這二事項相類似。所以應當給予它們相同的法律效果」。對於此，反對者 B 提出質疑，他說「雖然看起來相類似，但是爲什麼應當給予相同的效果呢？」A 回應 B 的質疑，並反駁說「考慮到解釋對象，也就是法律規範 N_1 和 N_2，它們之間有著目的同一性，所以應當給予同一的效果」。針對這一點，B 有可能再次提出反對意見，「爲什麼能夠說 N_1 和 N_2 的目的是同一呢？」這個時候，A 說不定會論及體系關聯，或說不定參照立法沿革，以證成自己的見解。

只要出現異議的話，這個過程大概就會綿延不絕持續下去。毋庸諱言，審判由於會受到時間的制約，所以不可能永久地繼續這個過程。但是在法律解釋學當中，原則上是有可能不斷持續這個過程。

法律論據和非法律論據

我們在此應當注意到的是，如果論據是在法律規範的證成推理中提出的話，那麼這些論據在一開始的時候，都是有著強的法律性格的東西。比方制定法的條文，或比方最高法院對制定法條文所採的解釋命題等等。但隨著論證的進展，法律性格也會隨之轉弱。到了最後，有可能出現倫理命題等的論據。也就是說，有可能出現人們不必然認爲是法律的論據。

之所以如此，是因爲就原理而言，如果只能以法律論據去證成法律論據的話，會在不知何處走入死胡同。我們若是以第 2 章（→ 52 頁）中提到的，法律系統論的立場來說的話，這就是來到了法律系統的界限。如同在那裡提到的，法律系統是一個開放的系統，所以來自外部環境的要求也能夠引入法律內部。作爲其媒介的是稱爲（廣義的）原則的這樣一種規範。原則一方面被組織入法律的內部結構，一方面汲取來自外部的規範要求。也就是原則擔負起了作爲容器的功能。

制度化

上面曾提到過「法律性格」的強和弱，但是這究竟意味著什麼呢？對此，我們可換成別的話來說。也就是「具有法律正統性，且已制度化的東西」。這是關於事實的概念，也是所謂程度的問題。

「規範命題具有法律正統性」意謂的是，這個規範命題是根據法律規定的程序和內容所訂定出來的，並且各該規範所要規律之人（在評價上）承認，這個規範命題是根據法律訂定出的。雖然「已制度化的東西」和「具有法律正統性」部分重疊，但「已制度化的東西」意謂的是，規範命題在相當程度上是有實效的，且已經確立。在「已制度化的東西」背後存在的，不只是對於違反行爲威嚇要行使實力，眞正支持它的，是上面提到過的，各該規範所要規律之人的承認。

根據「具有法律正統性，且已制度化」的標準時，如果人們大致上遵守某一制定法，或人們活用這個制定法的話，我們可以說此一制定法，它的法律性格最爲強烈。

我們也可以用相同的方式，思考制定法的解釋命題。如果最高法院的判例採用了某一個解釋命題，並且人們實際上也服從它的話，那麼在所有解釋命題當中，這個解釋命題就有著最強的法律性格。如果某一個解釋命題，它在人們遵守的這一點上，有著相等於前述解釋命題的特徵，但是說到它的妥當性的時候，因爲尙未獲得最高法院承認，那麼這個解釋命題的法律性格，比起前面那一個就要等而下之。大多數人服從的道德規範，在制度化的程度上是相當強的，但是在法律正統性的點上，它缺少了法律性格。

法律證成的制約

法律證成會面對到其他種類的證成所不會面對到的制約。第一是，法律證成當中所援用的論據，至少其中之一必須是法律的。第二是，在法律證成當中所援用到的（相對是）法律的論據，（相對地）優先於非法律的論據。

在本節的一開始（→ 243 頁），我們就已經提到過了第一個制約。以下我們將只說明第二個制約。

論證責任

第二個制約意味著，如果某人提出的論據，具有強的法律性格的話，要給予他有利地位的推定。如果另外一個人提出的論據，只有較弱的法律性格的話，那麼這個人就負擔證成這個論據的責任。這個責任我們稱爲「論證責任」。它類似於證據法中的「舉證責任」的概念。但當問到誰有提出論據的責任的話，在這個意義上我們採用「論證責任」這個說法。

我們舉個例子說明。假如有人援引判例上已確立出的論據，作爲自己的解釋命題的根據，又假如有另外一個人，使用某些學者視爲有力說的論據，作爲自己的解釋命題的根據的話，若就相同的法律條文，他們兩個人的解釋互異且對立的話，並且還假定這二解釋在內容上有相同的說服力的話，前面這一種解釋有優先性。反過來說，後面的這一個人就必須提出，在內容上更具有說服力的證成。

論證責任與證成，在內容上的說服力乃是相互獨立的。論證責任是一種機制，對於各種論據，會依據它的法律性格，給予各自不同的權重。透過這個方式，才有可能促成秩序井然的證成或論證。法律制度本身，也制度化了這個機制。如果我們從像是憲法和法律之間的優先關係、上級審判決和下級審判決的事實效力的差異等等來看的話，就可以瞭解這一點。

解釋的檢驗

縱使我們已經學會了上面舉出的各種解釋技法和其用法，也不保證必定會達到正確的解釋。這是因爲在面對具體事件的時候，依舊要面臨到應使用哪種解釋技法的問題。或者是說，縱使已經決定使用某種解釋技法，但還是留下如何決定目的，或如何判斷類似性等的問題。在決定這些問題的時候，必須思考的是，在證成自己的判斷上，那個實質根據是什麼的問題。第 4 章（→ 141 頁）中檢討過的正義論，正能夠應用到這個問題上。

不過，藉由熟練解釋技法，我們能夠明確地瞭解到，應當要證成的論據是什麼，以及應當要著眼的論點是什麼等等問題。並且熟練解釋技法，還將使得我們更容易對解釋，做出批判的、反省的思考。另外縱使不能終結解釋上的爭辯，但熟練解釋技法，卻有可能使人們就否定某些解釋方案這一件事，更容易得出一致意見。

如何使用解釋技法呢？在此要先舉出一項，有關於其用法中的重要技巧。這個技巧和使用解釋技法所達到的結果，與所謂的「檢驗」的方法相關。

(1) 首先，透過自己採用的解釋技法，譬如說目的論解釋，得出一個作爲結果的解釋。然後適切地以文字表達出這個解釋，並且試著去把這個解釋建構成爲規則。

(2) 除了適用到該當事件外，也試著把這個解釋，適用到其他認爲有可能適用的事例上。然後確認是否因此出現突兀的地方。如果出現的話，就回到步驟 (1)，並重新檢討是否採用其他的目的，或採用其他的解釋技法。

(3) 若通過上述測試的話，就把自己採行的條文解釋，嘗試放入包含那個條文在內的法律整體當中。然後同於步驟 (2)，一方面適用到事例上，一方面確認是否出現突兀的地方。如果出現的話，再回到步驟 (2)，並重新檢討。

(4) 若通過步驟 (3) 的話，還要試著確認，不只是包含那個條文的法律，還有其他法律的相關條文在內，是否會出現突兀的地方。如果出現的話，再回到步驟 (3)。

融貫性和理性性

上述這個技巧能夠看成是，以簡明淺顯的形式，具體化人們漠然地理解爲論理解釋的這個東西。但在這裡起作用的不是邏輯，而是覺得「突兀的」這個感覺。學習這個感覺，就正是法學教育的中心目的，也正是法律思維的核心。

我們很難用言語去指明「突兀的」這個東西。

不只在德沃金的法解釋方法論中，就連其他現今有力的法解釋方法論當中，我們都可以看到有所謂「融貫性」（coherence）這個東西的存在。它指的就是，在法律秩序整體中，沒有「突兀的」的狀態。所謂「是融貫的」，不只意味著規範適用到至少數個事例後，這些規範相互間不會出現相衝突的結論，它還意味著更多的東西。換言之，存在著與邏輯的、科學的「理性」（rationality）相區別之某種「合理性」（reasonableness）。接下來我們將把後面這一種「合理性」，另稱爲「理性性」。

在法律解釋的這個脈絡下，理性性不只意味著「合於正義」，它同時還意味著既是融貫的且又是「有道理的」。以法律解釋學來說的話，關於「合於正義」的這個東西，它的內容是由法律實質意識形態供給的。在這個時候，就如同前面已經提及的，透過法律原則的中介，使得存在於外部的東西，比方說倫理，就能進入法律內部（→275頁）。

另一方面，爲了使我們的法律解釋能夠是「有道理的」，最有效的方法就是試著去設定並解讀，作爲我們解釋對象的法律文言當中的目的（雖然說有可能存在著多數的目的），然後試著確認結果上是否出現突兀的地方。雖說不斷重複這樣的思考過程，不必然就會達到唯一正確的解釋，但應當可以排除掉那些不合理的解釋。許多的法律解釋學者之所以強調目的論解釋，在他們的想法中，應當就是存在著上述般的思考過程。

立法者的理性性的假定

我們當然有可能想像到，立法者在寫成某個法律文言的時候，實際上說不定完全不考慮法律的目的，或未充分考慮這個目的，或者是不考慮或未充分考慮，這個法律和法律體系整體之間的整合。儘管如此，解釋者還是要假定，立法者說出來的東西是合理的且有道理的。法律秩序整體會歷經多樣時期，並由多數人參與和涉入才會完成，因此若問到這個秩序整體的融貫性的話，眞實的立法者顯然已經不再具有意義。在這裡，「立法者」必然成爲一個擬制。

要言之，解釋者對立法者的理性性做出一個反事實的假定，並基於此從事解釋。若從立法者意思說或制定時客觀說的立場看的話，說不定會認爲這個假定本身是不當的，或甚至援引「法治國」或「依法審判」的理念，以反對此一假定。但如果我們站在國民的立場看的話，當面對一個完全不合理且沒有道理的解釋，或者是這樣子的法律體系的時候，應當不會有人還表示無所謂吧！

因此縱使立法是不合理的，但仍把它視爲理性的且融貫的。這麼做可以說正是，人們期待法律人和他的思維，所要負起的正統任務。

3　法律思維和經濟學思維

在本節中，我們將介紹某些「法律和經濟學」的思考方式。透過對比法律思維和經濟學思維，以更進一步突顯出法律思維的特徵。

為什麼要舉出說明「法律和經濟學」呢？

我們毋庸特別強調，讀者也應當瞭解法律和經濟有著密切關係。例如說，在從事交易前，若不釐清私法上權利義務的範圍的話，是不可能有安全的交易。一旦交易的目的物上，出現始料未及的缺陷的話，或發生了違反契約的情況的話，均有事先透過法律去規定如何處理的必要。契約法正是為了這個目的而存在。侵權行為法則是對於民事上的事故，規定如何分配賠償。多數的刑罰法規，都擔負起保障安全的經濟活動的功能。

但稱為「法律和經濟學」，或者稱為「法律經濟分析」的法律途徑，與其認為是強調法律和經濟之間有著上述關係，不如說它是把經濟學的思維方式，導入法學內部的一種運動（→ Column(36)）。1970 年代以後，這個趨勢在美國即有著優越地位。但另一方面，在日本，則未能見到同於美國學界般的榮景。

我們在這裡舉出「法律和經濟學」，目的並不是要把經濟學的思維，直接強加到法律思維中。然而我們可以認為，在思索法律思維究竟是什麼的時候，如果藉由比較經濟學思維的話，必當會為我們帶來更多的啓發。在學習態度上尤其要緊的是，去注意到法律思維的不足處，並學習那些應當從經濟學思維中學到的東西。

Column(36) 「法律和經濟學」的各學派

在美國占有優勢的「法律和經濟學」下，有著多數的學派。這些學派彼此間，就應用個體經濟學的這一點上，存在著一致的共識。但是若按照這些學派各自關心的焦點，或各自著眼點的不同的話，大致上可分成三種傾向。我們可以依照各學派主導者所屬大學名，分別稱為「芝加哥學派」、「耶魯學派」和「維吉尼亞學派」。

這當中，在法學領域內最具影響力的，可以說是理察德．波斯納領軍的芝加哥學派。波斯納相信自由市場的效率性。他站在小政府乃是最佳政府制度之自由意志主義的立場，主張法律所具有的，並且幾乎可認為是唯一的目標，是達成「財富」（→286頁）的最大化的此種效率性。

另一方面，率領耶魯學派的奎多．卡拉布雷西，也同樣應用了個體經濟學。他提示出數個法律標準，並因而取得一定成就。但相對地，他對於市場萬能的這個意識形態，則保持著一定距離。他的經濟學觀點是，如同經濟主體會從事經濟選擇般，法律決策也是在多數可能選項中做出的選擇，所以一旦在法律中選取了某樣東西的話，就會犧牲掉另外的東西。他從這個觀點出發，重新檢討各種法律制度。就思索法律和正義的問題來看的話，他提示出一個值得我們注目的觀點。

比起法學界，更受到政治學界注目的經濟學者，是率領維吉尼亞學派的詹姆斯．布坎南。他運用公共選擇理論分析政治過程，並從社會契約論的觀點提議立憲體制的應有型態。他的理論中尤爲人知的是，對於尋租活動所提出的理論分析和批判。所謂尋租活動指的是，壓力團體等透過要求政府創設管制或提供保護以追求利益，但卻因此犧牲他人或造成他人負擔。並且尋租的結果，最終造成社會整體在福利上的損失。

經濟學和「法律和經濟學」

「法律和經濟學」依據的是個體經濟學。所謂個體經濟學，係以消費者或企業等各個經濟主體爲基礎，以分析市場機制的這樣一種立場。這不同於總體經濟學，把一個國家的經濟整體，當作是直接研究的對象。

經濟學又可區分爲實證經濟學和規範經濟學。實證經濟學乃是描述和說明經濟現象。規範經濟學則從經濟的觀點，討論制度應當是什麼樣子。使用個體經濟學手法的規範經濟學，又稱作福利經濟學。

法律構成了社會制度的重要部分，所以規範法學或者法哲學，和規範經濟學在研究對象上相重疊。「法律和經濟學」也能夠看作是，把個體經濟學的知識應用到法律領域上的這樣一種規範經濟學。不過「法律和經濟學」卻有著一個強烈的傾向，即把那些只在極理想的條件下，才會是妥當的初步經濟學理論，運用到法律這一複雜現象上。所以我們能這麼說也不爲過，「法律和經濟學」是部分借用經濟學知識的法學。就這一點來說，「法律和經濟學」一般而言皆抱持著強烈的、不好的意義下的意識形態性格（→ Column(22)〔217 頁〕）。

經濟理性和效率性

個體經濟學中假定，「經濟主體會理性地行爲」。所謂經濟理性行爲指的是，對消費者而言，使效用最大化的行爲；對企業而言，使利潤最大化的行爲。

有人把個人的經濟理性行爲，稱作爲「效率」行爲。但正確來說，對於社會整體，或對於相關當事人全體的行爲，才會說到「效率性」這個字。並且在這個意義下的效率，也可以說是「福利」（welfare）。

帕雷托效率

規範經濟學中包含了下述主張：（若其他情事相等的話）應當最大化（或者是最適化）效率或福利。很明顯地，這是歸類在功利主義系譜下的思想。「福利」即相當於整體效用。同於功利主義，福利經濟學也認爲社會是由個人所構成，所以無法想像獨立於個人的社會實體。

但福利經濟學主張，價值觀以及伴隨出現的效用函數會因人而異，因此福利經濟學必須處理的是，無法單純合計各個人的效用，以及不可能比較個人間的效用的問題。

爲了解決這個問題，或更正確地說，爲了迴避這個問題，被想出來的是所謂的「帕雷托效率」的概念。我們可以藉由「帕雷托改善」的概念，對「帕雷托效率」下一個定義。

首先要考慮的是，組成社會之全體成員的行爲和效用的初始狀況。假定每個人都擁有關於行爲的多數選項，並且這些行爲選項會使得初始狀態發生改變。我們將全體成員中，每個人所擁有的選項加以組合，並把據此得出的東西，看作是社會整體的選項。接著從初始狀況出發，如果有某個社會選項，它不會降低任何一個人的效用，且還增加其他任何一個人的效用的話，對於社會來說，選擇這個選項就稱爲「帕雷托改善」。當我們不斷重複帕雷托改善，一直到再也無法改善至更佳的狀態的時候，這就稱爲「帕雷托最適」的狀態。帕雷托效率指的就是帕雷托最適。如同上面說明可知道的是，在帕雷托效率的想法當中，並沒有必要存在一個，能比較各個人的效用函數本身的共通尺度。

但應當注意到的是，有可能存在著多數的帕雷托最適的社會選項。在定義上，是無法透過帕雷托效率，去裁定多數的帕雷托最適選項彼此間的優劣。福利經濟學的眞正課題，就在於提示出一個規範理論，以裁定多數的帕雷托效率的選項彼此間究竟誰優誰劣。附帶提到的是，羅爾斯的差異原則也可看作是此種規範理論中的一個（→ Column(37)〔287 頁〕）。

成本效益分析和「財富」

「法律和經濟學」把法律制度視爲社會選項，並主張應當採用有效率的法律制度。但是在這裡，一般用到的效率性的概念，不是帕雷托效率。這裡用到的是，在成本效益分析中的效率性的概念。

在成本效益分析中，社會（也可以想成爲多數人結合而成的團體）選取某個選項的時候，各個人若因此增加效用的話，這就稱爲收益，若因此減少效用的話，這就稱爲成本。收益和成本，是用金錢價値表示。因爲成本是負數的收益，所以從上述意義中的收益，扣除掉成本後得到的東西，就可以認爲是「收益」（純收益）。假如使用後面這一個收益的概念的話，合計社會全體成員中個人的收益之後，得到的是社會的總收益。在成本效益分析中，能最大化社會總收益的社會選項，就被看成是有效率的。

必須注意的是，這樣一種效率性概念多少是有問題的，因爲它忽略了個人間效用比較的問題（→ Column(38)〔288 頁〕）。從而這個概念實質上最終採取了，我們可以認爲相同於，前近代經濟學中之邊沁的功利主義的那種想法。

引領「法律和經濟學」發展的法律學者波斯納，把在成本效益分析中的社會總收益，稱爲「財富」。他並主張，法律和審判應當實現的最重要目標，就是最大化財富。

Column(37) 差異原則的福利經濟學式解釋

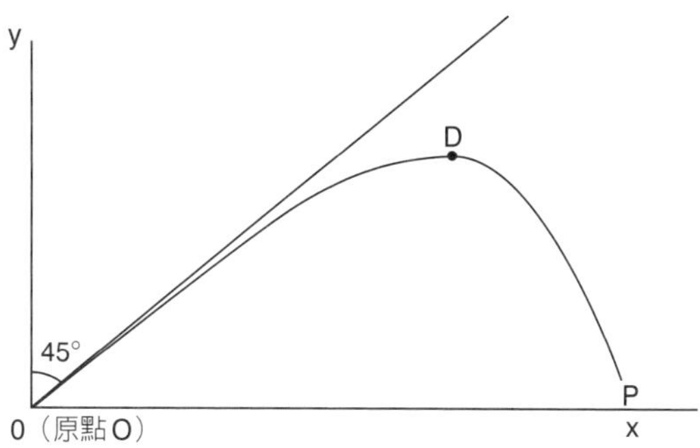

圖 5-1　分配曲線

羅爾斯用了如同圖 5-1 般的圖表，以說明差異原則的基本想法。在羅爾斯的正義論中，分配的對象是「社會基本財」。不過爲了說明方便起見，我們將使用所得作爲基本財的指標。

曲線 OP 表現出的是，在社會上相對受惠的團體以及相對不受惠的團體間，分配那些經由社會合作所產出之所得的這個關係。x 軸代表的是，相對受惠團體的代表市民 X 所得的量。y 軸代表的是，相對不受惠團體的代表市民 Y 所得的量。

作爲一種規範理論，羅爾斯的差異原則推薦的是，在 D 點上分配的這一種社會基本結構。其理由如下。

從起點 O 向 45 度角延伸一條直線，因爲我們規定 x 軸是相對受惠人的所得，y 軸是相對不受惠人的所得，所以 OP 曲線則位在該直線下方。在此爲了說明方便起見，在定義上規定所得愈多的人就愈受惠。45 度直線代表完全平等的分配。分配曲線位在 45 度直線下方即意味著，受惠的人比起不受惠的人擁有更多所得。

那麼，沿著分配曲線 OP 看時，若我們把焦點放在 Y 的所得變化上的話，一直到 D 爲止，Y 的所得是不斷地增加，並在 D 點時達到最大，但在D點的右方則轉爲減少。如果我們看X的話，從O到D爲止，X的所得是增加的，所以從O向D變化時，雙方的狀態都變得更好，因此這部分就成爲帕雷托改善。然而在D點的右方的時候，一旦X的所得增加，Y的所得卻隨之減少。從而在OP曲線上，位在D點右方部分（包含D）的所有的點，都變成是帕雷托最適點。因爲在這個部分上的任意一點，一旦要增加X的所得的話，同時必然造成Y所得的減少。

因此我們可以得知，如果只依據帕雷托效率的話，將無法決定哪一個帕雷托效率點才是好的。羅爾斯的差異原則則主張，應當選取會使得較不受惠人們的利益成爲最大的D點。

Column(38) 囚徒困境

		B 緘默	B 自白
A	緘默	-3, -2	-10, 0
	自白	0, -8	-9, -5

讓我們假設A和B二人侵入某民宅，並共同殺害該戶家人。假定A和B同時被逮捕，並且他們侵入住居的部分有明確證據，但關於殺人的部分，如果他們不自白的話，將難以定罪。在此檢察官分別傳喚兩名囚犯，並對他們做出以下說明。

「如果對方不自白，而只有你承認共犯殺人的話，你將獲得緩起訴，但對方將以殺人罪求處20年刑期。

如果對方與你都自白的話，你們兩個人都以殺人罪起訴，但饒過你們只求處10年。

如果對方和你都一直緘默的話，你們兩個人都將以侵入住居求處 3 年。

上面的這些話，我也告訴了你的同夥。爲了自己好，你最好自白。」

那麼如果 A 和 B 理性行爲的話，換言之，他們以效用最大化的方式從事行爲的話，會選擇緘默還是自白呢？

上表顯示出 A 和 B，當他們保持緘默或是採取自白時的行爲組合，以及相對應這些行爲組合之各個人的效用值。左側是 A 的效用值，右側是 B 的效用值。例如說，表中的（0,-8）就是表示 A 自白共犯而 B 保持緘默，這時候他們的效用分別爲 A 爲 0，B 爲 -8。

但有必要留意到的是，檢察官對共犯雙方，同樣地告知緘默或自白與刑罰之間的關係，所以我們可以假定，共犯中無論哪一個人，儘管均不知道對方效用的正確値，但應當知道其大小關係。

從上表可以知道，無論對於 A 或對於 B 來說，當對方保持緘默，而自己卻選擇自白，以及對方決定自白，且自己也選擇自白，在這些選項下自己的效用是高的。從而結果是，A 和 B 應當都會選擇自白。換一個講法來說的話，如果自己保持緘默，但對方卻自白的話，結果將換來自己要被判 20 年刑期。爲了要避開最糟的結果，雙方都將採取理性行爲。這樣的結果是，雙方均只有自白的這個選項。

無論如何，這個時候的效用組合是（-9,-5）。但是若 A 和 B 均維持緘默的話，由於這時的效用組合是（-3,-2），所以無論對 A 或對 B 來說，雙方均緘默的這個選項，會比起雙方均做出自白的選項較佳。換句話說，這時就是所謂的帕雷托改善。

除了雙方均自白的這個行爲組合，其他的選項都沒有帕雷托改善的餘地。所以其他的選項全部是帕雷托最適。

在遊戲理論當中，上表所表現出來的關係，被稱爲囚徒困境遊戲。對於雙方來說，明明都有改善餘地之行爲組合選項，但一旦各個人限於孤立狀態中去理性地行爲的話，最終卻選擇較差的行爲組合選項。正是這一點使囚徒困境遊戲備受注目。在現實的社會當中，我們經常可以目擊相同於囚徒困境的狀況。譬如說，關於公共財（→ 169 頁）的供給。如果所有人都爲了避免只有自己負擔這個成本，因而各個人均理性行爲的話，這樣子行爲帶來的結果是，要麼人們完全不被供給公共財，要麼人們只被供給不充分的公共財。比較起多多少少分擔一些成本，以共同利用公共財的這個社會選項來說，理性行爲有可能招致所有人陷入更糟狀態的這個結果。

不過當我們在看表中的數值的時候，應特別注意到下述二點。

第一，在理解相關囚徒困境的上述說明時（因爲有必要以較長篇幅解說這個遊戲理論整體，故在此我們將不再進一步深入說明），並沒有必要去比較 A 和 B 的效用值，只要比較 A 或者 B 各個人的內部效用值的話，這就已經是足夠的了。換言之，不會去從事個人間效用的比較。

第二，縱使是比較 A 或者 B 各個人的內部效用，只要能夠比較出效用值的大小就夠了。至於數值彼此之間的幅度則不成爲問題。這意味著採用序數效用的概念。

請注意，只討論效用之間的順序問題的話，這種效用概念稱作序數效用。如果我們也給予效用的幅度一定意義的話，這種效用概念就稱爲基數效用。並僅限於採用基數效用概念的情況下，才能夠對效用進行加法計算。

現代的個體經濟學中的消費者理論或需求函數，原則上用的是序數效用。成本效益分析則一方面假定，個人間的效用比較是可能的，另一方面還同時使用了基數效用的想法。

寇斯定理

「法律和經濟學」的課題，在於尋求下述問題的解答：對於由經濟理性行爲的個人所組成的社會來說，如果要實現有效率的結果的話，應當採取什麼樣的法律規則才是適當的呢？

但諷刺的是，驅動今日「法律和經濟學」發展的力量，卻是那些看似完全否定上述課題的理論。換句話來說，這個理論的命題是「交易成本爲零時，法律將不影響資源配置的效率性。無論在什麼樣的法律規則下，經濟主體只要是理性地行爲的話，將達致社會的效率」。這個定理取名自其發現者（羅納德．寇斯）之名，被稱爲寇斯定理。這之所以稱爲定理，是因爲這是由經濟主體的理性行爲，以及其他的個體經濟學的公理中推導出來的。

必須注意的是，寇斯定理要成立的話，必須滿足特定條件。這即是「交易成本爲零的話」的限制。以下我們將舉具體事例，以說明這個定理的內容。

醫生和卡拉 OK 店

假設醫生 A 經營診所，年獲利一千萬元。然而在他的診所旁，新開了一家卡拉 OK 店 B。由於卡拉 OK 店發出噪音，使醫生 A 無法專心從事醫療工作。在此我們假設卡拉 OK 店的年獲利是一千五百萬元。若 A 以 B 爲被告，提起要求禁止噪音的訴訟的話，法院應當要下什麼樣的判決呢？如果根據寇斯定理的話，可以先指出結論是，無論法院下什麼樣的判決均不會影響效率。

這是爲什麼呢？若A勝訴的話，B當會向A提示一千萬元以上（但未滿一千五百萬元）的金額，以要求讓卡拉OK店能繼續營業。從A來看的話，不用工作，就能獲得比從事醫療工作還多的收入，所以不是件壞事。從B來看的話，雖然從一千五百萬元中去掉一千萬元，年獲利減少變成爲五百萬元以下，但總比沒有收入好。從而雙方的談判會成立。結果來說，卡拉OK店將繼續營業，而診所將歇業。不過在此假定，只要卡拉OK店繼續營業的時候，診所將無法維持醫療工作。

若B勝訴的話，卡拉OK店當然將繼續營業，而診所將關門。因爲A的年收比B要少，所以A不可能提示出如同上述般的有利條件，也就是不可能「向B購買判決」或說是「收買B」。資源（在本例中就是診所和卡拉OK店之間的空間）被配置給，能從這個空間獲取最高收益的人（在本例中就是B）。

應當注意的是，寇斯定理是關於事實說明的描述原理，不是規範原理。這是因爲寇斯定理並未主張，應該把資源分配給最能提高收益的人，而僅只是主張，只要所有人都經濟理性地行爲的話，配置就應當會如此。

發生交易成本的情況

爲了要理解寇斯定理，我們要注意到一個關鍵重點，即只限於交易成本爲零的情況下，這個定理才是妥當的。在交易當中包含了許多種類成本。若是以上面相關的例子來看的話，我們只提到了議價成本。而在議價成本當中，又包含了許多種類的成本。不過爲了說明方便起見，我們只先考慮談判時，花費在討價還價上的成本（稱爲「策略的議價成本」）。

當 A 勝訴的情況下，由於一千五百萬元和一千萬元出現差額，A 和 B 二人就如何分配差額會討價還價。儘管這項交易對雙方來說都是有利的，但無論是誰都想盡可能地獲得更多，這說不定將導致交易不成立。如果他們為了討價還價，而花費超過五百萬元的成本的話，談判本身就是經濟不理性的。這樣的情況稱為，「交易成本過高而阻礙交易」。

正是這樣的情況，使得法律有存在之必要。在上面的例子當中，我們已經討論過，如果規則或判決允許，A 得對 B 請求禁止為一定行為的話，會出現什麼樣的情況。但是如果規則或判決承認，A 得有（限於實際損害金額的）損害賠償請求權的話，這就會消除掉有可能在允許請求禁止為一定行為的情況中，所產生的交易成本的效果。也就是說，因為規定了 B 要付給 A 一千萬元（這是造成診所關門大吉的實際損害額），B 才能繼續經營年獲利一千五百萬元的卡拉 OK 店。這個時候，雙方就沒有反反覆覆地討價還價的必要。

附帶一提的是，若規則規定禁止為一定行為的話，則稱為所有權規則；若規定損害賠償的話，則稱為責任規則。

從效率性的觀點來看，當交易成本高的時候，能降低交易成本的規則則是較佳的。故以上面的例子來說的話，責任規則就比所有權規則較佳。在贊同「法律和經濟學」的學者間，大致上都抱持著這種想法。

法院不應妨礙議價

不過，寇斯定理還有另一種解釋的可能。

在上面的例子當中，假定法院係以效率性爲判斷標準，並且法院還知道 A 和 B 各自從營業能得到的年獲利額。如果說診所眞正的受損害額是一千萬元，而法院卻誤以爲這個金額是，譬如說二千萬元。那麼，假設在這個情況下 A 勝訴的話，將不會產生有效率的結果。B 不可能付出二千萬元，以換取繼續經營年獲利一千五百萬元的卡拉 OK 店。結果來說，這樣的判決將造成了資源的浪費。儘管這是單純的例子，但大多數的情況下，由於法院無法充分掌握必要的資訊，以致不能做出有效率性的判斷。此外，爲了取得必要資訊，也有可能必須付出高昂的成本（稱爲「資訊成本」）。

大多數的經濟學家認爲，照理來說，本人最清楚什麼是對自己有利的。所以經濟學家大多抱持的想法是，法院應當盡可能地委諸當事人自行議價，而不應該以自身不充分的資訊和能力，做出不充分的判斷。因此法院應當下的是，縱使已經交付判決，仍應盡可能地不妨礙當事人間自行議價的這種判決。至於什麼是不妨礙議價的判決呢？則要依個案而定。經濟學家對這一點，一般而言沒有置喙的能力。但是經濟學家會說，如果法院在判決中，禁止當事人可以協議停止執行上述 A 勝訴判決的話，這就是妨礙議價之判決的壞例子。

這種解釋相對而言，算是忠實地依據寇斯定理的想法。但從效率性來看時，這個解釋總的來說，是對法律或者審判下了一個負面的評價，所以「法律和經濟學」學者當中，較少人支持這個解釋。「法律和經濟學」者雖說重視效率，但他們大多數都是重視法律的法律學者。

有隔音設備的情況

根據寇斯定理，「交易成本爲零的話，法律規則不影響資源配置的效率」。當我們在看這一點的時候，有需要去考慮到另外一件事情。

在前面的例子當中，我們假定了診所和卡拉 OK 店是無法並存的。但是假如在這兩方中的任何一方，能夠裝設隔音設備的話，他們說不定就能並存。讓我們先假定，假如把隔音設備裝設在診所的話，每年要花費一百萬元，而裝設在卡拉 OK 店中的話，則每年要花費三百萬元。

如果有這個選項可選的話，最有效率的辦法將很清楚的是，在診所中裝設隔音設備。這個時候，無論是診所或卡拉 OK 店都可以繼續經營。雙方的收益合在一起的總收益，即是從雙方的年獲利中扣除隔音成本。也就是一千萬元加上一千五百萬元後，再減去一百萬元，得出二千四百萬元。在雙方不能並存的假定的例子當中，最大的總收益是卡拉 OK 店的年收入一千五百萬元。這兩個數額就有著很大的差距。

根據寇斯定理，如果沒有交易成本的話，不管法院下什麼樣的判決，自然就會實現這樣的結果。也就是說，儘管 A 勝訴，但卡拉 OK 店仍會向 A 提出議價的要求，並且以自己的費用替診所安裝隔音設備。從 A 來看時，因爲不用花到自己的錢，所以答應這麼做也沒有壞處。

但縱使「加害人」即卡拉 OK 店提出議價的要求，A 說不定完全不理會。這也就是所謂的，交易成本過高而阻礙了交易的情況。這個時候，B 爲了繼續營業，只好花三百萬元在自家店內安裝隔音設備。但相較於在診所內裝設隔音設備，從 A 和 B 整體來看時，三百萬元減去一百萬元，等於二百萬元，也就是把隔音設備裝設在卡拉 OK 店的話，將導致二百萬元的效率性的喪失。

從而從總收益最大化的觀點來看時，會推導出這樣一個規則：交易成本高的時候，有可能以最低費用去避免喪失效率性的人，就應當負擔這個費用。也就是說，裝設隔音設備的費用，應當要由 A 負擔。

誰是加害人，誰又是被害人？

然而醫生有可能會認爲，卡拉 OK 店是加害人，自己則是被害人。但是若從純粹經濟的觀點來看時，也就是從有效率的資源配置的觀點看的話，既不存在被害人的觀念，也不存在加害人的觀念。這樣一種道德觀念，是排除在經濟學之外。寇斯的重要成就的意義，就在這一點上。

之所以發生損害，僅只是因爲無法並存的兩種經濟活動，很不湊巧地隔鄰而居的結果。如果我們把卡拉 OK 店看成是加害人的話，其實就如同我們把醫生看成是加害人一樣，都是奇怪的。在這裡有必要討論的問題僅只是，什麼樣的做法才能有效率地運用位於雙方分界上的空間的這個資源。爲了避免損害，一個可能的方案是，他們雙方當中的任一方換地方營業。但也要這個方案相對便宜，才會有人做出這樣的選擇。

透過課稅以內部化外部成本

寇斯還進一步反對經濟學的下述主張，也就是「不是從道德的觀點，而是從效率性的觀點來看時，也應當使『加害人』負擔損害。因此，政府應當對『加害人』課稅」。

經濟學中向來有力的論調是，當出現「市場失靈」（→ 168 頁）事例之一的外部不經濟的時候，應當內部化這個外部不經濟。而寇斯則勇敢地對此高舉反旗。換句話說，假如用經濟學專門用語，去呈現寇斯所反對的這個主張的話，即是「若有外部不經濟的話，因爲私人邊際成本低於社會邊際成本，所以從效率性的觀點來看時，生產量將會過剩。從而政府爲了有效率分配資源，應當透過課稅，以促使私人邊際成本和社會邊際成本一致」。

假如我們用上述假定診所和卡拉 OK 店無法並存的例子（但因爲我們並未使用邊際概念，所以將不是那麼的正確），去說明這個經濟學上的主張的話，可以得到如同下面的說法。儘管 B 發出噪音，但如果承認他有權利得繼續營業的話，B 就毋庸負擔本來是屬於他的成本（在這裡，就是 A 因結束診所而失去的所失利益）。且 B 由於繼續卡拉 OK 服務的生產，結果導致他供給了過剩的生產量，並造成無效率。從而必須透過課稅，以使 B 負擔相當於 A 受到損害的這個成本。

寇斯反對這個主張的理由之一如下。也就是說，一旦如此課稅的話，如果安裝隔音設備的成本，低於 B 的課稅額的時候，B 將安裝隔音設備，所以 A 也就繼續在 B 店隔壁從事診療業務。但 A 若在別的地方開診所的話，有可能對於作爲一個社會整體來說成本將更低。在這種情況下的課稅，將抑制 A 遷移至他處，並成爲獎勵他留在原地從事診療的誘因。結果有可能導致一個無效率的資源配置。

所得分配

我們就寇斯定理所爲的上述說明，對於那些習慣了法律思維的人們來說，雖然能在一定程度上理解他要說的內容，但總會感到有些不對勁。與此相關的一點是，依照判決結果是勝訴還是敗訴，或是否必須負擔喪失效率性的迴避成本，將使得各人的所得發生不同變化。

在經濟學中，資源配置和所得分配是兩回事。在前面舉出最初的例子（→ 291 頁）中，若 A 勝訴的話，A 的所得就成爲一千萬到一千五百萬元之間，B 的所得則成爲零元到五百萬元之間。若 B 勝訴的話，A 的所得將成爲零元，B 的所得則成爲一千五百萬元。無論如何，問題是要如何分配總計一千五百萬元的收益。

如果安裝隔音設備的選項是可能的的話，當 A 得到勝訴判決，且 A 不願意議價的時候，A 的所得是一千萬元，而 B 的所得就成爲一千五百萬元減去三百萬元，也就是一千二百萬元。因此，就變成如何分配總計二千二百萬元的收益的問題。

當安裝隔音設備是可能的，且 B 獲得勝訴判決的時候，A 的所得是一千萬元減去一百萬元，也就是九百萬元，而 B 的所得是一千五百萬元。因此，就變成如何分配總計二千四百萬元的收益的問題。

像這個樣子，縱使說判決的影響，並不及於資源配置的效率性。但依據判決的不同結果，所得上將產生差異。這就是分配正義的問題。

配給的效率和分配的正義

「法律和經濟學」並非當然無視分配正義的問題。但它強調的是，在實現分配正義之際，為了再分配所得是會造成成本的。反過來說，如果不需成本就能再分配所得的話，「法律和經濟學」會認為，不管如何都先最大化社會整體的效率，並因此最大化總收益，然後根據某個（且無論是什麼都可以的）分配正義的想法去重新分配就行了。

除此之外，「法律和經濟學」學者還主張，如果要透過侵權行為法或契約法等，也就是透過那些只涉及到偶然遇上事故之人的，或者是只涉及到偶然締結契約之人的法律或審判，以實現分配正義的話，不只是從效率的觀點，即使是從正義的觀點來看時，都不會是好的做法。這麼主張的理由是，因為在審判中，窮人不必然總能從有錢人手中取得勝訴判決。即使假定存在著這樣子的制度，一旦從正義的觀點來看時，我們也不會說這就是可取的。

我們可舉出在幾年前曾經修法過的，頗受日本經濟學家惡評之日本的借地借家的法律，當作一個例子說明。日本經濟學家認為，日本的借地借家的法制和審判，以無效率的方式保障承租人。不只是因為那些偶然地受到保護的承租人，不見得就是低收入者，還因為這個無效率的制度，阻礙了優良物件的供給，以至於潛在的承租人，將受到更加不利的對待。而這就等同於，他在結果上減少了可處分所得。當思考法律和正義的時候，經濟學家的主張也有值得法律人傾耳聆聽之處。

5

法律學應當向經濟學學習什麼呢？

那麼，更一般而言，法律學應該向經濟學學習什麼呢？

對經濟學而言是根本的，但在法律思維中卻常無視其存在的概念是，「成本」的概念。或嚴密地來說，定義爲「機會成本」的概念。

經濟學中基本的問題設定模式是：在給定的條件下，存在著多數的選項時，對經濟主體或社會整體來說，選擇哪一個選項才是最合理的或有效率的呢？的這樣一種形式。這個問題設定模式中，強烈意識到的是，選擇某個選項就等於放棄了別的可選的選項。

爲了最大化效用、利潤，或者是福利，而選擇了某個選項的話，則將失去選擇別的選項所可能獲得的效用、利潤，或者是福利。經濟學把後者的這些可能的效用、利潤，或者是福利當中，其中最大者稱爲「機會成本」。

例如說，勞工工作的話可以得到薪水，但同時他將失去本來從事休閒所可能取得的效用。後面的這個效用，如果比薪資所得的效用還要高的話，理性人將不會選擇工作。這是因爲成本超過報酬。

關於成本的概念，我們還可以用別的說法來描述，這就是「犧牲」的概念。在法學或在正義論當中，經常提到不得因多數人而犧牲少數人、不得因強勢而犧牲弱勢、不得因富者而犧牲貧者。也有人會說，不允許人權和整體效用間進行抵換。所謂抵換，意味著比較成本和收益或報酬，並做出換算。

當我們試著從成本、犧牲、抵換等觀點看法律的時候，必將浮現出在法律的想法下，所無法看出的多數論點。例如說，許多法律人都相信，不允許為了社會整體而犧牲人命。那麼為了要避免發生交通事故而導致死亡，是否社會就要選擇禁止使用所有的車輛呢？反過來說，如果採行了允許可以使用車輛的制度的話，社會就要對某些人因交通事故而死亡付出成本。

我們能把成本或者是犧牲的想法，應用到法律思維中的許多地方。譬如說，在目的論法律解釋中，若設定某個目的的話，則將犧牲了其他可能的目的。如果考慮到這一點，法律解釋就會更加有彈性，並且也更完善。

如果要舉出法律學應當向經濟學學習的東西，並且若只能舉出一點的話，那就是上面提到過的「成本」、「犧牲」的想法。

第 6 章

法哲學的現代發展

截至目前為止，我們已經大致解說了法哲學要處理的大部分課題。但針對若干問題，仍有尚未充分說明之處。此外還有某些主題，我們也幾乎完全未提及。在本章中，我們一方面檢討這些尚未解決的主題或議題，另一方面同時介紹法哲學的最新動向。我們尤其想要明白指出，若站在現在的這個時點看的話，法哲學在未來應當要處理什麼樣的課題。我們可以具體地舉出如下：關於民主的各項問題、女性主義和多元文化主義針對自由主義法律理論提出的質疑，以及相關於醫療、環境、資訊等法律和倫理的各項問題。

1 民主是什麼

民主的制度和思想

「民主」（democracy）這個字源出自古代希臘，它的原來意義是「由民眾統治」。

關於民主這個字，當我們著眼其制度面的時候，可以把它翻譯成「民主制」；若著眼其思想面的時候，則可以把它翻譯成「民主主義」。根據我們想要探究的目的，大體上可以區分爲民主的制度和民主的思想，然後分別進一步討論。但這時仍有必要注意到，制度的背後必然存在著，支撐這個制度的思想。

另外在接下來的部分，當我們用到民主、民主制和民主主義等用語的時候，儘管我們會小心地注意到，它們彼此間微妙的不同，但原則上我們視它們爲可以互換的。

當論及民主的制度面的時候，在今日的慣例上，通常把實施普通選舉制和法治的國家，稱爲民主主義國家。

但若說到作爲一種思想的民主的時候，經常可以見到不同學說間，就這個思想的本質出現尖銳對立。在本節中，我們把重點放在思想上。我們將舉出關於民主的代表性想法，並檢視它們的思想史背景和理論背景，還有它們的基本爭點等。

民主制和獨裁制

許多的字都能夠透過對比它的相反字，以釐清這個字的意義。我們也可以透過對比獨裁制，以定義民主制。例如說，波普爾把獨裁制看作是，除非透過暴力，否則不可能發生政權輪替的這種政體。反過來說，他把民主制度看作是，透過暴力以外的手段，且通常這個手段是選舉，將使得政權輪替成爲可能的政體。

這個定義基本上和前面提到過的，從制度面看時，會把普通選舉和法治當作民主的識別標準的這個定義，是屬於同樣的一個系列。這是因爲只要是實行普通選舉和法治的政體的話，就不可能實行獨裁制。這個定義如果用在橫斷比較不同國家的政體的話，將會是有效的。但也僅就此一目的來說，這個定義將不至於發生問題。

統治的政治學

從柏拉圖、亞里斯多德，經過托馬斯．霍布斯，再到現代爲止，在分類國家政體的時候，人們經常用到的是，「誰是統治者，誰又是被統治者」的觀點。因此統治者的人數和身分，以及依情況有可能再加上統治的倫理內涵，就構成了政體的識別標準。

我們姑且不論依倫理內涵所作的區分。當依據統治者的數量分類時，如果統治者只有一個人的話，這即是獨裁制；如果統治者是少數人的話，這是寡頭制；如果所有人都是統治者，或者是說統治者和被統治者是同一的話，這就稱作爲民主制。另一方面，依據統治者的身分分類時，由君王單獨一人統治的話，則是王制或君主制；由貴族統治的話，就是貴族制；由人民統治的話，稱爲民主制。由於在兩種分類中，都用到了民主制這個用語，我們由此可知，不管依據的分類標準是統治者的人數，或者是統治者的身分，這二者大致上是一致的。

假如我們只是打算籠統地對國家政體進行分類的話，這樣一種形式的分類方式的確是很方便的。但是運用此種「統治政治學」的觀點，也就是站在「誰是統治者，誰又是被統治者」的觀點看時，會傾向把「統治者」和「被統治者」的關係，看作爲主人和奴隸的關係。也就是說，會傾向以全面性的支配服從去掌握這個統治關係，從而有過度簡化現實之疑慮。在政治現實當中，縱使是獨裁制度下的專制君主，也不當然能夠完全按照己意指使臣下和臣民等。

為了人民而由人民統治

關於民主的本質，今日最有可能得到廣泛同意的定義是，「爲了人民而由人民統治」。這個定義，是由「由人民」統治和「爲了人民」統治的兩個部分組成的。由人民統治意味著，參與國政或對國政發揮影響力。爲了人民統治意味著，貢獻於公益等的統治，或說貢獻於稱爲一般意志之人民全體利益的統治。針對民主所發生的根本問題，就在於由人民統治和爲人民統治不必然是一致的，所以究竟應當重視「由人民」統治？抑或重視「爲了人民」統治呢？正是在這一點上出現了嚴重對立。

盧梭的民主制度觀

自古以來即存在的一個強而有力的論調是，相信由人民統治和爲了人民統治乃是一致的。譬如盧梭在社會契約論中，即提出如下主張。公民如果不組朋黨、不共謀，在思考對自己是有利益的事物下，投票決定法律案的話，因爲對自己來說是成爲權利的東西，對他人來說也會成爲權利，所以公民將不冀求只對自己是有利益的，其結果是當然實現一般意志。由人民投票，帶來了爲人民投票的結果。

盧梭在此所設想的制度是，公民全體（但不包含外國人、女性、未成年人）參與投票的直接民主制。此外，盧梭說的民主這個字，不是公民集會中的討論和投票，而是用作爲關於行政體制的一種分類。也就是說，這種行政體制擔負起了，把一般意志適用到個別事例上的這個工作。人們看到這一點，就把他的一般意志論，看作是民主的思想。

盧梭當然不否認，可能會有人投票反對最終成立的法律，也就是反對一般意志。然而他直截了當地把多數決中的輸家們看作是錯的。讀者當中也許有人會覺得有些奇妙，但盧梭對此幾乎未說明理由，他只是再三表示「一般意志總是對的」。

一般意志

爲何盧梭會認爲「一般意志總是對的」呢？可以想見的解釋之一是，一般意志和實際的投票基本上是有差距的。在實際投票中，公民也有可能表達出的是特殊意志（自己所屬團體的利益）。一般意志則是作爲本來的公民意志，或者是理想的公民意志而存在。至於多數決投票，只不過是認識一般意志的手段。

如果是這樣的話，由人民參與投票則不過是權宜之計，重點將會在於爲了人民的一般意志。只限於公民全體均正確地認識到，普遍化可能的利益的情況下，「由人民」統治和「爲了人民」統治將成爲一致。實際的情況若非如此的話，爲了人民的一般意志，就會成爲民主的本質。

為了人民的統治

在盧梭的想法中，假定了必然會表明一般意志之應爲的公民，並且在這個假定之下，由人民制定的法律將一致於爲了人民的法律，但如果把動不動就受到特殊意志牽絆之實際的公民，當成爲前提的話，爲了人民的法律就構築了民主的內涵。我們可以把盧梭的這個說法解釋爲，表現出他竭盡所能地想要使得由人民統治一致於爲了人民統治。

然而從古至今，自稱是民主主義的擁護者當中，有不少人強調自己支持的體制是「爲了人民的統治」。而這些人也試圖去加諸人們一種印象，彷彿這個體制也當然是「由人民統治」。

若比起直接民主制的話，在間接民主制或代表民主制當中，參與的要素更加稀釋，如果再加上限制選舉的話，則更加強化了這個傾向。儘管如此，這些民主制也都能夠認爲是爲了人民的統治。如果我們把爲了人民的統治，解釋爲民主主義的話，甚至連獨裁制都有可能成爲民主的。觀諸實際的歷史，我們可見到無論是君主獨裁體制或無產階級獨裁體制，都標榜著自己是民主。但是在這種體制之下，片面強調出來的是，民主當中的爲了人民的統治的這一個面向。

好的統治

民主之所以經常被視爲等同於爲了人民的統治，其實是有它理論上的理由。在柏拉圖、亞里斯多德之後的政治學，把實現好的統治，也就是實現爲了人民的統治，看成爲政治學的目的。民主制則被定位爲，達成這個目的的一個手段。爲了人民的統治，在概念上當然與民主制是有所區別的。但「爲了人民的統治」主導了政治學的觀點，因此好的統治和民主制之間的區別，也容易隨之變得曖昧。

公益的認識可能性

上述這一種政治學立場的基礎當中存在的是，好的政治的內容是客觀存在的，以及我們有可能客觀地認識到這個政治內容。如果我們針對民主來看時，則可以將上述說法代換爲人民的利益是客觀存在的，以及我們有可能客觀地認識到這個利益。盧梭把這樣一種人民的利益稱爲「一般意志」。18、19 世紀的英國功利主義者們，則把它稱爲「公益」（→ 142 頁）。在基督教思想中，把相同的這個東西稱爲「共同善」。而在憲法學等當中，則把它稱爲「公共福祉」。爲了分析上方便起見，我們在後面的說明當中，使用「公益」這個字當作這些東西的總稱。

價值相對主義和多數決

不管是盧梭也好，也不管是功利主義者也好，他們都視「爲了人民的統治」爲民主的本質。這種立場一般說來，一方面採取關於公益的認識主義（也就是說，能夠認識有關於公益的眞理的這一種立場），另一方面則認爲討論和投票，是作爲認識或者發現公益的手段。如果是在間接民主制之下的話，參與討論和投票，就成爲要透過選舉才能夠達成的間接性的東西。

但進入 20 世紀以後，價值相對主義的風潮占據優越地位（→ 115 頁），因此公益的認識主義就更難以維持自身定位。並且隨著價值相對主義風潮更加強勢，人們就愈加強調視投票和選舉的要素，以及尤其是多數決，作爲民主制的本質。不過我們與其認爲這個看法是「爲了人民的統治」，不如說是重視「由人民的統治」的民主制度觀。

譬如凱爾森就認爲，民主是爲了促成多數相競爭利益，能達成妥協的一個政治機制。而民主的本質就見諸於，多數意見優先於少數意見這一點上。至於因爲妥協的結果而成立的法律，是否就眞的是爲了人民的法律呢？就凱爾森來說，這個問題是沒有意義的。

另一方面，凱爾森也強調，寬容乃作爲與民主制不可分的一種德性。不過他之所以重視寬容，僅僅是因爲他考慮到，由於不存在著客觀的價值，所以多數派也說不定是錯的。

新舊功利主義

現代的功利主義者們聲稱，要以某種方式合計社會成員全體的主觀偏好。就此，他們的想法接近凱爾森的多數決民主制的想法。

但 18 世紀到 19 世紀的功利主義者們，一方面認爲公益將有助於增大隸屬於社會全體成員的效用，同時另一方面又假定公益本身是作爲客觀的事物而存在（→ 145 頁）。就此爲限來看時，舊功利主義不只是站在認識主義的立場，還對公益抱持了實在論的觀點。相對於此，現代的功利主義承認偏好以及其合計作爲一種事實，從而它們具有客觀認識可能性。也就是現代的功利主義，採取了認識主義的立場。但假若離開了各個人的主觀偏好時，現代功利主義就不認爲公益有客觀實在。

為了政治人物的民主

一旦稀釋了民主中之「爲了人民」的要素，就會突顯出「由人民」的要素，並從此向著多數決民主制發展。若更進一步稀釋「爲了人民」的要素的話，則將跨越過「由人民統治」，最終來到「爲了政治人物的民主」。

經濟學家約瑟夫．熊彼得，在他的著作《資本主義、社會主義與民主》當中，發展出一個嶄新的民主制度觀。他指出向來之（間接）民主制的邏輯，乃是透過選舉選出議員以實現公益。他倒轉這個邏輯並主張，選舉即是作爲政治領導權的鬥爭，但因爲謀求公益將有助於贏得選舉，故以此爲限，政治人物將爲了公益的目的活動。在熊彼得的想法中，選舉雖然是「由人民」，但是選舉的目的不在於實現公益，而是在於政治人物爲了獲取領導權。

與基於普通選舉制度和法治而做成的定義相同，熊彼得對民主所下的定義，也不那麼相關於政治的實質規範內容。所以如果人們要橫斷地比較，或實證地分析各個國家的政治體制的話，這個定義會是有效的。

民主和平等

如果我們重視的是，民主中的參與的要素的話，那麼毋庸贅言，所有參與人之間的平等，就成爲當然的要求。譬如在直接民主制下，採取一人一票的投票制度，或間接民主制下，採取票票等值的選舉制度，這些就是這個想法的具體事例。

儘管如此，縱使幾乎所有的先進國家都採用了普通選舉，但一直到第二次世界大戰後爲止，這些國家也只賦予成年男性選舉權。即便我們看到今日，像是定居於這些國家的外國人，仍舊未能獲得選舉權。如果我們把民主主義的各項制度中，相關於平等的形式和實質的問題，當作爲正義論的問題來看的話，那麼還留下許多有待人們檢討的事項。

民主和自由

不過在本書接下來的說明當中，我們檢討的重點將不是放在民主和平等的問題上，而是放在自由和民主的關係上。

如同前面提到過的（→ 305 頁），民主制可以定義爲，統治者和被統治者的同一性。這個定義中不只意含著國民之間人人平等，如果把民主制理解爲自己治理自己的話，就此範圍來說，這個定義也同時意含著，自我統治或者是自律等意義下的自由。

公民民主主義

在古希臘民主制的理念中，參與政治既是公民的權利，同時也是公民的義務。不只如此，參與政治還實現了上述意義下的自由。在這裡提到的參與，和最終是否制定出合乎公益的法律間，兩者是相互獨立的。這裡的參與意味著，透過參與討論，以涵養作爲城邦公民所必要的德性。因此這個參與的想法，在本質上與單純地作爲手段以發現公益的討論不同。

在直接民主制下的城邦中，透過參與政治所培育出的德性，是一種政治德性。同時因爲參與被認爲是公民的義務，所以我們可以知道說，它也是一種倫理德性。因此在這個想法中，政治和倫理是一體的。這樣一種民主制度觀，我們可以把它稱爲「公民民主主義」。

議會主義

視議會爲國家權力的最高機關，並且主張必須透過議會中代表們的討論，以決定國家基本方針和法律，這即是近代的議會主義。不過，議會主義和民主主義間沒有必然的關係。這是因爲議會的代表們，不必然是由全體人民透過選舉選出的。議會主義原本預設的是，由兼備教養和財產的上流階級，自由地表達意見和討論。因此它反而更容易與限制選舉相結合。不只如此，議會主義也與我們在古希臘城邦中見到者不相同。也就是說，議會主義不是全體公民的義務。如果提及選出代表的方式的話，從最初是由君主任命，經歷限制選舉，然後再朝向普通選舉發展。因此我們可以說，民主制和議會主義在外觀上，是隨著時間發展才逐漸地結合起來。

卡爾·施密特表示，民主主義的本質是，統治者和被統治者間的同一性。相較之下，議會主義的本質則在於公開討論，並且議會主義不是位在民主主義系譜中，而是位在自由主義系譜中的思想。施密特另得出結論說，在現代政治中，隨著選舉權擴大而改觀的是，受到政黨和利益團體等組織化的影響，議會政治已不再是討論的政治，而是利害妥協的政治。再加上大衆對政治造成強大影響力，這些都使得議會主義喪失了在過去透過公開討論而有的獨特意義。

討論式民主

近年來，重視討論在民主主義中的意義的立場，其勢力日趨強大。但這個立場也不得不承認，政治現實容易陷入利害妥協和討價還價等的這個事實。不過正因爲此一事實的存在，所以作爲一種規範理想時，這個立場因而假定一種反事實的理想狀態：在這個狀態中，參與者捨去自身的利害，並且使得那些因爲權力差異或財力差異，從而導致的談判力量上的差距不發生作用。在如此假定之下，這個立場進一步追求，在自由且平等的條件下，透過參與者之間的討論，以實現普遍化可能的利益。這個立場的代表人物是哈伯瑪斯。爲了能更接近民主，他主張應當採取一個，適用到人類社會行爲所有層面的「商談理論」的立場。

當然，這樣一種重視討論的規範民主制度論，自會受到許多批判。像是從施密特的立場看時，這個理論無視大衆民主主義社會的現況，從而是跟不上時代的。從熊彼得的立場看時，它天眞地肯定公益的實在或認識的可能性，故只能看成是舊的民主制度論，不夠格成爲一項科學認識。

但眞正的問題在於，不管它是關於民主制的什麼樣的規範理想，都必須明白指出，要怎麼做才能具體地制度化它的理想。只有當弄清楚制度的具體內容，以及應當適用的條件後，這個理論才有可能成爲，不只提及什麼是規範上可欲的，同時也考慮到是否有可能實現的，這樣一種學術討論。

古代人的自由和現代人的自由

以下我們暫時將進一步思索另一個問題：自由，或者是自由主義，和民主主義間有著什麼樣的關係。

19 世紀法國思想家班傑明．康斯坦，將自由嚴加區分爲二。他把古希臘城邦中要求的參與政治的自由，稱作爲「古代人的自由」。然後把由人身自由、良心思想言論等自由、私有自由、結社自由等所構成的自由，稱作爲「現代人的自由」。

「現代人的自由」要求的是，國家或政府權力不得介入被形容爲「私人的」特定領域。就這一點來說，這個自由是一致於以撒．伯林說的「消極自由」（免於國家干涉的自由）。「現代人的自由」則構成近代自由主義（liberalism）的中樞。

自由權的分類

自由或者是自由權可以分爲三種：政治自由、公民自由和經濟自由。

政治自由不只指稱狹義的參政權，還包含（政治性的）言論自由和集會自由等。

公民自由當中，不只是人身自由，尚包含良心自由、結社自由、選擇職業的自由和其他等，以及追求幸福權等等。在近代自由主義之下，寬容與良心自由、信仰自由連結在一起，且是公民自由的一個歸結。要注意到的是，這一點與前述（→ 310 頁）把寬容連結到民主之凱爾森式的理解是不相同的。

經濟自由的主要內容是，私有自由和契約自由。但如果要嚴格地區分經濟自由和公民自由的話，將會是困難的。例如說，國家強制徵收土地、財產，不只相關於經濟自由，同時亦相關於公民自由。關於營業自由和課稅等，也會發生同樣的問題。

無論如何，若採用上述分類方式來看的話，我們暫且可以認爲，「古代人的自由」對應到政治自由，「現代人的自由」則對應到公民自由以及經濟自由。

精神自由和經濟自由

此外在憲法學中，對自由權使用了精神自由權和經濟自由權的二分法。這個二分法與上面提到的分類方式，在觀點上是不同的。首先就經濟自由這一點來看時，雙方是相同的。但憲法學則把部分的公民自由和部分的政治自由合在一起，並總括爲精神自由權。譬如思想信念的自由、言論表達出版的自由、集會結社的自由等的說法，就是未明確意識到政治自由和非政治自由之間的不同。

自由民主主義

許多近代民主主義思想，都是和自由主義相結合。就此爲限來看的時候，稱這個思想爲自由民主（liberal democracy）：自由民主主義的思想會是恰當的。

有必要注意到的是，公民自由乃是近代自由主義所獨有的。這是因爲近代自由主義，重視免於國家干涉的自由。因而公民自由，就是古希臘的公民民主主義中未曾出現的想法。

近代的政治自由在意義上，和民主城邦中的古代人的自由並不相同。近代的政治自由，多置於自由主義的意義下去掌握。也就是說，要參與政治，或不參與政治，都委諸各人的自由去決定。

共和主義

相對於此，有一種民主主義思想主張，爲了確保公民自由，不可或缺的是，多數公民主動關心政治且積極參與政治。這樣的思想稱爲「共和主義」。

共和主義獎勵參與政治，但它仍舊與古代的公民民主主義不同。這是因爲共和主義並不把參與政治當作公民的義務。所以它可以和近代自由主義並存。

但在積極地高度評價參與政治的這一點上來說，近代的共和主義和古代的公民民主主義是共通的。此外必須注意到，就此爲限來看時，近代的共和主義在想法上，是相通於古代人的自由。

直接民主制和間接民主制

如果我們把民主看成爲實現古代人的自由的制度的話，這就成爲直接民主制的原本面貌。不只是公民民主主義，連同共和主義，在它們的古典型態當中，都是以較小規模的國家爲前提，並把直接民主制當成爲理想的民主型態。但由於國家規模變大的緣故，因此不得不採行代表民主制。而這個代表民主制，也就變成爲次佳的方案。如果論及這一點的話，其實盧梭也抱持著相同的想法。

相對於此，若是採用熊彼得的民主制度觀的話，代表民主制才是民主制的原本型態。直接民主制則變成爲在小規模組織中所採用的手段，且其目的並不在於獲取領導權。

我們並不認爲熊彼得的民主制度觀就絕對沒問題。但如果某個採行間接民主制的大規模現代國家，打算要實現共和主義民主制的話，將會面臨到下述的難題：在價值觀主觀化和多元化的現實狀況下，究竟要如何做才有可能制度化共和主義的理念呢？

作為一種投票制度的民主制

在稱爲社會選擇理論的領域中，有部分的經濟學家發展出一套精緻的分析方式，以把民主制用作爲純粹的選票計算制度。

根據這個立場，民主制被理解爲由委員會的重疊連鎖所組成的。我們以日本國會爲例具體說明。首先是在各個選區中，獲得相對多數票的人被選爲委員。這些委員們，也就是國會議員們，組成了人們稱爲議院（假定在此我們只考慮日本的衆議院）的這樣一個委員會。議院中的多數黨派，再進一步組織委員會（這即是所謂責任政黨）。並且從議院的多數黨派當中，選出一位獲得相對多數支持的人爲委員長，也就是所謂的日本首相。很明顯地，要當上日本的首相，並不以日本國民過半數的支持爲必要。一般而言，層層相疊的委員會數量愈多的話，最終決定所必需的支持者數量也就愈少。

除上述說明外，在相關於社會選擇理論的研究當中，還得出了許多新的發現。像是因為投票制度做法的不同，導致多數意見不必然就會反映在結果上，以及策略行為是可能的等等。在此我們無法詳細介紹，僅舉出在現實的議會政治中，一個常見到的例子。

假設 A 政黨和 B 政黨，都未能單獨取得國會過半數席次，但雙方合起來的話，就可以超過半數。在這個情況下，縱使在它們各自的真正想法中，均反對對方提出的法案，但它們雙方卻會藉由互換選票，以使彼此提出的法案都能通過。這就稱為「滾木立法」（logrolling；即滾木材）。

我們應當知道的是，若決策方式採用多數決的話，這個制度不必然會反映多數意見。而這一點在當代政治學中，已經是一個常識。

民主制和人權

憲法學中經常強調，民主必須受到人權的制約。在這裡預設的民主制度觀，是一種強調公民自由的自由主義民主制度觀，而不是共和主義民主制度觀。不僅如此，憲法學預設的這個民主制度觀，還將民主制連結到多數決，而不是將民主制連結到討論上。由此發展出一個眾所周知的想法：即便是經由議會多數決得出的決定，但只要它是侵害人權的立法的話，則是違憲無效的。另在本節最初曾提出別種看法，即將民主制視為法治和普通選舉的結合。通常來說，這個看法也會認為，法治當中就當然包含了人權的保障。

不過另一方面，不管是採取功利主義，也不管是主張一般意志說，一般而言，凡是站在強調「為了人民」民主觀的立場的話，就不會得出人權優先於民主決定的結論。這是因爲從「公益」來看時，不存在把人權和公益，視爲不同種類東西的必然性。

除此之外，假如採取凱爾森式的相對主義民主制度觀的話，也不必然導出民主就受人權限制的結論。凱爾森實際上並不認爲，民主制和人權是互補且一體的。根據凱爾森表示，這是因爲人權這個想法，容易與價値絕對主義結合在一起，但卻與價値相對主義不那麼相關。

儘管在有些情況下，民主制和人權規定會呈現對立，不過立憲民主制則是把這兩者看作爲一體。同時，立憲民主制把民主制和免於國家干涉的自由相結合，從而是自由民主主義的一種型態。如果我們把人權的主要內容，想成是公民自由的話，也並非不能夠理解這樣一種立憲民主制。不過如果我們採取的立場，是人權不只包含了政治自由，且人權優先於公民自由以及經濟自由的話，古代的自由和現代的自由間的對立，將會更加尖銳。

共和主義的現代課題

共和主義不把上述對立看成是眞的對立。在共和主義的思想中，反而認爲政治自由和公民自由間，有著相互強化的關係。不過如同前面曾提到過的（→ 317 頁），在大衆民主主義社會中，究竟要如何才能實現這個理想呢？這個問題，無論在理論上或在實踐上，都是非常耗費心力的課題。

在近來的政治哲學當中，試圖回應共和主義的這個現代課題的民主主義論，占有著一個重要地位。比方說羅爾斯的正義（→ 12、182 頁、Column(37)〔287 頁〕、Column(39)〔321 頁〕），就是這樣一種民主主義論。羅爾斯視爲要研究的課題，是作爲一個自由且平等的公民，如果他們要按照自己想要的方式去過生活，並且同時還能共同合作的話，那麼需要的是什麼樣的社會原則呢？另外如同我們曾經指出的（→ 314 頁），哈伯瑪斯則是從理想條件下的對話的這一個觀點出發，去處理同於羅爾斯的課題。我們應當注意到，羅爾斯和哈伯瑪斯之間的共通點是，他們二人均不認爲，民主僅只是爲了妥協各種利益而存在的制度。這一點是與凱爾森的想法不相同。

Column(39) 生產手段私有民主主義和福利國家資本主義

羅爾斯在他的新書《作爲公平的正義：正義新論》當中，將社會體制區分成以下五種，並提及它們與他的正義論之間的關係。這五種體制是，(1) 自由放任資本主義；(2) 福利國家資本主義；(3) 指令性經濟國家社會主義；(4) 生產手段私有民主主義；以及 (5) 自由民主社會主義。

根據羅爾斯表示，在這些體制當中，能滿足正義的兩項原則（→ 18 頁）的只有 (4) 和 (5)。羅爾斯這麼主張的理由是，雖然就承認生產手段私有與否，以及視分散共有爲原則與否，這兩種體制是有所不同的，但也只有它們保障了政治自由，以及保障了機會的實質平等，並且依據互惠性原則去調節生產和分配。

從羅爾斯認同自由民主的社會主義這一點來看時，我們可以知道，羅爾斯的正義第一原則要保障的是，在參與社會合作時，作爲自由且平等的公民能保有日常生活上的必需物品（雖說很難劃出一道明確的界線，以區分什麼是必需物品，但譬如說，非奢侈性的居住使用權，應當會納入受保障的範圍內）。儘管如此，第一原則雖然許可，但卻不保障生產手段的私有。

假如我們想要正確地去理解，近來就有關社會正義的討論當中，羅爾斯的正義論所占有的位置的話，有必要注意到 (2) 和 (4) 之間的差異。

根據羅爾斯表示，(2) 雖然在形式上，標榜基本自由和機會平等，但在實質上，則並未保障它們。(2) 的社會體制，容許財富和資本集中在少數人身上，結果也允許政治權力集中在少數人身上。相對於此，(4) 則是以透過符合兩項正義原則的背景基本結構的方式，去促進財富及資本的分散，並從而防止經濟力和政治力的獨占或寡占。

同樣地，當論及有關於社會保障時，(2) 只是透過事後所得再分配，以保障競爭中失敗的人們社會最低生活水準；(4) 則是在事前，基於作爲背景的程序正義的想法，以保障生產手段以及「人力資本」，將會被廣泛地分散持有，並藉此充分提供所有公民，自立生活和參與社會合作的條件。

此外，(2) 所提供的事後社會保障，有很高的可能性會造就出自尊心受挫且慢性地依賴福利的下層階級。相對於此，在 (4) 的體制下，那些不受惠的人們既不是競爭中的輸家，也不是受施捨的對象。這是因爲在一開始的時候，這個體制已經制度化了符合兩項正義原則的基本結構。所以同於受惠的人們般，不受惠的人們也基於互惠性，也就是，爲了要改善自己的狀態，就必須也改善他人的狀態的這個正義感覺，並抱持著自尊心，去參與社會合作，而成爲自由且平等的公民。

在此必須特別注意到的是，如同上述說明，我們可知羅爾斯的正義論既不是以結果平等爲目標，也不是以追求結果上最低保障爲目標。這一點經常被人們誤解。

此外，羅爾斯說的「人力資本」，包含了透過有關於各種社會制度的知識、教育及訓練等，從而學得的技術以及能力。也就是說，它屬於廣義下的「生產手段」。

公民資格

除上述之外，近來一個值得注目的新趨勢是，重視民主和平等之間的聯繫，並援用不同於純粹法律上國籍之公民資格的觀念，在民主制的架構下，把不管形式上怎麼說，但事實上向來被排除在政治過程外的人們，或是被忽略的人們，像是外國人、難民、少數民族、女性、貧窮階級等，試圖納入民主政治過程當中。這個嘗試正發展出豐富多彩的研究。

2　同一性和差異

差異的主張

基於差異的權利主張，對於法律的基本型態帶來極大衝擊。

自由主義人權保障體系，保障了個人的自由和平等。在這個體系的前提中，作爲基本權利主體的，是抽象化下的「人」和「國民」。針對這一點，人們發出了如下述般的質疑：在法律之前，譬如說女性眞的被當作爲「人」，並受到相等於男性的對待了嗎？在所謂「國民」的這個標準規範下，少數民族眞的能不因此失去固有文化，並且眞的能不因此被剝奪基於自我的身分認同，從而追求自由幸福的權利嗎？

這裡的問題是，相關於作爲人的，或者相關於作爲國民的同一性，和因爲性別、民族、年齡、信念等屬性所導致的差異。

如果是在要求福利的這個範圍來看時，基於差異的權利主張將會涉及平等的問題、人權的問題，或以法律實現社會正義的問題。不過也由於這個權利主張觸及到的是法律制度的中立性，以及作為這個中立性之前提的人格概念，從而它促使人們重新評價，有關公／私的領域劃分或法律概念等，並也使人們重新檢討，那些具體化一定道德價值的法律制度，比方說家族法和刑事法等，並且還促使人們重新思考設計得以共生的架構。在這些點上，差異就成為人們必須省思和檢視之極為根本的問題。

我們要如何去定位在法律理論中的同一性和差異呢？這成為現代法哲學的一項課題。

受到質疑的自由主義法律秩序的構成

關於差異，存在著多樣的法律上權利主張。但由於它們彼此間提起問題的型態不一，所以就很難說這些法律上權利主張，都必然是相同的。不過它們在建構基本的論證方式上，有著相通處。也就是，它們共同質疑自由主義法律秩序的構成型態。

在這裡，我們將舉出說明女性主義（feminism）及多元文化主義（multiculturalism）的論證，並先釐清它們所揭露出來的自由主義法律秩序的問題點。我們同時還要整理研究此些問題的數種途徑，好作為稍後檢討時的根據。

之所以舉出這二種論證，是因為它們能顯示這個問題有著一定的典型性。

女性的問題和少數民族的問題，係對應到強者／弱者，或者是說對應到多數／少數這樣子的政治支配結構，並且是在這個結構下產生出來的。女性問題是前面那個對應關係的明白事例；少數民族的問題，則是後面那個對應關係的明白事例。這裡的問題總而言之，是法律制度被認爲有意地或無意地，反映了強者或多數的利害，並且藉由設立和運用這樣子的法律制度，實際上侵害了女性或少數民族的平等權，剝奪了其等應當自由享有追求幸福的權利，並導致這些人們極端受到限制的結果。

儘管自由主義法律秩序的基本原則，是尊重個人和平等保障個人自由。但審諸歷史經緯，人們見到的卻是，即使在這個法律秩序中，要麼女性被排除在作爲個人的「人」之外，要麼少數民族被排除在「國民」之外。從而法律制度被批判爲，無論在設立時是多麼的公正且中立，但在實際的運用當中，卻對女性或少數民族，帶來不公正且偏頗的結果。

另外更重要的是，自由主義法律秩序構成型態本身被認爲，助長了女性或少數民族在社會中的劣勢。人們批判的對象，是針對下述三個自由主義法律秩序的構成要素：個人自由的平等保障、公／私領域的區分，以及中立性原則。

在自由主義法律秩序中，爲了平等地保障作爲個人所享有的自由，故區分公領域和私領域。在這個區分下，原則上將公權力法律管制的對象，主要限定在公領域，另承認市場或私人生活等私領域，有著廣泛的自由。此外，即便涉及公領域中的權力行使，但爲了要使得各個人追求自由幸福成爲可能，所以法律秩序的目標就是，創設出一個不依靠特定價值觀之中立且公正的法律管制架構。

這樣子的自由主義法律秩序，究竟在哪裡出了問題呢？針對這個問題，我們必須試著去檢討各個不同的論證。

法律和女性

無論是在國內，或是在國際上，女性不該因其性別而受不利對待的這一點，已經建構成爲制度上的權利，並也規定了平等的權利保障。但女性主義主張，透過家長制並隨著歷史而不斷醞釀之下，以至於「像個女性」，也就是作爲一種社會建構的意識或成見，並與自然的性別相區別，亦即稱作爲「性別」（gender）的這個東西，變成一種社會通念。並且因爲受這個社會通念的束縛，女性就她的身體、社會關係和政治參與等面向，實際上受到異於男性的對待。

女性的身體被商品化，成爲賣春、色情影片等市場上交易的對象。在僱傭、家庭等的社會關係當中，由於社會結構給予男性優勢地位，使女性只具有支援男性工作，這樣一種輔助性的、從屬性的位置。因爲上述緣故，導致有關生育或生產時，不必然尊重女性的意思，職場上性騷擾（sexual harrassment）横行，家庭暴力（domestic violence）成爲問題等等。當從政治參與的這一面來看時，也同樣地，制度雖然賦予女性同於男性的權利，但受到像是社會上瀰漫女性不適合參政的觀念，造就出的現實情況是，我們可見到擁有政治決定權的代議士，在性別的數量顯著不平衡等。也就是在女性積極參與政治一事上，進步仍舊遲緩。

當說到這一點和自由主義法律秩序基本原則間，它們的關係的時候，因爲如果實際上的狀態是，社會傾向給予男性優位地位的話，那麼對於女性而言，保障她擁有作爲抽象化下之個人的自由和平等的做法，就難說是充分的。也就是，如果法律制度的架構是中立的的話，將會使得以男性爲中心的運用方式，更加容易。藉由區分公／私領域，將家庭、公司，或甚至自由交易市場劃入私領域。但問題是，即使在這些保障了廣泛自由的私領域當中，女性也不必然能受到等同男性般的對待。

法律的角色

那麼，法律制度應該如何回應上述這些問題呢？

關於這個回應方式，有著多樣的主張。但引人注目者，主要有如下述三種。

第一種是，爲了促進平等，所以女性仍舊應同於男性，並徹底尊重她作爲一個個人。如果只因爲她是女性的這個理由，就給予特別保護的話，這將與因爲同樣的理由，而對女性做出不利對待是一樣的，這些做法都是同等程度地阻礙了平等化。因此從長遠來看時，爲了促進女性能夠自立，且爲了男女均能夠以對等的立場參與社會形成，不只有必要重新看待性別歧視，還必須重新檢討，像是提供女性在僱用層面，或在稅制層面的保護政策。這個想法重視的是，作爲個人權利之女性的自我決定權以及自律。

第二種立場強調女性的自由選擇，和更主要的，強調有必要保護女性。根據這個立場，如果我們不分男女，都尊重其作爲個人的話，這樣的想法不只不符合社會的實際狀態，且勢將無法理解到，自由主義法律制度雖說以個人自律爲基礎，但卻發揮著維持男性優勢和女性劣勢的發展方向。女性有著男性所沒有的自然上的差異，像是有著不同的身體上特徵，或會懷孕生產等。因這個緣故，不只是對於強姦、猥褻、賣春、性騷擾等，應當提供女性特別的保護，或者是對於懷孕期間，要給予特別的顧慮，此外像是對於選擇從事專職主婦的女性，也應當就稅制或離婚等，給予特別的考慮。另外關於懷孕期間的墮胎，如果我們把墮胎建構成女性的選擇權的話，那麼勢必有人爲了對抗這個墮胎權，從而主張胎兒權或父親權。也就是這麼做的話，將無法恰當解決問題。這個立場認爲，不該把問題當作是個人選擇的問題，而是有必要拓展視野，去考慮到及於社會責任論。

權力關係論

接著是第三種立場，並且是今日的女性主義的各種主張當中，最具有影響力的立場。此立場認爲，因爲在法律本身當中，或採用了男性的標準，或表現出男性對女性的偏頗看法，所以對於矯正偏見或歧視來說，不可或缺的是重新檢討法律制度，或訂定新的規範。

讓我們舉個例子來看。如果行爲牴觸刑事法規的話，正當防衛則可以免除這個行爲違法性。在正當防衛的這個法律概念中，它的成立要件包含了緊急的不法侵害。現在我們假定某位女性，長期以來一直遭受某位男性的暴力和脅迫，如果某天她趁該男性未防備時，採取了防衛性的反擊行爲的話，那麼根據上述法律概念，她的行爲將難以適用正當防衛。但是從第三種立場的主張來看時，雙方力量的差距是如此明顯的狀況下，該名女性也只有採取這個手段，才能保住自己生命，從而這個時候就應當承認成立正當防衛。

另根據此立場的強力主張者凱瑟琳．麥金儂表示，法律乃是制度化男性權力的東西，並且存在於法律的根柢當中的，是男性對女性的支配。因爲這個緣故，那些被視爲是保護女性的法律制度，像是禁止強姦、賣春或猥褻品等的規範，其實是將男性對女性的性虐待性愛化。結果這些法律規範反而發揮起，確保男性性優勢的趨勢。此外，愈是強化法律制度的中立性的話，也就愈加起著擁護私人生活領域中男性支配的作用。從而她表示，首先有必要嚴格禁止的，是表露出男性性支配特徵之色情影片或性騷擾等。

少數民族的權利

發生在單一民族國家中少數民族的狀況，和女性面對作爲強者之男性的情況，基本上沒有兩樣。根據多元文化主義者表示，在建構民族國家的過程中，多數爲了確保國家的統合，故基於一定之「國民」的概念，在政治、行政、教育、醫療和其他的社會生活各個層面中，施行並規定使用統一標準的文化形式。藉由這個方式，即使少數未與多數共有相同的文化，也未共有基於這個文化而來的價値觀，但當少數被強制遵從統一標準時，他們就變成爲同一。我們可以看到，世界各地的原住民所處的就正是這個情況。無論在什麼地方，幾乎同樣發生的是，征服者強奪原住民先祖代代流傳下來的土地，並將他們排擠至支配的邊緣地帶，再透過同化政策，結果是原住民被強迫接受多數所用的語言及文化等。

在少數民族的問題狀況中，尤其顯著的特徵是，就如同我們可以在語言上看到者般，當牽涉到選擇基本文化標準時，國家是不可能保持中立的。不管在政治上、文化上、教育上，如果爲了用作爲溝通意志的媒介，而採行特定語言作爲標準語的話，這將對於使用其他語言的民族群體而言，等同於喪失共同生活和共同文化的重要基礎。

此外，與女性面對的情況相同，在自由主義法律制度下，由於在私領域中自由競爭活動是不受到限制的，從而導致削弱民族群體的固有性。土地變成私有財產，並被交易買賣；少數民族爲了生活而加入市場，但爲了工作則又不得不學會標準的語言和文化。逐漸地，對於想要繼承固有文化，以及繼承基於這個文化而來的價值觀和世界觀，都將變得困難。在這個情況下，縱使想要從民族群體中尋求自我認同，但能尋求認同的場所和文化的實體已不存在。

異文化的共生

少數民族的權利主張，因此與下述三種東西相關：我們可以稱爲共同體的「身體」之自古以來共有的祭祀場所、集會場所，以及經營共同生活的中心的土地；在社會關係中確立自我認同，成爲基礎的固有文化（其中重要的部分是語言）；以及爲了政治層面上的自治權，或爲了能夠在全體社會的政治中反映民族群體的利害，故擁有議會中的特別席次。

對於這樣一種權利主張，多數支配的國家會回應到什麼程度呢？這受到國家認識的不同，以及受到少數民族身處狀況的不同而有差異。另一方面，基本上應當朝著什麼樣的方向，以實現這一種權利主張呢？換言之，若要構築一個多元文化共生的架構的話，什麼樣型態的秩序才是適當的呢？這個問題與女性問題的狀況相同，也就是我們可以見到，在不同的理論構想間，有著相當大的差別。在此也可以區分爲三種想法。爲了方便進一步的檢討，先要指出的是，由於民族群體的固有性在於其文化，而文化認同的繼承和發展又以語言爲中樞，所以我們將舉語言的權利爲例，加以整理說明之。

第一種想法是，把多數的標準語言，用作爲國家的共通公用語。在這個想法中，多數語言被功能化，成爲溝通意志的工具或手段；然後在私領域中，則獎勵自由使用多樣語言。也就是在私領域中，不只可以使用多數語言，還要促進使用少數語言。從而這時就同於宗教信仰自由的情況。也就是在國法上，要把少數對於固有語言的權利，當作是一種自由權，並加以保障。至於國家，則應盡可能地採取中立的立場。

第二種想法是，一旦涉及語言的使用時，國家不可能維持中立，所以爲了保障少數民族的語言權，應擴大公用語的框架。從而在公場合中，不單單能使用多數語言，也要能使用少數語言。換言之，爲了使少數能在公領域中，使用自己的語言以溝通意志，應設法透過翻譯或口譯等，以保護和促進少數的語言。

第三種則是，關於公用語，採取相同於第一種想法的看法，但爲了要承認少數語言的權利，並且要避免因人們的自主活動，而「自然地」剝奪掉行使這個權利的實質，所以主張國家在跨越公、私領域中，強化公權性保護和介入。譬如在公共教育課程中，開設少數語言的科目，或者是在傳媒等私領域中，對推廣少數語言的活動給予補助。

要言之，這三種想法是從完全同一性（同化政策）到完全差異（分離獨立）之間的可能變化型。我們能將它們分別看成是公共同一性論、公共二元論，以及公私差異論。

同一性和差異

如同上述，如果是基於差異以主張權利的話，要如何在法律秩序當中定位這個權利主張呢？這絕非容易回答的問題。考慮到作爲女性或作爲少數民族的差異，從而承認其等擁有一定權利，並在法律制度下要給予不同於他人的特別對待的時候，有可能會遭遇到下述難題。

首先，如果因爲是女性的屬性，或者因爲是少數民族的屬性，從而給予特別權利的話，這麼做將造成這個屬性團體內部的齊一化，或者帶來內部束縛。也就是這個做法恐怕將封鎖，正是作爲個人而能擁有的多樣選擇的可能性。只要是以法律的一般性爲前提的話，依據屬性給予特殊對待時，它所造成的效果，就會及於具有同樣屬性的所有人。

此外如果承認女性或少數民族，可以基於差異要求權利的話，則又產生應當如何對待其他的屬性的問題。每個人各自有著形形色色的可能屬性。不只是性別或民族，其他像是性向、信仰、信念、體力、年齡、地域、職業等，實際上是多種多樣的。如果我們限定女性和少數民族，才能基於差異而請求身分認同的話，那麼就有必要對於這一點，舉出特別的證成理由。

另外，如同前面曾經提到過的，爲了回應少數民族的權利請求，其中一種可能的選項是，不只承認多數語言，還承認少數的固有語言，均同等地成爲公用語。但這樣子的保護方案，勢必將帶來相當的負擔。也就是說，是否有足夠的資源，能夠支持少數語言在公領域中通行無阻呢？同樣地，爲了導正對女性的偏見，從而禁止色情物品的話，這個做法也會引發類似的問題。表達自由乃是一般基本權，如果限制色情物品的話，就變成基於表達內容，對於一般基本權加上特別限制。

中立性的困難

然而另一方面，自由主義方案，換言之就是自由主義法律秩序的構成，是否就是最適選項呢？關於此也不必然是那麼明白。如果某個規範涉及到的人格概念，是基於一定程度抽象化下的人格概念，且即便這個規範不是全然中立，而是有著特定文化內容，但人們可能會以爲，只要把這個規範當成爲共有秩序的基礎的話，一旦透過選擇的自由，就會開啓通往追求多樣幸福之路途的可能性。這樣一種世界性的秩序構想，從長期的觀點來看時，說不定會對於各個人的自律，以及對於社會合作，眞的提供一個有意義的公正的架構。從而這樣子的秩序構想，也說不定才是人們想要的。但就像女性主義或多元文化主義批判的，如果採用特定的實體標準的話，當運用這個標準的時候，至少將會對未共有這個標準的人們來說，變成是強迫他們去承受沉重的負擔。另一方面，如果採用不具實體內容的、形式的且中立的標準的話，那麼支配結構中的力量關係，就會塡滿那些公權力所不介入的空隙。其結果恐怕將招致的是，維持或甚至擴大結構性歧視。

在法律秩序的構成中，要如何才能夠以一種統合的方式，去定位同一性和差異呢？即便是一個多元的共生架構，只要這個架構是一個有秩序的架構的話，同一性和差異這二者，都會是重要的必要條件。那麼，要如何才有可能使得同一性和差異並存呢？我們會認爲，作爲法律要擔負起的任務來說時，在複雜且多樣化的現代社會中，人們將持續不斷地問到這個問題。

3 現代法的新課題

現代社會的各項新問題

我們最後想要確認的是，與發生在現代社會中的各項問題相關之現代法將面臨到的部分的新課題。

當回顧人類歷史的時候，如果我們說人類的目標，是在於以人的理性去支配萬物的話，這個說法應當不至過於誇張。人的理性被比擬相當於造物主，也就是上帝。藉由發展出能依照人類意志，以操控自然的技術，使得人得以支配包含自己的身體在內的自然。並且透過此，帶來了巨大的成果。然後再因科學技術的進步，快速地擴大這個成果。然而此一發展到了今日，卻形成我們人類面臨到前所未曾遭遇的難題。

第一，因爲人類行爲的可能性顯著增大，以致在以往難以想像的選擇方案，開始得以呈現在人們眼前。例如因爲醫療技術的發達，導致過去不可能的治療方法成爲可能。這或者引發和傳統宗教規範間的衝突，或者造成個人內心糾葛等。

第二，一直到目前爲止，自然僅只是人類支配或奪取的對象。但隨著人類的技術力提升，突然間自然的有限性變成爲問題。在某些情況下，人類也有必要思索，是否該讓步予自然。並且另有必要考慮，創設新的行爲指針，以確保人類生存的基盤。

第三，儘管人類創造出來的技術發展迅速，但開始呈現出的結果卻是，人類無法完全駕馭這些技術。特別是因爲資訊處理技術的發達，帶來空前快速且複雜的溝通型態，並因而逐步實現了一個多樣的自立網路空間。

在這樣快速變化的現代社會當中，人們要求的是，能夠在面對新的生活狀況下，一個足以成爲自身行動指針的，以及使人們多樣生活能夠共存的新的社會規範。處理這些課題的，就正是作爲這一種社會規範的倫理（在此與道德同義）和法律。

在接下來的部分將舉出的是，尤其被認爲對於現代社會，帶來重大規範難題的各項問題。像是「醫療技術的進步」、「環境保護的必要」、「資訊社會的進展」等。並從法哲學觀點，檢討相關於這些問題之新的法律規範的形成。

醫療技術進步帶來的問題

隨著醫療技術的進步，特別是受惠自遺傳工學的飛躍性發展，人們能享受到的醫療服務的可能範圍也隨之擴大。例如說，透過器官移植和基因治療等，不只使過去難以想像的治療方法變得可能，我們人類也因此要面對到，那些至今爲止完全不可能的選擇。

醫療是涉及到人之生死的社會專業領域。如果我們把人的生死，看作是個人的私事的話，或看作是個人自由處分的對象的話，那麼對於該採取什麼樣的治療方法，只要把這個選擇交付給本人自行決定就行了。

但事情並不是那麼簡單。新的醫療技術創造出新的可能選項，而這些選項又對人們的生死，或對人們的生活都帶來莫大影響。比方說像是移植心臟，就必須先自腦死者的大體取出器官，然後才有可能進行手術。又比方說產前診斷，正如同本書一開始曾提到過般，這項技術會涉及孕婦是否選擇墮胎。就這點來看時，這項技術就會涉及到將要出生之胎兒的生命。從而這些問題都不會只是，只要援用個人的自我決定就能拍板定案的問題。

此外，人的生死還可能以其他的方式，影響到其他人的生活。我們甚至不需舉出說，像是基於出生取得權利能力，或基於死亡開始繼承等這些法律規定，讀者就自應會瞭解到，人是生或者是死，以及在什麼時點生或死，都會對他人的生活造成巨大影響。這些事情都是社會上的人們所密切關注的。正因為這個緣故，所以才會要求以齊一的方式制度化生死。如果以這是私事為理由，然後交給個人自行判斷的話，必定會招致混亂的結果。

生命倫理和法律

上述問題既是倫理問題，也是法律問題。那麼，是否應當許可實際去執行，在技術上有可能的新治療方法呢？關於此，如果認為要每逢問題發生後，才按照問題狀況做出個別判斷的話，那麼有關人之生死這麼重大的事項，將陷入恣意判斷的危險當中。站在前述之人的生死中具備著社會性的觀點來看時，也不會認為這就是理想的做法。

因此進行道德論證，以建立社會上有可能形成共識的行為標準，並且在有必要的時候，將這個行為標準法制化，就變成一項重要的工作。舉個例子而言，為了進行移植手術，而有必要從大體摘取器官的時候，根據日本的器官移植法來看，則以腦死作為人的死亡（不過關於這一點，是有反對說）。但如果不涉及器官移植法的話，也就是除了移植器官之外的一般情況的話，按照當前的做法，則仍舊以心臟死（或者是心肺死）當作是人的死亡。反觀德國，儘管與日本幾乎從同一時期開始著手進行器官移植法制化的作業，然而根據德國聯邦醫師會的決議，人的死亡均以腦死爲判定標準，所以其後的法制化過程中，也持續選擇以此判定標準，作爲人死亡的判斷依據。

但是到什麼程度爲止，要把相關問題看作是倫理問題，然後從什麼地方開始，又要把它當作是法律問題呢？這個判斷是相當困難的。如果想要透過科技發展，以獲得以前不具可能性的選擇方案的話，那麼在思考這個判斷標準的問題時，就會傾向認爲，法律管制應盡可能地寬鬆。反過來說，如果將人性尊嚴等的價值，看成爲是至高無上的話，就會傾向對侵害這個價值的行爲，貼上違法的標籤，甚至進一步認爲要藉由刑罰，以阻止發生這樣的行爲。關於遺傳基因技術的運用，可以說就是一個很好的例子。我們應當對於實驗或應用這個技術設下什麼樣的標準呢？我們是否該把這個標準，限定爲只是一個指導方針呢？還是把它制定爲，不具制裁的法律規定呢？或者是以法制化的方式處理，從而對違反行爲加諸制裁呢？關於這些問題，我們可以見到人們往往意見相左。

有關於人類基因組之基因解析實驗的指導方針，是持續不斷地被修改著。正因爲這個問題牽涉到，把複製的技術應用到人的身上，所以更有必要審慎處理。儘管基因治療，會使得符合患者個別需求的治療（個人化醫療）成爲可能，但是在相關技術確立前所進行的臨床實驗，縱使說是以貢獻醫療進步爲由，還是不能忘記尊重個人的原則。不只如此，於此之際，保護個人隱私的重要性當自不待言。尤其是基因資訊不只涉及本人，還對其近親家屬有利害關係。正因爲如此，所以有必要特別顧慮到這些資訊。

總而言之，在醫療現場尤其要緊的是，必須掌握到什麼是應當實現的根本價值。在其中的一端是，維持生命和保持健康。而在另一端則是，患者的自我決定，以及更進一步則是，患者自身的「人性尊嚴」。在醫療中當然必須重視個人的判斷，並且這麼做才是恰當的。然而如果只是說，反正是自己的身體，所以愛怎麼處分都可以的話，我們也會認爲這個說法很難成立。儘管難題重重，但每每開發出新的醫療技術時，人們就會要求法律系統去制定出，什麼是許可的，以及什麼是不許可的的標準。

環境保護的價值理念

相對於上述生命倫理的想法來看時，環境倫理則有可能促使人們反思，所謂人類中心主義這種倫理態度究竟適當與否。環境保護的確直接地、間接地牽涉到保護人類的生活環境。所以可能有人會說，爲了人類的利益，因此有保護環境的必要。

假若眞這麼想的話，那麼說不定會認爲，即便是以犧牲自然環境爲代價，但如果建設工商業設施而能獲得龐大利益的話，人們就可以無視因維護自然環境而可能保有的利益。即便長遠來看，保護環境將有利於人類，但由於這樣子的利益並非全都觸目可及，所以勢必將難以計入效用計算當中。

並且我們早已看到，追求利潤之企業活動所造成的環境破壞，並不在少數。這是因爲爲了要保護環境，勢必要求企業將外部成本內部化，但是，企業很難會積極主動去內部化一個不成爲利潤的成本。

因此視環境保護爲價值理念的想法，也就因應而生。也就是說，即使犧牲環境能獲得利益，但環境保護仍不會被這個利益所抵銷，並且環境保護在順序上，是具優先性的價值原理。關於這個價值理念所要保護的對象，被認爲廣泛地包含了生態系、景觀、宇宙等的自然環境。

環境保護和法律

一旦人們把自然假定爲無窮盡，並且完全是受人支配的對象的時候，如果這時還對人們下一個必須從事保護環境行爲的命令的話，人們就不必然會把這個命令，看作是當然要遵守的。從而要緊的是，把環境保護的理念，具體化爲在個別狀況中要求人去從事一定行爲的各種規範，並使得這些規範，能夠根植於社會當中。

爲了達到這個目的，首先必須透過環境教育，以使人們抱持這樣一種規範意識。重要的是，讓人們對環境保護，懷有社會責任的意識。另外，爲了使環境保護的管制具有顯著實效性，所以必須制定防止破壞環境行爲的立法。

爲了使管制具有實效性，當然還必須對這個管制多下功夫。譬如說，把環境保護內化成人的動機，將會是一個有難度去實現的課題。因此在做法上，運用租稅優惠措施等的外部刺激，以形成誘因誘導企業活動，就可能是有效的方法之一。

動物的權利

除此之外，在這裡提及的環境，如果指涉的意義是，除了人類以外的自然的話，那麼我們還可以進一步討論動物的權利。

近代法中假定具有權利能力的主體的，以及預設爲訴訟當事人的，乃是人。除了自然人之外，法人於其性質上可能的範圍內，也承認有同樣的權利。但權利主體就僅只於此。

相對於此，有人提出主張說，應承認動物也具有權利主體性。例如彼得．辛格等功利主義者表示，在追求快樂和避免痛苦的這一點上，人類和動物並無二致。基於此一認識，這些學者主張在一定程度上，應當把承認人類所能擁有的權利，擴及到動物身上。

此外也有人主張，從近代法的立場看的時候，僅只是作爲一種物，並且是受保護對象的動物，也應當承認它在訴訟上的當事人適格。實際上，我們可以在當今的某些訴訟中，見到執行此種主張的事例。也就是說，以人類的律師爲訴訟代理人，替動物提出訴訟。不過除了動物，甚至自然景觀、樹木和巨石等，均有人主張它們的當事人適格。

站在近代法的形式來看時，恐怕將難以容忍上述般的主張。不過這個主張傳達出的要點，不在於我們應否原原本本地承認它，而在於它提示出一個重要觀點。也就是說，使人們特別意識到，近代法依據的前提乃有其侷限性。此外，我們不應當把「動物的權利」的主張，看成只是一種詭辯。我們反而應當敏銳地洞察到，在近代法的思想中，其實內含以人類爲中心的想法。也就是所謂的人類中心主義。從而我們要把這個主張，視爲是相對化人類中心主義的一個契機。

資訊社會和擴大溝通

另外，資訊通信技術的高度發展，特別是網際網路的發達和普及，導致人際溝通的特性，產生如下述般的巨大變化。

第一，資訊傳播的去領域化。近代國家的前提之一是，國家之間設定了障礙。但是資訊輕易地跨越過這個障礙。資訊傳播的過程造就出的事態是，近代主權國家以其自身能力，已不再能控制資訊的傳播。

第二，因爲資訊處理速度的高速化，所以新的資訊空間，也就是網際空間，展露它不受到時間、空間等自然制約的限制，並呈現出一個開放的狀態。這不只促成稱爲虛擬實境（假想現實）的場域誕生，也導致這個虛擬的現實和現實的社會間出現了疏離。它們之間的關係和這個疏離就成爲新的問題。

第三，透過高度的資訊處理，使得人們比起以往更容易接觸到資訊。因此被傳遞的資訊量爆發性地增加，資訊也頻繁地被更新。這些發展的結果是，沒有人能夠控制和管理資訊的傳播。

高度資訊社會和法律管制

人們對於資訊社會採取的姿態，會隨著他對於高度資訊通信技術帶來的新的可能性，究竟抱持著正面的印象，或者抱持著負面的印象，而呈現相當大的差異。

從某個方面來看時，透過網路更容易傳遞有害資訊，或者是藉由網路上的訊息交換，以致引發各種犯罪，再或是對於網路本身的安全性，即令人感到不安等，這些都釀成一種看法，即網路實現出來的世界，應該被看作是法律要取締的新對象。

但從另外一方面來看時，網路對於公共資訊或私人資訊的製作、傳遞、積累，或者是商業交易，再或者是政府或自治團體活動和公共意思形成等，也就是對於形形色色的溝通方式，均不斷帶來巨大的質性變化，並且擴展了這些溝通方式的新的可能。此外，這個變化所創造出來的好處，已經開始顯現在公共生活和私人生活中許許多多的地方。在本書一開始，我們就提到過全球化趨勢。而推進這個趨勢的最重要因素之一，無可否認地，就是高度資訊通信技術的發展。

高度資訊社會中的規範形成

伴隨著這樣一種新的可能性的出現，自當有必要於其中形成新的秩序，或是形成新的規範。但問題是，要在什麼地方，以及在什麼程序下，去形成什麼樣的規範呢？

一個可能的想法是，應當將形成新規範的任務，託付給由善良的駭客組成的社群，去形成自生自發的秩序。這個想法的理由是在於，爲了最大程度活用高度資訊通信技術所帶來的可能性，並且也爲了回應令人難以置信之瞬息萬變的狀況，只有這麼做才是唯一可行的。這個想法也強烈地受到下述理想影響：也就是，網路世界被視爲是，不受外力介入影響的自由空間。

另一方面，人們經常指出，仍有必要由國家透過法律，去管制網路世界。比方說取締猥褻物品，或防止不法侵入電腦等。不只如此，我們實際上可以看到，現在已經實施某些這樣子的管制。但是對於這些管制，我們認爲與其把它們看作是，爲了要壓抑因網路而有的那些新的不法行爲，不如認爲這些管制帶來的意義是，爲了盡可能地活用高度資訊通信技術所創造出的可能性，從而建構制度，以備妥將來所需的基礎和環境。譬如說，像是電子商務和電子簽章等的法律制度，就應該放在這樣子的脈絡下理解。

與此相關的是，一旦網路的商業利用成爲可能時，我們的確就清楚地看到，市場邏輯很快地進入到網路當中。但雖說如此，如果把網路的規範形成，視爲主要受到市場邏輯支配的話，這個看法也不是那麼的恰當。

例如說，我們看到網路對於競選活動，或者在民意調查和形成輿論等上，扮演了一定角色，從而可以知道網路對於形成公共意志，具有相當大的潛力。在本章 1（→ 304 頁）中提到的，與民主主義的未來發展方向相關，網路將會是不容小覷的要素。當我們正面地承認網路有能力去創造的世界是人們正規的活動場所之後，尚有必要進一步去探索，適合這個場所的規範形成的方式，並且也必須對於法律的角色，賦予一個適當的定位。

現代社會中新的規範形成

如同上述三個例子提及的，當現代社會中發生各項問題時，現代法也面臨到該如何處理這些新的課題。除了上面提到的問題外，像是爲了因應高齡少子化的趨勢，故重新構築新的社會保障體系，這件事可說已變成當務之急。迄至今日爲止，人們都是從專業的立場，像是經濟、教育、勞動、醫療、福祉和環境保護等，去看待發生在各個領域中的問題。但如果我們從人的生命週期的發展去看時，現在正是來到了再一次以總體的觀點，重新檢討這些問題的時候。我們可以這麼說，法律也同樣地要去面對這樣子的課題。

儘管在程度上各有不同，但近代社會後之意義下的法律，都是被結構化爲相關於國家權力行使的東西，同時還以作爲這樣的東西發展開來。法哲學的任務就是，在充分地考慮到法律的此種特質之下，去檢視法律如何對應現代社會中發生的這些問題。我們也可以在相關具體事項中，確認到法哲學的這個任務。

若想進一步認識在本書中學習到的東西的話，以下舉出的這些讀物，都會是有幫助的。但必須先聲明的是，這份書單只是一份部分列舉的清單。此外，下述書刊若已經絕版或已售畢的話，請逕赴圖書館參閱。

第 1 章　現代的法律和正義

法哲學中具有代表性的體系性書籍可舉出如，碧海純一《**新版法哲学概論〔全訂第二版補正版〕**》（弘文堂，2000 年）；加藤新平《**法哲学概論**》（有斐閣，1976 年）；田中成明《**法理学講義**》（有斐閣，1994 年）；荷西．洛姆帕特《**一般法哲学——法哲学問題の歴史的．体系的考察**》（成文堂，1986 年）等。此外，由多數作者共同撰寫編著的書籍如，大橋智之輔、三島淑臣、田中成明編《**法哲学綱要**》（青林書院，1990 年）；田中成明編《**現代理論法学入門**》（法律文化社，1993 年）等。入門性書籍可舉，長尾龍一《**法哲学入門**》（日本評論社，1982 年）。另外 M. P. 戈爾丁（上原行雄、小谷野勝巳譯）《**法の哲学**》（培風館，1985 年）是一本精簡但又獨特的概說書。

關於叢書則可以舉出像是，長尾龍一、田中成明編《**現代法哲学 1～31**》（東京大學出版會，1983 年）；井上達夫、嶋津格、松浦好治編《**法の臨界 1～31**》（東京大學出版會，1999 年）。此外，後面我們還會再次介紹到其中一部分的叢書是，由弘文堂發行，全部共16卷且已部分出刊的《**法哲学叢書**》（弘文堂，1990年～續刊）。若要掌握法哲學界的動向，請參閱《**法律時報**》於每年12月號刊載的〈學界回顧〉。另外日本法哲學每年舉辦學術大會，而《**法哲学年報**》則登載了大會的紀錄（有斐閣）。幾乎每一年刊行一冊的《**法の理論**》（成文堂，截至2001年止共刊行21冊），也收錄了多數的法哲學的論文。就相關於現代社會的各種問題來說時，竹下賢、角田猛之編著《**マルチ・リーガル・カルチャー——法文化へのアプローチ**》（晃洋書房，1998年）提示了一個獨特的觀點。另外，《**岩波講座現代の法（全15巻）**》（岩波書店，1997～1998年）當中，尤其是第15卷《**現代法学の思想と方法**》收錄多數相關法哲學的論文。

此外，若想要概觀現代日本的法律現象，田中成明《**現代日本法の構図〔増補版〕**》（悠悠社，1993年），同《**転換期の日本法**》（岩波書店，2000年）將會是有助益的。若要透過研讀實定法的相關領域，以學習法哲學的話，星野英一、田中成明編《**法哲学と実定法学の対話**》（有斐閣，1989年）將會是有幫助的。

爲了充分理解法哲學，研讀法思想是不可或缺的。就關於概觀法思想來說，適當的書籍有，田中成明、竹下賢、深田二德、龜本洋、平野仁彥《**法思想史〔第2版〕〔有斐閣Sシリーズ〕**》（有斐閣，1997年）；以及F. F.哈福特（平田公夫譯）《**正義の女神の秤から——ヨーロッパ法二千年の流れ**》（木鐸社，1995年）。想要更深入研讀的話，我們推薦的是，三島淑臣《**法思想史〔新版〕**》（青林書院，1993年）。此外，尤其是20世紀的法思想的話，請參考，日本法哲學會編《**20世紀の法哲学（法哲学年報1997）**》（有斐閣，

1998年）；以及中山竜一《**二十世紀の法思想**》（岩波書店，2000年）。若說到其他富有特色的法思想史的話，可以舉出，竹下賢、平野敏彥、角田猛之編著《**トピック法思想——羅針盤としての歷史**》（法律文化社，2000年）。

在第二節中介紹到的約翰·羅爾斯，他的主要著作《**正義論〔初版〕**》，雖說已經出版了翻譯書，但若想要正確地掌握內容的話，最好還是閱讀原文書。集結《**正義論**》出版前所發表的數篇論文的是，田中成明、深田三德編譯《**公正としての正義**》（本鐸社，1979年）。專門研究羅爾斯的書籍則有，C. 庫卡塔斯／Ph. 佩蒂特（嶋津格、山田八千子譯）《**ロールズ——「正義論とその批判者たち」**》（勁草書房，1996年）；川本隆史《**ロールズ——正義の原理**》（講談社，1997年）；渡邊幹雄《**ロールズ正義論の行方——その全体系の批判的考察〔增補新裝版〕**》（春秋社，2000年）等等。此外，羅爾斯爲了回應《**正義論**》出版後，來自各方的批判，他集結哈佛大學的課程講義原稿而出版的《**公正としての正義再說**》（原著2001年），在日本則由岩波書店翻譯出版。關於此書另請參考，渡邊幹雄《**ロールズ正義論再說——その問題と変遷の各論的考察**》（春秋社，2001年）。

第2章　法律體系

關於法律的一般理論，除了上述法哲學的體系書之外，其他的基本讀物有，H. 凱爾森（橫田喜三郎譯）《**純粋法学**》（岩波書店，1935年）；H. L. A. 哈特（矢崎光圀監譯）《**法の概念**》（Misuzu書房，1976年）；G. 拉德布魯赫（田中耕太郎譯）《**法哲学（Radbruch 著**

作集 1）》（東京大學出版會，1961 年）等等。關於法律系統論，請參照，T. 艾克霍夫／N. K. 松比（都築廣巳、野晴和義、服部高宏、松村格譯）《**法システム**》（ミネルヴァ書房，1997 年）；N. ルーマン（村上淳一、六本佳平譯）《**法社会学**》（岩波書店，1977 年）；福井康太《**法理論のルーマン**》（勁草書房，2002 年）等。

與本章中涉及到的問題相關的，另外還有，三島淑臣《**理性法思想の成立**》（成文堂，1998 年）；佐藤節子《**権利義務‧法の拘束力**》（成文堂，1997 年）；田中成明《**法的空間——強制と合意の狭問で**》（東京大學出版會，1993 年）；深田三德《**現代人権論——人権の普遍性と不可讓性**》（弘文堂，1999 年）；竹下賢《**法その存在と効力**》（Minerva 書房，1985 年）；森村進《**権利と人格——超個人主義の規範理論**》（創文社，1989 年）；M. Frieden（玉木秀敏、平井亮輔譯）《**権利**》（昭和堂，1992 年）等。這些書籍中均詳細地檢討了相關問題。關於日本人的法意識，我們在此先舉出，川島武宜《**日本人の法意識〔岩波新書〕**》（岩波書店，1960 年）；大木雅夫《**日本人の法観念——西洋法観念との比較**》（東京大學出版會，1983 年）。

第３章　法律的正義在追求什麼

由於涉及的範圍並不太廣泛，在此僅先舉出下列書籍，亞里斯多德（高田三郎譯）《**ニコマコス倫理学（上）（下）〔岩波文庫〕**》（岩波書店，1971、1973 年）；以及 W. K. 法蘭克納（杖下隆英譯）《**倫理学〔改訂版〕**》（培風館，1975 年）。

第 4 章　法律和正義的基本問題

若想要全面地概觀現代正義論，有賀誠、伊藤恭彥、松井暁編《**ポスト・リベラリズム——社会的規範理論への招待**》（昭和堂，2000 年）將會是有幫助的。

針對功利主義來看時，其中關於邊沁和密爾可先舉出，關嘉彥責任編輯《**世界の名著ベンサム／J.S. ミル**》（中央公論社）。關於現代功利主義，特別先舉出的是，R. M. 黑爾（内井惣七、山内友三郎監譯）《**道徳的に考えること——レベル・方法・要点**》（勁草書房，1994 年）。《**功利主義と法哲学（法哲学年報 1987）**》（有斐閣，1988 年），是日本法哲會在學術大會中，以功利主義爲主題的紀錄。

關於自由主義則有，井上達夫《**共生の作法——会話としての正義**》（創文社，1986 年）；同《**他者への自由——公共性の哲学としてのリベラリズム**》（創文社，1999 年）；同《**現代の貧困**》（岩波書店，2001 年）；同責任編輯《**自由・権力・ユートピア（岩波新・哲学講義 7）**》（岩波書店，1999 年）；長谷川晃《**権利・価値・共同体**》（弘文堂，1991 年）；同《**公正の法哲学**》（信山社，2001 年）；旗手俊彥《**「正義のフォーラム」の法哲学**》（風行社，1991 年）等。

另一方面，關於自由意志主義，重要的著作像是，R. 諾齊克（嶋津格譯）《**アナーキー・国家・ユートピア——国家の正当性とその限界**》（木鐸社，1994 年）；F. A. 海耶克（一谷藤一郎、一谷映理子譯）《**隷従への道——全体主義と自由〔改版〕**》（東京創元社，1992 年）；同（西山千明他等監修）《**ハイエク全集新装版（全 10**

卷）》（春秋社，1997～1998 年）；橋本努《**自由の論法——ポパー・ミーゼス・ハイエク**》（創文社，1994 年）；M. 弗里德曼（土屋政雄譯）《**政府からの自由**》（中央公論社，1984 年）；桂木隆夫《**自由社会の法哲学〔新版〕**》（弘文堂，1998 年）；森村進《**自由はどこまで可能か——リバタリアニズム入門**》（講談社，2001 年）；R. E. 巴內特（嶋津格、森村進監譯）《**自由の構造——正義・法の支配**》（木鐸社，2000 年）等。此外，尤其是涉及市場，可舉出如，日本法哲學會編《**市場の法哲学（法哲学年報 1994）**》（有斐閣，1995 年）；以及桂木隆夫《**市場経済の哲学**》（創文社，1995 年）。

關於平等論，A. 森（池本幸生譯）《**不平等の再検討——潜在能力と自由**》（岩波書店，1999 年）等。森的一連串著作尤其具重要性。在此尚要舉出的是，R. 德沃金（木下毅、小林公、野坂泰司譯）《**権利論**》（木鐸社，1986 年）；同（小林公譯）《**権利論 II**》（木鐸社，2001 年）。

關於社群論，A. 麥金泰爾（篠嵜榮譯）《**美徳なき時代**》（Misuzu 書房，1993 年）；M. J. 桑德爾（菊池理夫譯）《**自由主義と正義の限界〔第 2 版〕**》（三嶺出版，1999 年）；M. 瓦瑟（山口晃譯）《**正義の領分——多元性と平等の擁護**》（而立書房，1999 年）。除這些之外，法哲學會的主題報告紀錄則有，日本法哲學會編《**現代における〈個人—共同体—国家〉**（法哲學年報 1989）》（有斐閣，1990 年）。此外還要舉出的是，雖非直接涉及社群主義，但在法理論上處理到有關在現代社會中積極運用社群的問題，名和田是彦《**コミュニティの法理論**》（創文社，1998 年）。關於論證理論，暫時

先請參考，J. 哈伯瑪斯（河上倫逸等譯）《**コミュニケイション的行為の理論（上）（中）（下）**》（未來社，1985、1986、1987年）。

第5章　法律思維

關於法哲學當中的法律學方法論，儘管稍具專門性，但簡潔扼要地整理了近來的發展，故對於打算概觀這個部分的讀者來說，應當是合適的是，U. 紐曼（龜本洋、服部高宏、山本顯治、平井亮輔譯）《**法的議論の理論**》（法律文化社，1997年）。由日本的法哲學家寫的法律學方法論有，田中成明《**法的思考とはどのようなものか**》（有斐閣，1989年）；松浦好治《**法と比喻**》（弘文堂，1992年）；長谷川晃《**解釈と法思考**》（日本評論社，1996年）；青井秀夫《**法思考とパタン——法における類型へのアプローチ**》（創文社，2000年）。

日本的實定法學者寫出的法律解釋方法論則有，廣中俊雄《**民法解釈方法に関する十二講**》（有斐閣，1997年）。這本書是以日本民法判例爲題材，具體地且理論地解說法律解釋的方法，值得讀者詳盡閱讀。另外由實務專家寫出的書籍則有，中村治朗《**裁判の客観性をめぐって**》（有斐閣，1970年）。

有關於法律解釋的古典文獻可舉出，F. C. v. 薩維尼（小橋一郎譯）《**現代ローマ法体系　第1卷**》（成文堂，1993年）；以及E. 埃利希（河上倫逸／M. Hubricht 譯）《**法律的論理**》（Misuzu 書房，1987年）。關於修辭法理論的話，請參照，Th. 菲韋格（植松秀雄譯）《**トピクと法律学——法学的基礎研究の基礎試論**》（木鐸社，

1980 年）；Ch. 佩雷爾曼（江口三角譯）《**法律家の論理——新しいレトリック**》（木鋒社，1986 年）。

「法律與和經濟學」有著多數的概論書，但若說到能夠掌握此學門整體圖像的話，我們在此先舉出，R. D. クーター／Th.S. ユーレン（太田勝造譯）《**新版　法と経済学**》（商事法務研究會，1997 年）。對於想要多認識寇斯定理的人，請參照，R.H. 寇斯（宮澤健一、後藤晃、藤垣芳文譯）《**企業・市場・法**》（東洋經濟新報社，1992 年）。本書幾乎完全沒有提到遊戲理論，對於這個理論有興趣的人，我們建議去看，岡田章《**ゲーム理論**》（有斐閣，1996 年）。

第 6 章　法哲學的現代發展

有關於民主的文獻，可說是不勝枚舉，在這裡姑且先只介紹以下的三本書。D. 赫爾德（中谷義和譯）《**民主政の諸類型**》（御茶の水書房，1998 年）；J. A. 熊彼得（中山伊知郎譯）《**資本主義・社会主義・民主主義〔新裝版〕**》（東洋經濟新報社，1995 年）；長谷部恭男《**比較不能な価値の迷路**》（東京大學出版會，2000 年）。

關於多元文化主義，請參考，W. 秦力克（角田猛之、石山文彥、山崎康仕監譯）《**多文化時代の市民権——マイノリティの権利と自由**》（晃洋書房，2000 年）；日本法哲學會編《**多文化時代と法秩序（法哲学年報 1996）**》（有斐閣，1997 年）等。

有關的女性主義，不只立場多樣複雜，且文獻數量亦多。暫且先舉出，C. 吉利根（岩男壽美子監譯）《**もうひとっの声——男女の道徳**

観のちがいと女性のアイデンティティ》（川島書店，1986 年）；C. A. 麥金儂 / A. 德沃金（中里見博・森田成也譯）《**ポルノグラフィと性差別**》（青木書店，2002 年）。除上述之外，《**岩波講座　現代の法 11　ジェンダーと法**》（岩波書店，1997 年）概觀了有關女性主義的討論狀況。竹村和子《**フェミ三ズム**》（岩波書店，2000 年）則指出了性別研究的新近發展。

對生命倫理的各項問題，由法哲學家所做的研究有，葛生榮二郎、河見誠《**いのちの法と倫理〔新版〕**》（法律文化社，2000 年）；以及日本法哲學會編《**生と死の法理（法哲学年報 1993）**》（有斐閣，1994 年）。此外，關於環境問題，日本法哲學會編《**環境問題の法哲学（法哲学年報 1995）**》（有斐閣，1996 年），關於資訊社會，同上編《**情報社会の秩序問題（法哲学年報 2001）**》（有斐閣，2002 年中預定出版）。

（依筆劃序排列，中括弧內爲日文原文）

5劃

6劃

7劃

9劃

10劃

11劃

12劃

13劃

14劃

15劃

16劃

17劃

（依姓氏字母序排列）

D

E

F

G

H

Schmitt） 314
熊彼得　シュンペーター（Joseph Alois Schumpeter） 311, 314, 318
塞爾茲尼克　セルズニック（Philip Selznick） 49
森　セン（Amartya Kumar Sen） 182
塞內卡　セネカ（Lucius Annaues Seneca） 106
辛格　シンガー（Peter Singer） 340
亞當・斯密　スミス（Adam Smith） 156, 165

T

塔斯基　タルスキー（Alfred Tarski） 123
托依布納　トイプナー（Gunther Teubner） 49, 55
托馬修斯　トマジウス（Christian Thomasius） 34

U

烏爾比安　ウルビアヌス（Domitius Ulpianus） 104
昂格　アンガー（Roberto Mangabeira Unger） 49

V

菲韋格　フィーヴェク（Theodor Viehweg） 273

W

韋伯　ウェーバー（Max Weber） 50, 113, 118, 125
韋爾策爾　ヴエルッエル（Hans Welzel） 90
唯根斯坦　ウィットゲンシュタイン（Ludwig Wittgenstein） 123

國家圖書館出版品預行編目資料

法哲學／平野仁彥，龜本洋，服部高宏著；劉武政譯. -- 初版. -- 臺北市：五南圖書出版股份有限公司，2021.12
面；　公分.
ISBN 978-626-317-288-3（平裝）

1.法律哲學

580.1　　110017184

1QD5

法哲學

作　　者 — 平野仁彥、龜本洋、服部高宏
譯　　者 — 劉武政
發 行 人 — 楊榮川
總 經 理 — 楊士清
總 編 輯 — 楊秀麗
副總編輯 — 劉靜芬
責任編輯 — 呂伊真、沈郁馨
封面設計 — 王麗娟
出 版 者 — 五南圖書出版股份有限公司
地　　址：106台北市大安區和平東路二段339號4樓
電　　話：(02)2705-5066　　傳　真：(02)2706-61
網　　址：https://www.wunan.com.tw
電子郵件：wunan@wunan.com.tw
劃撥帳號：01068953
戶　　名：五南圖書出版股份有限公司

法律顧問　林勝安律師事務所　林勝安律師

出版日期　2021年12月初版一刷
定　　價　新臺幣480元